国家哲学社会科学成果文库
NATIONAL ACHIEVEMENTS LIBRARY
OF PHILOSOPHY AND SOCIAL SCIENCES

全球化时代的地缘政治研究

刘雪莲 等 著

中国社会科学出版社

图书在版编目(CIP)数据

全球化时代的地缘政治研究 / 刘雪莲等著 . —北京：中国社会科学出版社，2023.5（2025.1重印）

（国家哲学社会科学成果文库）

ISBN 978-7-5227-1596-4

Ⅰ.①全… Ⅱ.①刘… Ⅲ.①地缘政治学—研究—中国 Ⅳ.①D6

中国国家版本馆 CIP 数据核字（2023）第 044686 号

出 版 人	赵剑英
责任编辑	侯聪睿
责任校对	李　莉
封面设计	宋微微
责任印制	戴　宽

出　　版	中国社会科学出版社
社　　址	北京鼓楼西大街甲 158 号
邮　　编	100720
网　　址	http://www.csspw.cn
发 行 部	010-84083685
门 市 部	010-84029450
经　　销	新华书店及其他书店

印刷装订	北京君升印刷有限公司
版　　次	2023 年 5 月第 1 版
印　　次	2025 年 1 月第 3 次印刷

开　　本	710×1000　1/16
印　　张	20.25
字　　数	291 千字
定　　价	148.00 元

凡购买中国社会科学出版社图书，如有质量问题请与本社营销中心联系调换
电话：010-84083683
版权所有　侵权必究

《国家哲学社会科学成果文库》
出版说明

为充分发挥哲学社会科学优秀成果和优秀人才的示范引领作用，促进我国哲学社会科学繁荣发展，自 2010 年始设立《国家哲学社会科学成果文库》。入选成果经同行专家严格评审，反映新时代中国特色社会主义理论和实践创新，代表当前相关学科领域前沿水平。按照"统一标识、统一风格、统一版式、统一标准"的总体要求组织出版。

全国哲学社会科学工作办公室
2023 年 3 月

目 录

前　言 / **001**

第一章　全球化时代的地缘特征
第一节　时间与空间中的全球化　/ 001
　　一　时间意义上的全球化　/ 002
　　二　空间意义上的全球化　/ 005
第二节　全球化时代地缘政治特征变化的根源　/ 010
　　一　高新技术和信息化：地缘政治维度的改变　/ 011
　　二　经济和能源：地缘政治形式的更新　/ 017
　　三　要素与方式：地缘政治结构的转换　/ 022
第三节　全球化时代地缘政治特征的新变化　/ 024
　　一　国家空间地缘政治特征的新变化　/ 025
　　二　区域地缘空间的建构性与差异性　/ 030
　　三　全球地缘空间的整体性与不均衡性　/ 036

第二章　经典地缘政治理论解析
第一节　经典地缘政治理论的历史延伸　/ 044

一　地缘政治思想的萌芽阶段：人境关系中的地理决定论 / 044

　　二　地缘政治的发展与衰落：从科学走向政治实用主义 / 048

第二节　经典地缘政治理论的总体特征 / 057

　　一　地理环境决定论 / 057

　　二　基于地缘冲突的安全观念 / 060

　　三　国家中心论 / 065

　　四　现实主义内核 / 067

第三节　经典地缘政治学在全球化时代的变与不变 / 069

　　一　地缘空间的惰性与增量 / 070

　　二　地缘关系的冲突与合作 / 076

　　三　地缘安全的扩张与共生 / 079

第三章　全球化时代地缘政治研究方法的革新

第一节　从冲突到合作：地缘政治观念的更新 / 083

　　一　冲突观念的分析范式 / 083

　　二　合作观念的分析范式 / 087

　　三　从冲突到合作的可能 / 089

第二节　从国家到区域：地缘政治研究尺度的丰富 / 092

　　一　国家利益的拓展 / 092

　　二　区域发展的现实 / 095

　　三　研究层次的多元 / 100

第三节　从地理决定论到结构主义：地缘政治研究路径的变迁 / 104

一　地理决定论的贫困　/ 104

　　二　科学技术的发展　/ 109

　　三　结构主义的借鉴　/ 113

第四章　全球化时代地缘政治理论体系的重塑

第一节　全球化时代地缘政治观念的重塑　/ 119

　　一　对传统理论冲突性观念的反思　/ 120

　　二　联合性观念的历史与现实　/ 127

　　三　地缘政治文化的重建：联合性如何与地理结构相结合　/ 132

第二节　全球化时代地缘政治结构的重塑　/ 136

　　一　传统理论中海陆对峙的地缘政治结构　/ 136

　　二　海陆对峙的地缘政治结构的分化　/ 140

　　三　"一带一路"：海陆联合的地缘政治结构　/ 142

第三节　全球化时代地缘政治合作类型的重塑　/ 146

　　一　对传统理论大国中心主义的反思　/ 147

　　二　全球化时代的地缘政治：国际主义的跨国家合作　/ 150

　　三　国家身份的重塑：由等级到平等　/ 153

第五章　全球化时代地缘政治理论建构的路径分析

第一节　研究领域的交叉：全球化概念引入地缘政治分析路径　/ 157

　　一　全球化对地缘政治的塑造　/ 158

　　二　地缘政治对全球化局限性的反制　/ 162

三　海陆对峙到空间共享：全球化时代地缘政治的
　　　　新思路 / 167
第二节　研究层次的充实：地缘政治研究体系层次与中观层次的
　　　　综合 / 172
　　一　海陆两极对峙的体系主义论的解释力缺陷 / 172
　　二　地区主义：地缘政治解释力的新来源 / 175
　　三　地区间：争议中的分析层次 / 179
　　四　从中观到体系：地缘政治进程研究的发展 / 182
第三节　研究内容的拓展：从地缘政治到地缘经济 / 184
　　一　地缘经济研究的现状 / 185
　　二　地缘经济范式的批判性解读 / 187
　　三　地缘经济研究的新议程与新内容 / 190

第六章　全球化时代地缘政治现实的发展路径

第一节　超越两分论：海陆的联合 / 197
　　一　全球化时代的新型海陆关系 / 198
　　二　海陆关系理论层面的超越 / 202
　　三　海陆关系现实层面的超越 / 204
第二节　区域合作：进展与影响 / 207
　　一　区域合作的地缘政治解析 / 208
　　二　全球区域合作取得的进展 / 212
　　三　区域合作的地缘政治影响 / 218
第三节　缩小的地理空间：地缘政治视角下的全球性问题 / 224
　　一　生存问题 / 226
　　二　发展问题 / 231

三　安全问题　/　236

第七章　全球化时代中国地缘政治研究与战略选择
第一节　中国传统地缘政治文化及近代以来地缘政治思想　/　242
一　中国传统地缘政治文化　/　243
二　近代以来地缘政治思想及实践　/　245
三　中国革命战争年代的地缘政治思想及实践　/　248
第二节　全球化时代中国地缘政治理论探索　/　256
一　新型国际关系对传统地缘政治观念的超越　/　257
二　"一带一路"倡议对传统地缘政治理论的修正　/　262
三　人类命运共同体对传统地缘政治理论的突破　/　265
第三节　全球化时代中国的地缘政治战略选择　/　271
一　中国在体系层面的地缘战略选择　/　272
二　中国周边地缘战略选择　/　278
三　国家层面的地缘战略选择　/　284

参考文献　/　288

后　记　/　303

CONTENTS

PREFACE / 001

CHAPTER 1 GEO-CHARACTERISTICS IN THE ERA
            OF GLOBALIZATION

  1.1 Globalization in Time and Space / 001

  1.2 The Origin of the Change of Geopolitical Characteristics in the
        Age of Globalization / 010

  1.3 New Changes in Geopolitical Characteristics in the Age
        of Globalization / 024

CHAPTER 2 ANALYSIS OF CLASSICAL GEOPOLITICAL THEORY

  2.1 Historical Extension of Classical Geopolitical Theory / 044

  2.2 The General Characteristics of Classical Geopolitical Theory / 057

  2.3 The Change and Invariance of Classical Geopolitics in the Age
        of Globalization / 069

CHAPTER 3 INNOVATION OF GEOPOLITICAL RESEARCH
            METHODS IN THE AGE OF GLOBALIZATION

  3.1 From Conflict to Cooperation: Renewal of Geopolitical Concept / 083

  3.2 From Country to Region: Enrichment of Geopolitical
        Research Scale / 092

3.3 From Geodeterminism to Structuralism: The Change of Geopolitical Research Path / 104

CHAPTER 4   RECONSTRUCTION OF GEOPOLITICAL THEORETICAL SYSTEM IN THE AGE OF GLOBALIZATION

4.1 Reconstruction of Geopolitical Concept in the Age of Globalization / 119

4.2 Reconstruction of Geopolitical Structure in the Age of Globalization / 136

4.3 Reconstruction of the Type of Geopolitical Cooperation in the Era of Globalization / 146

CHAPTER 5   THE PATH ANALYSIS OF GEOPOLITICAL THEORY CONSTRUCTION IN THE AGE OF GLOBALIZATION

5.1 Intersection of Research Fields: the Introduction of the Concept of Globalization into Geopolitical Analysis / 157

5.2 Enrichment of Research Level: System-and Meso-Level Integration of Geopolitical Research / 172

5.3 The Expansion of Research Contents: from Geopolitics to Geoeconomics / 184

CHAPTER 6   THE DEVELOPMENT PATH OF GEOPOLITICAL REALITY IN THE AGE OF GLOBALIZATION

6.1 Transcending Dichotomy: Maritime-Continental Coalition / 197

6.2 Regional Cooperation: Progress and Impact / 207

6.3 Narrowed Geographic Space: Global Issues from the Geopolitical Perspective / 224

CHAPTER 7 CHINA'S GEOPOLITICAL STUDIES AND STRATEGIC CHOICES IN THE AGE OF GLOBALIZATION

7.1   Chinese Traditional Geopolitical Culture and Geopolitical Thought in Modern Times / 242

7.2   The Exploration of China's Geopolitical Theory in the Age of Globalization / 256

7.3   China's Geopolitical Strategic Choices in the Era of Globalization / 271

BIBLIOGRAPHY / 288

POSTSCRIPT / 303

前　言

冷战结束之后，一场全球化的浪潮席卷了整个世界，它超越了国家的边界，让世界变得相互依存，成为一个不可分割的整体。同时，信息化、网络化等科技发展不断压缩着世界的时空距离，"地球村"的图景真切地展现在人们面前。在全球化浪潮的影响下，对地缘政治的新一轮批判和否定出现了：有学者认为在全球化时代地缘政治已经过时了，新的科技的发展已经使地缘政治被"智缘政治"取代了；也有学者依据冷战后经济发展的主流趋势，提出地缘政治应该被地缘经济所取代；还有学者在互联网越来越发达和普及的情况下提出了"网缘政治"的概念。那么，全球化时代的变化真的能够使地缘政治消失吗？

在冷战结束初期的一段时间，有关地缘政治的研究是持续而火热的。因为随着苏联解体、东欧剧变，整个世界的地缘政治版图出现了重大变化：首先是在欧亚大陆的中心地区出现了一个"黑洞"，就好像地缘政治学家所描述的"心脏地带"突然被从世界地图上挖走了一样，而德国统一、东欧与西欧的重新整合，使欧洲的地缘政治结构发生着重大改变；其次是在民族主义浪潮的冲击下，原有的一些主权国家出现分裂，使世界又增添了二十几个新的独立国家，地缘政治版图出现新的"破碎"和新的矛盾；再次是在两极格局解体后的"权力真空"地带，新的地区力量在崛起，一些热点地区在权力结构重组过程中呈现出新的热度；等等。这些地缘政治现实的重大变化，震惊着世界，也吸引着国内外学者的眼球，一时间，"地缘政治"一度成为热门的时髦的词汇，有关地缘政治的研究在学术界呈现上升趋势。

伴随着全球化的深入推进，关于地缘政治的研究在逐步降温，这一方面是由于全球化的迅猛发展进一步改变着地缘政治的现实，比如，国家的开放带来的国内与国际界限的模糊性，经济动力造就的区域主义的整合，全球性问题蔓延所形成的全球相互依存的整体性增强等，都影响着对地缘政治理论和现实的认知；另一方面是地缘政治研究逐渐摆脱了追逐现实的狂热，进入到理性的思考中：全球化时代，地缘政治研究是否还有必要，地缘政治的理论内核已经完全被抛弃了，还是仍然有持续存在的基础和条件？无论是地缘政治现实的改变，还是全球化的发展，传统地缘政治理论已经很难适应时代的变化了，那么，如何在新的形势下去发展地缘政治理论呢？现时代地缘政治研究的意义到底在哪里？这些问题都需要有新的思考和新的理论建构来进行解释。

在当今百年未有之大变局之下，全球化的发展遭遇挑战。西方发达国家在全球化发展到一定阶段之后，感受到了全球化所带来的国家之间发展的不均衡性，2008年国际金融危机之后，西方发达国家呈现出衰落的趋势。与之相比，一些新兴国家展现出在全球化发展中的国家韧性，不仅在全球化中增进了国家实力，而且坚定了自身道路和文化的自信，成为世界崛起中的新兴力量。在这种国际力量对比发生重大变化的情况下，以美国为首的西方国家开始采取贸易保护主义等"逆全球化"政策，割裂世界的整体性发展，同时也使大国之间的政治争斗重新凸显出来。

2020年新冠疫情的暴发增加了地缘政治的分裂和对抗：国家的"再边界化"、东西方文明的分歧与对立、国家治理与全球治理危机的加剧，使世界陷入更加不稳定和不确定的状态之中。2022年2月，乌克兰危机的爆发，让地缘政治的冲突真实地展现在世人的面前。无论俄罗斯与乌克兰之间有什么特殊的历史纠葛，其直接表现出来的是地缘相邻国家之间的一场战争，并与北约东扩的地缘结构变化不无关系。这场冲突还在持续，现在和将来都必然会给体系层面的国际秩序、地区层面的俄欧合作关系以及单元层面俄罗斯与周边国家的关系带来巨大影响。"地缘政治又回归了",这是在学术界因全球化迅猛发展而否定地缘政治后,人们对地缘政治的一种重新认知,也使地缘政治研究重新被学术界所瞩目。然而,我们在新冠疫情和乌克兰危机中看到的是传统地缘政治思维的回归,围绕着这些事件的大国间竞争和对抗展现出来的是西方国家固守的"权力政治"逻辑,凸显的是军事对抗的色彩,这些早已在全球化发展中被摒弃的东西又沉渣泛起,显示出与全球化时代的格格不入。虽然全球化进程遭遇挫折,但是全球化发展的大趋势并没有被改变,在全球化时代,国家间关系和世界整体都发生了重大变化,地缘政治理论也不可能重新回归到传统,那么,在新时代我们应该秉持什么样的地缘政治思维呢?全球化如何重塑地缘政治理论和现实呢?中国在全球化时代应该有怎样的地缘战略思考和选择呢?在世界局势变化的促动下,这些问题成为地缘政治研究必须面对和解决的问题。

本成果就是为了适应国际局势的现实变化与地缘政治理论发展的需求而写作的,主要侧重于地缘政治理论方面的基础性研究,因为在以往地缘政治研究文献中,我们看到,无论是对地缘政治现实变化的分析,还是在全球化时代对地缘政治研究的困惑,都需要一个基本理论方面的研究作铺垫,否则,地缘政治的研究就很难深入,也很难有所进展。具体来说,本成果的研究总体上分为三大部分:一是探讨全球化时代地缘政治特征的现实变化、经典地缘政治学理论的历史发展、主要特征以及在全球化时代中的"变"与"不变"。这部分内容是全书的铺垫。二是本成果的核心部分,主要探讨全球化时代地缘政治理论的重构,涉及研究方法的变革、理论体系的重塑、建构路径的分析以及现实发展路径的映衬等内容。三是关于中国地缘政治思想的历史发展以及全球化时代中国地缘政治研究与地缘战略选择的探讨,这部分是本成果的立足点。

从本成果的主要内容来说,有以下几方面主要观点:第一,在全球化时代,经济与市场的巨大推动力以及信息化等科技的发展，从根本上改变了现实地缘政治的要素、结构、维度、形式等，需要在理论上进行新的探索。从对经典地缘政治理论的分析中，我们可以看到：地缘政治理论的基本立论渊源即"人—境"关系的要素在现实发展中仍然是适用的，地理与政治之间关系的研究仍然是我们观察国际政治现实的重要视角，无论全球化怎么发展，国家与世界的安全与繁荣都需要在一定的地缘环境和地缘结构之中去实现，这方面是地缘政治研究存续的合理内核。但是经典地缘政治学理论中的诸如环境决定论、冲突性的安全观、国家中心论以及权力政治的现实主义逻辑等，已经不适应现实发展的需要，在全球化时代需要对经典地缘政治理论进行扬弃和超越。

第二，在全球化时代地缘政治理论的重构问题上，本成果总体上抓住了"地缘政治结构"的核心，从纵向上探讨全球、区域、国家等多层地缘空间的重塑以及它们的关联性，从横向上分析地缘政治与地缘经济、文化以及社会之间的相互塑造和紧密联系。首先，在全球化时代，由于世界普遍联系的增强，地缘政治理论体系的构建应该以地缘政治结构为核心，并从结构角度出发探讨联合性地缘政治发展的可行性，在经济动力和区域整合等现实影响下，以合作与联合为主体的地缘政治文化、国际主义的跨国性合作、国际行为体平等模式下的互动关系等体现着新型地缘政治结构的功能定位。其次，为实现联合性地缘政治发展的目标，在理论建构路径上，主要是紧靠全球化时代变化的现实，在地缘政治理论的重构中引入新的因素，以实现理论的新发展：将全球化引入到地缘政治的分析路径中，建立"全球化—地缘政治"的互动和交叉；将地缘政治的中观层次引入进来，构建体系与中观双层次的联动路径；将地缘经济的内容引入进来，拓展地缘政治研究的新议程和新内容。在现实发展路径上，探讨海陆联合、区域合作以及在社会地理空间中的共生问题，以在现实映衬中体现出全球化时代地缘政治理论建构的基础。最后，地缘政治理论研究的主要特色就是从地缘的角度对国际政治和国家关系进行观察和分析，研究方法是它的特色的重要体现，而且在研究方法中也体现着观念的更新。本成果主要从冲突还是合作的不同分析范式、国家主体到区域主体的研究层次多元性，以及从自然主义到结构主义的路径变迁等几个方面做方法论的探索，力图为全球化时代地缘政治理论体系的重塑创造前提和添砖加瓦。

第三，由于本成果立足于对全球化时代地缘政治基本理论方面的探讨，一般性的理论关注和研究是主要的着眼点，因而对全球化时代中国地缘政治理论的探索及其地缘政治战略的选择着墨不多。在成果中主要梳理了中国古代、近代以及中国革命时期的地缘政治思想；从新型国际关系、"一带一路"倡议、人类命运共同体思想等方面分析了中国对传统地缘政治理论超越过程中的新探索；从体系层面、周边层面以及国家层面阐述了中国的地缘战略选择问题。关于中国地缘政治理论和实践的探讨，也是我们研究团队在基本理论研究的基础上将来要继续努力的方向，在百年未有之大变局下，中国的发展越来越受到瞩目，也面临着越来越多的挑战，在地缘政治方面，"心脏地带"的俄罗斯如何结束战争，未来在地缘战略上如何选择，将关系到欧亚大陆中心地区的地缘格局，进而影响到世界地缘政治格局的重组；当前在欧亚大陆的欧洲和东亚两个"边缘地带"存在着新的地缘互动态势，表现在东亚一些国家在参加北约框架的活动，欧洲一些国家将势力延伸到东亚，给中国周边带来许多新的地缘矛盾性；而中美之间的大国竞争在世界的不同区域、不同领域展开，激化着科技竞争、海洋竞争、治理竞争、规则竞争等，为中国的安全和发展设置了障碍。在这些地缘局势变化的情况下，中国急需新的地缘政治理论来指导，需要新的地缘战略来应对，这也对地缘政治理论研究者提出了挑战和任务。

本研究成果是全球化时代的一个理论探索，是我们团队在长期研究基础上积累起来的成果，是团队集体智慧的结晶。我们团队从20世纪90年代后期开始一直持续进行地缘政治方面的研究，并将地缘政治的理论研究与东北亚国家关系与区域研究相结合，先后出版过《地缘政治学》教材以及《整体视角的东北亚——地缘政治的分析》《中国东北亚地缘战略研究》等学术书籍，逐渐形成了团队研究的特色。2010年前后，鉴于国际形势的新变化，我们开始关注全球化时代的地缘政治理论研究，在《政治学研究》等期刊上发表了几十篇比较有份量的论文，其中一些论文在学术界得到认可，被《新华文摘》、人大复印报刊资料《中国外交》《国际政治》等全文转载。此外，我们在人才培养方面，将地缘政治理论研究作为其中的一个方向，培养了一批硕士和博士研究生，为以后的持续研究奠定了人才基础。

　　本研究成果尽管还有很多的不足，但衷心期望能够为地缘政治理论研究的发展筑石铺路，能够为中国的地缘政治学科建设和理论研究提供参考和启示。

刘雪莲
2023年1月1日于长春观澜湖

第一章
全球化时代的地缘特征

冷战结束后,全球化的迅猛发展成为令世人瞩目的事情,全球化对国家、国际社会以及人们生产生活的各个方面都产生了巨大影响。全球化及其相伴随的科技进步,也改变着现实的地缘政治特征,从而为地缘政治理论的重塑提供了前提。

第一节　时间与空间中的全球化

全球化是一个熟悉而陌生的概念,觉得它熟悉,是因为今天的世界几乎随时随地都显现着全球化的影响,麦当劳、沃尔玛、英语、孔子学院、金融危机、新冠疫情等,而且全球化已经成为人们耳熟能详的话语了,在各个领域、各种场合几乎都在使用全球化。说它陌生,一是现实的变化让人们对全球化变得陌生,除了伴随着全球化发展的"反全球化",又出现了"去全球化""逆全球化",同时还有"新型全球化""数字全球化"等,一时间,新的旧的、支持的反对的,混杂在一起,从各种不同角度反映着全球化的变动过程;二是在研究领域越来越难以对全球化进行定义和描述了,因为无论在时间上还是空间上,它始终处于一个不断变动的过程中。

一 时间意义上的全球化

一般来说，人们习惯于从时间维度上去探讨全球化的发展进程。

从时间上来说，广义的全球化从人类诞生之时起就已经存在，比如人类从最初的聚居地向世界各地的迁移就可以看作是全球化的一种表现，这也许是最早的全球化。而理论上探讨全球化的开端，虽然有不同的认识，但多数人认为全球化是从1492年哥伦布发现新大陆开始的。比如中国学者李慎之先生曾说："人，这个物种应该是起源于同一个源头的，但是在以后若干万年的过程中，却由于求生存而散布到地球上各个角落，一群一群地在相互隔离的情况下发展自己的文化。这种情况大概就是庄子说的：'道术已为天下裂'了。但它并不是'往而不返，必不合矣'。随着交通能力的进步，分散的人群又慢慢地汇合起来了。到1492年哥伦布发现新大陆时，可以算全人类又互相知道了彼此的存在，因此，1492年是全球化的开始，距今已有500年了。在这500年中，人类的交往程度大大的增加起来，开始由1492年前的一体多元状态向多元一体化发展，其中充满了战争、掠夺、冲突、殖民，但是仍然改变不了联合的趋势。"[1]

回顾全球化的发展历程，大致可以分为三个大的阶段，每一个阶段都呈现出不同的特征[2]。第一个阶段是从1492年到第二次世界大战结束，这是地理大发现以及早发的资本主义国家向亚非拉落后国家殖民扩张的时期。15世纪到17世纪的地理大发现，极大地刺激了欧洲的早发资本主义国家到海外攫取财富和更大利润的兴趣，这是经济全球化萌生的一个前提条件。而资本主义的殖民扩张，进一步将世界连为一体。这一时期全球化的主要特征是：第

---

[1] 俞可平、黄卫平主编：《全球化的悖论》，中央编译出版社，1998，第13页。
[2] 刘雪莲：《政治与全球化》，中国社会科学出版社，2011，第19—28页。

一，它基本上是一个单向作用的过程。全球化的进程主要是由发达资本主义国家单向性地推动，将广大的落后国家强行纳入资本主义发展体系之中。第二，军事战略发挥着主导作用。这个时期全球化的推进往往是伴随着血与火的军事扩张的。第三，这一时期的全球化是严重不平等的全球化，充斥着发达资本主义国家对落后国家殖民式的剥削和掠夺。

第二个阶段是从第二次世界大战结束到冷战结束，这是全球化趋势不断加深的时期。第二次世界大战后，由于殖民地和半殖民地国家的相继独立，摆脱了在资本主义殖民体系下完全被动的局面，开始有了国家的自主性选择，这是全球化进程中的重大变化。这一时期全球化的主要特征表现为：第一，全球化不再是单向度的了，而是主权国家间双向的交流与合作。虽然这一时期全球化在结构上仍然没有摆脱经济不平等的性质，南北问题仍然很突出，但是原有的殖民地国家获得了政治独立，并且以自主的身份加入国际交往之中，这是一个根本的变化。第二，世界经济得到了恢复和进一步的整合。两次世界大战对世界经济造成了巨大的破坏，第二次世界大战后通过国际货币体系、世界贸易体系的建立，世界经济得到了协调和整合。第三，这个时期的全球化又是不完整的。在冷战对抗的形势下，世界经济被人为地分割成计划和市场两个平行而对立的体系。

第三个阶段是从东欧剧变和苏联解体开始，全球化进入了一个新的阶段。1992年联合国秘书长加利在纪念哥伦布发现美洲大陆500周年的大会上宣称："第一个真正的全球性的时代已经到来。"这一时期是全球化迅猛发展的时期。其主要特征是：第一，世界经济开始在统一市场的基础上运行。冷战结束后，占有世界市场三分之一的原有的社会主义国家积极推进改革，开始实行市场经济体制，世界各国开始遵从统一的市场经济的游戏规则而进行经济交往，世界经济的整体性开始形成。第二，科技革命和信息技术的发展使全球更紧密地联系在一起，变成了一个"地球村"。20世纪90年代以来，以数字化、网络化为代表的信息技术使世界经济的交往进一步超越了时空的限制，给世界的生产方式、消费方式和流通方式都带来了巨大的变革。第三，世界贸易组织、国际货币基金组织、世界银行等全球性国际组织在世界经济的运行和协调中发挥着越来越重要的作用。在这些国际经济组织的促进下，各国经济的相互依存性越来越显著。第四，冷战结束之后的全球化仍然是发达资本主义国家主导下的全球化，甚至很多人将全球化就等同于西方化，以往全球化中的固有的结构性矛盾并没有得到根本改善。

近些年来，关于全球化将如何发展成为人们关注的焦点性问题，特别是在美国特朗普政府提出"贸易保护主义"等"逆全球化"主张，以及新冠疫情暴发之后，人们更加关注全球化的现状与未来。总体来讲，人们关于全球化的讨论，大体分为两个方面：一方面是关于全球化的悲观看法。认为像美国这样的主导性大国采取"逆全球化"政策，同时，在新冠疫情又对全球的产业链和价值链有很大冲击的情况下，全球化很难再推进，甚至有人提出"全球化终结"这样的认识。另一方面的看法则相对比较乐观。认为全球化是整个世界发展的大趋势，是很难改变、很难逆转的。虽然美国等一些西方国家提出了"逆全球化"的政策，但是也不能够根本改变全球化发展的大趋势。因为整个世界的经济已经联为一体了，世界处于相互依存的整体性发展的状态之中，任何一个国家都不可能孤立地发展。正如习近平主席所讲的："世界经济的大海，你要还是不要，都在那儿，是回避不了的。想人为切断各国经济的资金流、技术流、产品流、产业流、人员流，让世界经济的大海退回到一个一个孤立的小湖泊、小河流，是不可能的，也是不符合历史潮流的。"[1]

"当今世界正经历百年未有之大变局。新兴市场国家和发展中国家的崛起

---

[1] 《习近平谈"一带一路"》，中央文献出版社，2018，第151—152页。

速度之快前所未有，新一轮科技革命和产业变革带来的新陈代谢和激烈竞争前所未有，全球治理体系与国际形势变化的不适应、不对称前所未有。"[1] 展望未来全球化的发展，新兴国家和发展中国家将成为全球化的主要推进力量。在当前的国际关系实践中，人们看到像中国等一些新兴国家在努力推动着全球化向前发展，这种推动将使全球化不仅不可能终结，反而会以一种新的形式继续，人们开始期待一种新型全球化的到来。新型全球化会改变以往全球化进程中的结构性矛盾：一是凸显主体参与的平等性和有效性，以及主体结构的合理性，将充分体现出新兴国家和发展中国家的利益诉求；二是在经济市场化的基础上实现政治上的多元化和包容性，不再以西方国家的标准来剪裁世界，将建立相互尊重、求同存异的全球化关系结构；三是在分配结构上将改变资本逻辑基础上的不均衡问题，而以共同发展的逻辑来实现全球正义。习近平主席指出："当前，围绕经济全球化有很多讨论，支持者有之，质疑者亦有之。总体而言，经济全球化符合经济规律，符合各方利益。……我们要积极引导经济全球化发展方向，着力解决公平公正问题，让经济全球化进程更有活力、更加包容、更可持续，增强广大民众参与感、获得感、幸福感。"[2] 这些新型全球化的愿景是新兴国家和大多数发展中国家要努力推动和建构的，是未来全球化的发展方向。

二 空间意义上的全球化

从空间角度来看，全球化的发展对全球地理空间进行了重组，或者说是全球化重塑了全球地理空间。

第一，全球化对地理空间的重塑基于技术的进步。"空间是人类生活的第

---

[1] 习近平：《坚持可持续发展，共创繁荣美好世界》，《人民日报》2019年6月8日。
[2] 《习近平谈"一带一路"》，中央文献出版社，2018，第142—143页。

一原则"[1],空间、空间性具有人之存在的本体论意义。人类生存与地理空间有着天然的联系,从远古开始与人类自身生存和发展关系最密切的要素,比如控制领地、争夺食物和水源等,都来源于地理环境,这就使地理环境与政治直接地自然地连接在了一起,因此,地缘政治是人类政治中最原始、最古老、自然形成的政治关系,是全部政治现象中的最基本的方面。

人既是时间的存在,同时也是空间的存在。早期人类主要是依赖于土地而生存,陆地空间是人类的根基,"地球""大地母亲"等称谓就是这种观念的体现。但是,由于陆地上交通技术的落后,同时陆地上又有高山、大河的阻隔,机动性比较差,造成了不同地区人类之间交往的困难,从而形成了在陆地上相互隔绝的生存状态。而将陆地联结在一起的是海洋,准确地说,是海洋技术的进步。长期以来,海洋对于人类来说还只是阻隔,随着远洋技术的发展,人类的活动空间开始从陆地延伸到了海洋。造船技术和远洋航行改变了人们对海洋的认识,通过海洋这一机动性强的高速通道,哥伦布发现了新大陆,之后的商人、传教士、冒险家、政治家纷纷通过海洋行走到世界各地,开启了世界的"大航海时代",欧洲的商船游荡在世界海洋上,为新生的资本主义四处寻找贸易机会。与此同时,新兴资本主义国家在殖民掠夺的同时,也将西方的文明带到了世界的每个角落,将世界的陆地空间和海洋空间紧密地联结在一起,开启了世界整体性的全球化资本主义发展进程。

20世纪下半叶以计算机为基础的数字化光纤网络通信和卫星远程通信技术革命,进一步突破了传统的空间局限,使世界由工业化时代发展到了信息化时代。人们惊叹:"地球变小了!"马歇尔·麦克卢汉更形象地把这种情形描绘为"地球村"。技术的进步为全球交往提供了新的可能,为全球化趋势的进一步发展提供了技术基础和支撑。尤其是计算机和电子信息技术的发展,

---

[1] 〔美〕爱德华·W. 苏贾:《寻求空间正义》,社会科学文献出版社,2016,第2页。

缩短了人们之间交往的距离，也减少了长距离的交易成本，实际上也进一步拓展和更新了人类活动的空间形式。互联网成为全球化进程中新的实践空间，互联网的出现真正实现了人类"地球村"的梦想，它体现了人与人之间的无线互联。由于互联网的虚拟性，现实中的时间和空间都被压缩。网络空间呈现出全球性的特征：通过互联网，人们可以实现实时发送信息，在大洋彼岸的美国发生的新闻可以瞬时传遍全球；通过互联网，跨国公司的总部可以指导和参与世界各地分公司的生产经营决策活动；通过互联网，世界各地的人们可以同步在线观看各种各样的体育比赛或文艺演出。[1]

第二，经济全球化的发展动力带来地缘空间的重组。一般意义的全球化指的是，在现有技术条件下，各个国家和地区的政治、经济、文化、科技、军事、生活方式、价值观念等众多要素在全球范围内自由流动，并相互联系、影响、制约的现象。但是从实践来看，现有的全球化更多指的是经济的全球化，第二次世界大战后各国各地区之间经济联系的广度和深度是前所未有的，尽管此时全球化的内容多限于货物、人员、资金以及较低频率的信息传输，但这些仍为后来全球化的进一步深化奠定了物质基础。

从经济动力的角度来讲，全球化的趋势首先源于世界市场的形成和发展。从本质上来说，它是资本的无限增值和扩张本性的一个外在表现。马克思指出："资本主义生产过程的动机和决定目的，是资本尽可能多地自行增殖，也就是尽可能多地生产剩余价值。"[2] 这就使资本必然要冲破国内市场的狭隘界限而走向世界。从这个意义上说，"资本主义生产方式是发展物质生产力并且创造同这种生产力相适应的世界市场的历史手段"[3]。因此，全球化趋势从一开始就是资本力量自发作用的结果，正是由于这种力量的推动，各国各民族

---

[1] 余丽：《互联网国际政治学》，中国社会科学出版社，2017，第16页。
[2] 《马克思恩格斯全集》第23卷，人民出版社，1972，第368页。
[3] 《马克思恩格斯全集》第25卷，人民出版社，1972，第279页。

才开始打破或被迫打破了相互封锁和相互割裂的状态，使各国各民族的发展走向了全球。

经济的动力也体现在各国发展的自主选择上。首先，由于地球上资源分布是不均衡的，这带来了国家间互通有无的需要，同时，也是由于这种非均衡性的存在，决定了人类活动在空间上的流动性和扩展性，对外开放成为各国发展中的必然选择。开放打破了国家间地理边界的限制，使国家发展走向融合。其次，参与国际分工使各国根据发展的需求而在全球范围内建立起地域间的联系。国际分工的存在及其细化本身就会带来分工各组成部分之间的依存关系，是全球化发展重要的内在动力，而跨国公司作为实物经济的载体，进一步将国际分工联结在一起，使全球经济成为网络化的整体化的存在。最后，在经济发展需求的推动下，区域集团化得到很大的发展，甚至比全球化更具有现实的意义。地缘上比较相近的国家，由于历史、文化传统等方面的相似性，更容易形成区域性合作，从而带来区域性的空间整合，比如北美的自由贸易区建设、欧共体到欧盟的发展、亚太经合组织的建立等。因此，我们可以看到，在经济发展的动力之下，一方面通过对外开放和国际分工的进展，全球化得以迅猛发展，人类活动的空间实现了整合，而另一方面，区域集团化的发展相对于各国来讲是一个地缘整合，而相对于全球化来说又是一个分散化的过程，这两方面并行不悖，共同成为全球化时代空间重组的突出表现。

"当代全球化特别突出的一点是，社会交往的所有关键领域中的全球化趋势交汇在一起。因此，政治、军事、经济、人口迁移、文化以及生态等领域中的发展不仅出现了特有的交汇，而且相互间产生了复合的互动关系，这使当代全球化的独特形态和动力不断重现。"[1]

---

[1] 〔英〕戴维·赫尔德等：《全球大变革：全球化时代的政治、经济与文化》，杨冬雪等译，社会科学文献出版社，2001，第603—604页。

第三，权力流散过程中地缘政治空间的重组。从权力角度看，全球化的过程实际上是一个组织规模和活动范围不断扩大的过程，全球化所到之处，权力网络的复杂程度和空间范围都在增加。在这种"权力流散"的过程中，全球化在空间意义上的拓展也表现为权力关系的构建、调整、深化、重构的过程。从民族国家的角度看，直至20世纪末，民族国家的意义在全世界范围内才得以确立，作为全球化的主要载体，民族国家为全球化的深入推进奠定了权力基础，拓展了空间范围。在此基础上，全球和区域之间的相互联系以前所未有的广度和深度把地区共同体、国家、国际组织、非政府组织以及跨国公司等各个行为体之间的关系编织成一张复合性全球网络，在这一网络中，民族国家的权力得到分散和转移，权威在各种行为体之间进行重新分配，地缘政治被分割成不同层次的场域，而不同场域的权力之间有时也会存在着流动和竞争，这是全球化时代空间重塑的特殊表现。

"由于跨越了政治边界，全球化涉及到社会—经济以及政治空间的解领土化（deterritorialization）和再领土化（reterritorialization）。随着经济、社会以及政治活动逐渐'扩展'到全球范围，它们的主要或者唯一的组织原则也不再是领土性的了。虽然他们可能扎根在特定的地方，但摆脱了领土的限制。在全球化条件下，'本土的'、'国家的'，甚至'大洲的'政治、社会和经济空间得到了重构，因此它不再一定与既定的法律和领土边界相符合。"[1] 也就是说，全球化时代的空间重组打破了以往由民族国家所构成的空间秩序，变成了由包括民族国家在内的多元主体的互动而构成的全球网络秩序。

因此，作为时间和空间意义上的全球化在深刻地改变着国际行为体之间

---

[1] 〔英〕戴维·赫尔德等：《全球大变革：全球化时代的政治、经济与文化》，杨冬雪等译，社会科学文献出版社，2001，第37—38页。

的联结方式，使它们在不断的互动中形成了"你中有我、我中有你"的相互依存关系，将世界凝结成一个整体。同时，全球化在空间的不断扩展中，尤其是在经济动力的驱动下创造着新的空间形式，包括物理的空间，也包括虚拟的空间，最终这些空间也交织在一起，构成了空间网络。在这种全球化的影响下，作为地理和政治互动产物的地缘政治显然不能不受到全球化的影响，全球化从根本上打破了国际政治经济旧秩序主导下的地缘政治关系的内在结构，重塑了世界地缘政治形态，地缘政治结构的多元化趋势显现；同时，各个国际政治行为体之间日趋紧密的相互依存关系大大加强了地缘政治关系中的全球性，在现今世界地缘政治发展过程中，全球化的影响力之大是前所未有的。

第二节　全球化时代地缘政治特征变化的根源

冷战的终结给全球政治经济秩序带来巨大的变化：经济上，20世纪90年代以来，全球化推动了生产力大发展，加速了世界经济增长，为少数发展中国家追赶发达国家提供了一个难得的历史机遇。与此同时，经济全球化也是一把"双刃剑"，它加剧了国际竞争，增加了国际风险，并对国家主权和发展中国家的民族工业造成了严重冲击，发展中国家与发达国家的差距将进一步拉大。政治上，苏联解体、东欧剧变在全球范围内留下了巨大的权力真空，中东、后苏联空间都存在着冲突的隐患。2008年国际金融危机之后，大国间政治开始升温，中美之间的结构性矛盾一直存在着擦枪走火的风险，而2014年乌克兰危机及2022年乌克兰危机的爆发，使俄罗斯与美国的体系层面的矛盾、俄罗斯与欧洲国家的地区性矛盾都呈现加剧态势。由此来看，无论是全球性视角还是区域性视角的地缘政治变化，都有着深刻的内在根源。"重新思考出现新的力量中心和权威中心后空间关系的重要性，需要理解媒体、技术、全球化等现象对空间关系、国际政治结构的意义以及决策者、团体和产业看待世界的方式。"[1] 那么，主要有哪些因素导致了全球化时代地缘政治特征的变化呢？

一 高新技术和信息化：地缘政治维度的改变

随着人类认识水平的提高，技术在社会生产生活中的巨大效应逐渐显现出越来越重要的影响。与古代国家依靠人口数量、土地面积、资源彰显国家地位不同，自工业革命以来，技术的突飞猛进使得物质生产能力的高低成为一国综合国力的决定因素。第三次科技革命以后，科技因素在综合国力中的作用和影响越来越大，一个国家在世界舞台上的位置不仅仅由该国的物质生产能力来决定，更多地受制于在物质生产过程中体现出的科学技术水平的高低以及新的科学技术在此过程中的应用程度。正如赫伯特·巴特菲尔德所指出的："所谓的科学革命……使得自基督教兴起以来的一切都变得黯然失色。与之相比，文艺复兴和宗教改革运动都仅仅具有插曲式的意义，仅仅是中世纪基督教世界体系中发生的内部更替……科学革命作为整个现代世界和现代思想的起源如此赫然地显现，以至于我们通常对欧洲历史时期的划分已经成为一种时代错误，成为一种障碍。"[2] 进入 21 世纪之后，以人工智能、清洁能源技术、机器人技术、量子信息技术以及生物科技等为主要标志的第四次科技革命开始兴起，以往的科技革命在带来经济空前繁荣的同时，也带来了环境破坏、资源消耗等巨大的生态代价，而第四次科技革命能否解决这些危机，带来绿色革命，则是人们的普遍期待。

---

[1]〔美〕詹姆斯·多尔蒂、小罗伯特·普法尔茨格拉夫：《争论中的国际关系理论》（第五版），阎学通、陈寒溪等译，世界知识出版社，2003，第164页。
[2]〔英〕赫伯特·巴特菲尔德：《现代科学的起源》，上海交通大学出版社，2016，第477页。

在全球化时代，科学技术对国际关系的作用进入了一个新的层次和阶段，技术已成为影响国家间地缘关系的一个特殊而重要的因素，并深刻地影响着地缘政治的战略维度、空间维度、竞争维度。

首先，技术的进步使地缘政治具备了更深层次的战略价值。新技术大大拓展了人类的活动范围，提高了对物质的利用能力，从而使得在新的技术环境下，人类对世界的认识在不断发展变化，在全球化的世界里，旧有的地缘特征也将被新的地缘特征所取代。正如相关学者所指出的那样，"环境仅会从两个方面对人类活动产生影响。第一，只有人认识到了与环境有关的因素，环境才能通过心理环境影响人的决策。第二，通过操作环境，这些因素能限制个人依据其对环境的认识而作出的行动或决策"。[1]

早在20世纪80年代，一些具有远见卓识的学者就已经指出，"一个国家的实力地位不再是它的钢的生产能力，而是它的科学质量以及通过研究与发展应用于新技术的状况"。[2] 与工业革命时期相比，今天高科技产业的开发成本占产品总成本的比例显著增加，原料成本大为减少。当然，这并不意味着原料的重要性降低，相反，对技术依赖性的增强和新技术的不断开发，使得人们对原料的需求激增，原料在一国的物质生产过程中地位的提高促使西方发达国家已经不再注重旧有观念中的地缘得失问题，而在先进技术和战略眼光引导下在全球范围内展开对原料的争夺，重要的地理位置和丰富的石油资源仍然是中东地区长期战乱和动荡的主要根源。这一现象说明，地理因素主导的地缘观念已经被资源主导下新的地缘观念所取代。如今的地缘观念是"技"缘以及"技"缘控制下的资源。"从'海权论'、'大陆心脏说'到'空权论'和'高边疆战略'，国家间的地缘竞争始终以技术能力所及的物质

---

[1] 〔美〕詹姆斯·多尔蒂、小罗伯特·普法尔茨格拉夫：《争论中的国际关系理论》（第五版），阎学通、陈寒溪等译，世界知识出版社，2003，第175页。

[2] 〔美〕丹尼尔·贝尔：《后工业社会的来临——对社会预测的一项探索》，商务印书馆，1984，第428页。

边界为目标，资源的独占性使得人类数千年来征战不断。"[1]

因此，全球化的深入推进并没有从根本上改变技术和环境的关系。"技术并没有使环境因素不再重要或者过时，相反，技术只是使一组环境因素取代了另一组。"[2] 技术真正改变的是地缘政治中运用实力的形式和背景，尤其是在特定的时间和空间下，技术发展与国际关系相联系时，地缘政治就具备了更深层次的战略价值。

其次，科技的进步带来了地缘空间维度的扩大。在全球化背景下，地缘政治时空维度的变化取决于新技术扩散的速度、深度和广度，技术的不断进步使得人类所认知的地理空间得以迅速扩大，对外层空间和海底的探索使得人类的活动领域已经遍及陆地、海洋、大气层乃至外层空间，也延伸到互联网等虚拟空间的领域，目前地缘政治研究所关注的空间是增量的、立体的、多维的。

正如技术的革新推动了空间维度的扩大一样，扩大的空间同样为新技术的发展变化奠定了基础。新的科技革命的发展，使人类开始利用那些很难开发和过去无法开发的资源和空间，在新的资源与空间之上，新技术的发展及其实践最终影响着环境以及人类对环境的认识，这其中以核力量为代表的军事技术的发展应用对国际政治的影响尤其巨大，以至于大大改变了国家间的相互关系。冷战时期，美苏之间之所以没有发生大规模的冲突，一个很重要的因素就是核武器的存在而产生的"恐怖平衡"。美苏两国核武器系统的整体发展，尤其是武器投射能力的发展、投射技术的进步使核威慑的能力超出了空间距离的限制。此后的世界政治中，再也不会出现过去那种大英帝国只靠皇家海军就可以确保本国安然无恙的情况了，无论国家处在地球的什么位

---

[1] 楚树龙、耿秦主编：《世界、美国和中国——新世纪国际关系和国际战略理论探索》，清华大学出版社，2003，第116页。
[2] 〔美〕詹姆斯·多尔蒂、小罗伯特·普法尔茨格拉夫：《争论中的国际关系理论》（第五版），阎学通、陈寒溪等译，世界知识出版社，2003，第167页。

置，无论是海洋还是高山，都难以阻挡敌国的弹道导弹在几分钟内抵达本国领空。这种技术上的影响使得冷战期间的美苏关系被简化为核弹头及其运载系统的数量和质量。核力量的空间分布成为全球地缘政治关注的新资源布局。21世纪，朝核问题、伊核问题始终是世界关注的热点，不仅因为朝鲜和伊朗所处的地缘位置，更因为核武器所带来的威胁性。2022年2月乌克兰危机爆发后，3月西方国家对俄罗斯进行强力制裁，俄罗斯则选择适时抛出战略力量的威慑，可见技术力量对地缘战略的影响。

进一步来说，技术发展对空间的拓展和资源的利用使得传统的海陆关系也发生了重要的变动，海陆的相互关系变得更加密切和相互依赖。全球化时代科学技术的发展使得人类对空间的控制能力大大增强，"在新的技术条件下，陆地地理范围和海洋地理范围在空间意义上发生了一次极大的扩张，它甚至导致了地缘政治格局版图的变化"。[1] 海陆空间范围的扩张意味着海陆关系相互依赖程度加深的同时，也迫使国家必须凭借不断进步的技术因素对此作出反应，在此过程中，国家能够集中和开发更多的技术和资源，并借此确立地缘政治以及国家实力上的优势，进而达到有效维护国家利益的目的和提高采取具体行动的能力。主导性的海权国家不仅要继续掌控海洋，还需要进一步向大陆深处渗透，以掌握和开发陆上资源，而发展陆权的主要目的也不再是仅仅为了占领领土和掠夺人力物力资源，技术进步可以加强国家对战略要地的控制和管理，并能够使本国的国际影响力得以扩大乃至超过本国国界，甚至减弱或加强一国或一地区的地缘政治意义。例如，今天全球政治的焦点已经不再是东欧和原苏联地区，而是有着重要资源和地缘战略价值的中亚和中东地区。因此，技术对地缘政治关系影响深远，它使得"国家间的技术关系，已成为反映国家间地缘关系的一个特殊而重要的领域，成为影响全球地

---

[1] 李义虎：《地缘政治学：二分论及其超越》，北京大学出版社，2007，第223页。

缘政治格局的重要方面"。[1]

最后，技术进步也在某种程度上增加了地缘政治的竞争维度。全球化时代，国家之间交往的密度和深度大为增加，这就增加了国家之间冲突的可能。从人—境关系方面来看，一方面，人类利用自然资源的能力在提升。20世纪石油资源重要性的陡升使石油开采、加工和运输技术走向成熟，从而带动了以石油及其衍生品作为动力来源的飞机、轮船和汽车的兴起。另一方面，技术的进步带来了人类对自然资源的巨大需求，造成人与自然的紧张关系，而自然资源的逐渐匮乏加剧了人们对经济社会发展前景的担忧，从而增强了因资源而引起的冲突。在乌克兰危机中，由于欧洲国家对俄罗斯天然气的依赖，使欧洲国家对俄罗斯的制裁很难彻底，这就使欧洲国家和俄罗斯之间地缘结构的矛盾非常突出，地缘的分裂与资源的依赖交织在一起，要解决这一矛盾冲突，欧洲国家就必须要开发出新的替代能源。

作为自然和人类世界的一种客观存在，信息一直存在并影响着人类社会，只是它的作用必须随着技术的进步而得以发挥，在技术不断取得突破性进展后，与之相关的信息才产生了巨大的影响力，信息就"从一种消息变成了一种资源，一种财富，并且越来越成为一种影响力，一种权力"。[2] 尤其是第三次科技革命浪潮使得信息与计算机联系在一起之后，作为全球化的动力和结果，信息技术对地缘政治产生了重大影响。作为推动全球化深入进行的重要技术基础，信息化时代一个重要的变化，不仅在于人类活动的空间范围和国家间的相互交往规模得以扩大，而且更重要的是信息技术的进步带来了国家之间新的竞争空间，对信息的开发利用的方式、手段以及观念的更新就会成为国家能否在日趋激烈的国际竞争中取得优势的重要标准。具体而言，"在这

---

[1] 楚树龙、耿秦主编：《世界、美国和中国——新世纪国际关系和国际战略理论探索》，清华大学出版社，2003，第116页。
[2] 叶自成：《陆权发展与大国兴衰》，新星出版社，2007，第30页。

样一个信息化的时代,信息权,即信息产生、发送、传输、接收、变换、识别、控制等的能力的大小和拥有量的多少,就成为衡量一个国家综合实力的一个基本标准"。[1]

第四次科技革命和人工智能技术将带来地缘政治竞争的新维度。在当今时代,我们正在经历一场更深层次的互联网科技革命。人工智能、机器人技术、量子计算等前沿技术不断取得突破,地缘政治越来越超脱现实的地理空间,而走向互联网构成的虚拟空间之中。

近些年,学术界关于网络空间地缘政治的研究已经有很多的成果,成为地缘政治研究中的新维度。"网络空间虽然没有固定地缘和实体空间位置,但它可以通过对其他领域的影响来改变地缘政治权力的重心。网络已经成为一个新的空间,而不再是传统四大领域的附属物,它既是一个独立的领域,又像一条无形的引线,把以往四大空间领域联结起来,形成多维之间互动互补的动态结构。这个新的网络空间看似是非物质的、虚拟的,但是又在物质世界中无所不在。"[2] 在网络空间中,实际上也存在着日益强烈的空间博弈,比如中美之间在网络地缘政治空间的竞争,不仅是两国对网络空间的控制能力、影响能力等方面的竞争,更主要的是在网络空间的主导权以及与之相关联的国家安全、国际秩序主导权的竞争方面,其具有战略性的意义。

人工智能作为第四次科技革命中的核心技术,算法、算力、数据是三个关键发展要素。在 5G 技术加速物联网社会到来的情形下,人工智能的发展过程也将展现更多的地缘政治属性,包括数字基础设施建设以及人工智能技术对其他许多领域发展的促进。[3] 2017 年 9 月 1 日,俄罗斯总统普京在俄全国学生开学第一天发表讲话,他说:人工智能不仅是俄罗斯的未来,也是全人

---

[1] 叶自成:《陆权发展与大国兴衰》,新星出版社,2007,第 31 页。
[2] 蔡翠红:《网络地缘政治:中美关系分析的新视角》,《国际政治研究》2018 年第 1 期,第 9—37 页。
[3] 宋恒宇:《基于科技驱动因素的人工智能与国际关系研究》,华侨大学硕士学位论文,2020,第 43 页。

类的未来。谁成为这个领域的领导者，谁就会成为世界的统治者。人工智能的发展，将带来世界进一步的不均衡的状态。因为人工智能将成为一些先进国家经济持续增长的关键因素，它将带来劳动力市场的重组，将提高制造、运输和贸易的效率，增加作物产量，为技术进步打开新机遇。随着我们进入21世纪中期，一个国家的地缘政治地位和它在人工智能中的实力将日益交织在一起。[1]

因此，新科技将是未来国家之间竞争的焦点，而新科技所带来的地缘政治方面的变化也将是未来地缘政治研究的主要着眼点。

二 经济和能源：地缘政治形式的更新

地缘政治的实质是权力和地理之间的关系。就地理角度而言，"地缘位置既定，地缘环境可变，因而地缘政治是不变性和可变性的统一"。[2] 这种关系使得地缘政治的发展取决于位置和环境两方面的因素，具体地说，是不变性与可变性的对立统一客观上要求地缘政治分析要随着地理环境的变化而发展变化。

日渐突出的全球性问题迫使国家的发展方向从强调战争与革命转向重视和平与发展。这一发展方式的转换对世界格局和国际体系产生了重大影响，面对跨地区、跨国界的环境、资源、人口、粮食等全球性问题，单个国家的努力已经不足以解决。"正是在世界主题转换的大背景和全球问题严峻挑战的双重制约下，当代国际关系的主旋律发生了明显变化。"[3] 时代主题的变化推动各国的对外政策纷纷把和平与发展作为国家发展的基本方向，对话而不是

---

[1] 《人工智能发展影响未来地缘政治格局》，《社会科学报》2018年11月29日。
[2] 李义虎：《地缘政治学：二分论及其超越》，北京大学出版社，2007，第46页。
[3] 王丽娟等：《全球化与国际政治》，中国社会科学出版社，2008，第251页。

对抗，协调而不是僵持，尊重而不是仇视成为国际关系行为体之间的主要内容。在这种形势下，作为国际关系物质载体的地缘政治环境也同样发生了变化。

"正如采用广义地缘政治学观点的学者所指出的，战后世界经济和社会的巨大进步以及科技的迅速发展，在相当程度上改造了地缘政治学的认识角度和要素结构，在其所关注的地理构成、人口和资源分布等传统课题之外，经济、社会、技术和生态等问题更受到重视。地缘政治并不仅仅意味着纯粹自然地理的空间运动轨迹，它还可以更多和更细地分解为经济空间、政治空间、社会空间、技术空间和生态空间。"[1]

首先，全球化时代的地缘政治被注入了地缘经济的内容，地缘政治与地缘经济的结合成为新时代地缘政治研究的新内涵或新形式。随着全球化的不断深入，"发展"成为国际社会的主流，地缘政治与地缘经济之间的相互影响和依赖关系被建立起来，甚至离开了地缘经济，地缘政治的研究就缺少了根基，"政治是经济的集中表现"在全球化时代被更好地诠释出来。地缘政治与地缘经济的结合，不仅对地缘政治产生了很大影响，同样提升了经济因素在地缘政治中的地位。

一方面，全球化加深了信息化的影响，相互依赖则密切了各国间的经贸关系，两者共同推动了经济因素在国际政治中的影响和作用，从而改变了国际经济对国际政治的从属关系，使地缘政治格局发生变动。冷战结束后，武力与武力威胁在国际关系中的影响趋于下降，经济因素在国际格局的变化和发展中发挥着越来越重要的作用。主要表现是，军事手段占领他国领土的现象基本消失，取而代之的是以经济手段控制他国市场的现象更为普遍。欧盟、北美自由贸易区等区域性国际组织的成立和发展，表明当经济相互依赖在各

---

[1] 李义虎：《地缘政治学：二分论及其超越》，北京大学出版社，2007，第197页。

国间关系的地位得以提升之时，各国纷纷注重经济手段在对外政策中的应用及其影响。同时，技术要素在经济领域中的影响同样不可忽视，在全球化时代下，这一点体现得更为深远。"衡量权力的尺度是通过高技术的研究与开发获得决定性的技术优势以占领未来市场的能力。因此，获得进入新兴市场的机会变得比控制实际领土更为重要。"[1]

另一方面，全球化时代，一个国家的经济强盛在一定程度上表现为该国控制、利用海外市场的能力。在信息化的今天，当所有国家面对同样的全球市场的时候，资源和信息对国家的海外市场拓展有着相当重要的影响，可以说，一国经济的强盛与否在相当程度上取决于该国拥有资源的数量、类型和分布态势以及开发、利用和调动资源的水平和方式。"一个国家的力量及其影响市场的能力，是由其支持者的力量与资源情况所决定的。这样，国家就起着一个介质的作用。这就增加了市场经济的极化作用。"[2] 因此，传统意义上的国家主权在受到各种生产要素的流动和汇集等冲击的同时，国家也充分调动可能的力量去控制经济活动。以美欧日等资本主义强国为例，它们或凭借庞大的国内市场和高度发达的金融和高技术产业施加对全球市场的强大影响力，或以国际组织的形式结成高度组织化的联合体，从而共享市场与资源。而在资源的获得和对市场的控制方面，信息起到了极其重要的作用，在全球化时代，信息技术已经渗透到人类生活的各个方面，尤其在经济领域，信息的内容日益丰富，信息流通的手段和渠道也不断多样化，从而使信息空间被不断拓展。甚至可以说，当代经济方面的竞争，在某种程度上就是信息的竞争，谁掌握了信息的主导权，谁就掌握了发展的先机，谁就获得了经济强盛的前提。

---

[1]〔美〕詹姆斯·多尔蒂、小罗伯特·普法尔茨格拉夫：《争论中的国际关系理论》（第五版），阎学通、陈寒溪等译，世界知识出版社，2003，第165页。
[2] 王恩涌等编著：《政治地理学：时空中的政治格局》，高等教育出版社，1998，第316页。

经济因素揳入地缘环境的一个重要媒介是距离，经济与地理距离的关系同样关系着一国经济发展和综合国力的提高。从理论上说，力量的影响会随着距离的增加而逐渐减弱。"在抽象层次上，地理和权力之间的关系（地缘政治）体现在这样一种能力上：一个国家有能力在任何时候运用权力去影响或控制它视为具有重要战略意义的领土。"[1] 具备远距离投放能力的国际行为体将在世界格局中占据有利地位。军事主导的时代，强国的实力不仅体现在物资生产能力上，军事武器和人员的运输能力同样关键；经济主导的时代，霸权国家的一个标志性特征就是其经济生产水平和贸易范围的扩张。"地缘政治关系将极大地取决于各国特别是经济大国的生产、贸易与资本的全球分布状况。"[2] 而今，在全球化发展的时代，技术和信息成为各国争夺的重点，"地理和权力之间的关系体现为运送能力，把货物、服务和信息最有效和最迅速地从一个地方运到另一个地方"[3]。所以，全球化和相互依赖提高了地缘政治中经济因素的地位，国家更加注重政治经济社会的全面协调发展。

其次，全球化时代能源政治在地缘政治研究中的地位得到提升。无论是在国家还是在世界视角下，实力的大小、力量投送距离的远近以及与全球市场的联系程度高低都会影响一国的地位和政策。具体地说，则取决于物资生产、贸易往来和科学技术的发展进步，但是这些都离不开资源，尤其是能源的供应，随着技术能力的拓展和经济水平的发展，对能源资源的争夺日趋激烈，能源在地缘政治中的地位迅速提升，全球范围内能源和资源富集的国家和地区都成为地缘政治的关注点，这其中围绕油气地区展开的争夺体现得更加明显。

能源是现代文明和经济发展的重要物质基础，其生产、分配和利用已成

---

[1] 〔美〕詹姆斯·多尔蒂、小罗伯特·普法尔茨格拉夫：《争论中的国际关系理论》（第五版），阎学通、陈寒溪等译，世界知识出版社，2003，第167页。
[2] 楚树龙、耿秦主编：《世界、美国和中国——新世纪国际关系和国际战略理论探索》，清华大学出版社，2003，第123页。
[3] 〔美〕詹姆斯·多尔蒂、小罗伯特·普法尔茨格拉夫：《争论中的国际关系理论》（第五版），阎学通、陈寒溪等译，世界知识出版社，2003，第167页。

为世界政治经济结构中不可或缺的组成部分。尤其对新兴工业化国家来讲，其对能源的依赖性更强，能源安全就成为关系到国家经济发展的战略性问题。[1] 目前来看，油气能源仍然是全球能源市场的主体。"在世界经济方面，相对位置对国家的重要性往往超过该国的绝对力量的大小。相对位置不仅指与其他国家的相对的区位，也指与世界经济中物质资源可利用性而言。"[2] 作为物质资源重要组成部分的能源尤其如此，能源不仅使得乌克兰、委内瑞拉、尼日利亚等国成为所在区域乃至全球地缘格局中的重要战略要素，更是使中东、中亚成为21世纪以来全球地缘战略格局中最为瞩目的地区。2022年2月爆发的乌克兰危机，显示了油气资源仍然是一些国家发展的瓶颈。乌克兰危机使俄罗斯的天然气供应出现不确定性，而欧洲国家也很难在短期内摆脱对俄罗斯天然气的依赖，特别是德国对俄罗斯天然气需求比例很高，因而欧洲国家在是否对俄罗斯实施能源制裁方面存在着内在的分歧。能源政治决定了一些国家的经济发展，为避免危机的发生，有些国家对能源政治的重视甚至在权力政治、军事政治之上。

要实现长久的能源安全，就必须大力开发可再生性能源。美国凭借页岩气的开发在很大程度上实现了能源独立的目标，世界其他国家也都在以前所未有的速度积极发展新能源技术。国际可再生能源署（IRENA）在2019年出版的报告《新世界：全球能源转型与地缘政治》中指出，正如石油、天然气等化石能源塑造了过去两个世纪的地缘政治格局一样，全球能源的转型将改变全球地缘结构和国际关系，也将改变冲突风险以及地缘政治动荡的驱动因素，已影响世界超过百年的石油和天然气地缘政治或将发生根本性变化。[3]

---

1 杨宇等：《世界能源百年变局与国家能源安全》，《自然资源学报》2020年第11期，第2803—2819页。
2 王恩涌等编著：《政治地理学：时空中的政治格局》，高等教育出版社，1998，第316页。
3 International Renewable Energy Agency,"A new world: The geopolitics of the energy transformation", https://www.irena.org/publications/2019/Jan/A-New-World-The-Geopolitics-of-the-Energy-Transformation.

在百年大变局下,新的可再生能源的开发和利用将重塑未来的地缘政治格局,可再生能源开发所需要的基础设施建设和原材料产地,可能会成为新的地缘政治热点,而大国之间在新能源的开发和利用方面也将会有新的竞争。

总之,地理、经济、资源这些要素的相互影响和结合就是国际社会发展内容不断更新、地缘政治形式不断丰富的缘由。全球化时代的地缘政治关系将更多地取决于世界范围内对货物、服务和信息的生产、贸易与资本的全球分布格局,取决于市场、制度和社会的运作方式。因此,在地缘政治经济世界里,一个国家如果难以在能源支持下的经济全球化浪潮中占得先机,也同样很难在国际体系与战略格局中掌握自己的命运。

三 要素与方式:地缘政治结构的转换

"世界格局是指国际关系中主要国际力量之间相互联系、相互作用、相互制约而形成的一种关系结构,或力量对比状态。"[1] "地缘政治格局是在特定的历史时段内,以政治行为体为单元(国家或国家集团)的地缘政治力量中心,通过地理空间进行的相互作用所形成的相对稳定的空间结构。"[2] 由此可见,地理空间是地缘政治格局存在的物质性基础,地缘政治格局是世界格局在世界政治地图上的反映。对世界格局的认识决定着国家对外政策路线和战略抉择的方向,也就是通过什么方式来维护和实现本国的国家利益。在全球化时代,地缘结构处于不断变动之中,其中,各国家、国际组织等行为体是一个竞争与合作的过程,这种竞争与合作的双重关系反过来影响着全球地缘政治结构的发展变化和各行为体之间的互动。因此,在一定时期和条件下,地缘政治格局是相对稳定的,但是当国际力量对比发生质变时,也就是说,

---

[1] 刘清才主编:《国际政治学》,吉林大学出版社,1998,第218页。
[2] 陆俊元:《地缘政治的本质与规律》,时事出版社,2005,第247页。

足以改变目前的力量结构时，就将产生地缘政治格局的转换。

"从地缘政治格局构造来看，以大国或国家集团为代表的力量中心是构成格局的支撑点，力量中心之间的地理空间关系是形成格局的网络条件，而力量中心之间通过这个网络产生的互动是赋予这个结构生命的动力。"[1] 因此，力量中心之间的互动是地缘政治格局转换的方式所在。在传统地缘政治研究中，空间—权力的互动是地缘政治结构的主要表现方式，其中，权力主要是以单元层面的国家来掌握的，世界主要的单元国家在地缘空间中围绕权力优势的争夺是早期地缘政治格局的突出特点。第二次世界大战后，空间—权力的地缘结构逐渐转向空间—区域的地缘结构形式，比如美国地缘政治学家索尔·科恩所提出的地缘政治图式，它将世界的地缘政治结构划分为不同等级的区域，即地缘战略区和地缘政治区，通过对区域内政治力量的观察来分析地缘政治结构的变化。冷战后，空间—权力的结构和空间—区域的结构仍然存在，但是也都有不同程度的变化，其中，一个比较显著的变化是主要力量中心的主观性在增强，它们已经不满足于利用现有的地缘位置和地缘环境的优势，而是要积极地塑造有利于自身发展和安全的地缘环境，去"建构区域"，比如美国等国提出的"印太"，中国提出的"一带一路"倡议，都是对地缘环境的主动性塑造。当然，美国的"印太"区域建构是为了遏制中国的进一步崛起，而中国的"一带一路"倡议则是要带动周边和沿线国家共同发展，其目的和胸襟是完全不同的。

在中美竞争凸显、新冠疫情暴发等背景下，当前的地缘政治格局转换的特点更多体现在区域性上。"全球化时代的区域化虽然是在特定地理空间范围所开展的一种国家间合作，但它所引起的变化是全球经济的空间结构出现了新的形态，它带有明显的区域性和洲际性，但正在向全球范围延伸；它带有明显的受到限制的地理性，但更多地表现出经济活动极强的动态性。"[2] 从海

---

[1] 陆俊元：《地缘政治的本质与规律》，时事出版社，2005，第247页。
[2] 李义虎：《地缘政治学：二分论及其超越》，北京大学出版社，2007，第236页。

陆关系的角度来说，地缘政治格局转换的一个突出特征就是，力量中心之间的交汇处尤其是海陆力量中心的交汇处即边缘地带区域起到了枢纽的作用。

"全球化包含着两个方面的事实：在地理方面，国家之间是相互依赖的；在经济、社会和政治方面，它们更是相互依赖的。而且，两个方面的相互依赖存在着结构性的嵌入关系。"[1] 全球化时代的国际体系结构最重要的一个特征不是地理学属性上的自然差别，取而代之的是以经济、资源和信息为基础形成的体系上的空间差异。在地缘政治的核心也就是人—境关系中，地理因素是相对不变的，人的因素是主动的、变化的。所以，这种结构性的嵌入关系也可以看作是不对称的相互依赖式的嵌入关系，两者之间这种不对称的相互依赖关系对地缘政治的发展产生了巨大推动和影响。

第三节　全球化时代地缘政治特征的新变化

从时间与空间的全球化分析中，我们可以感受到"全球化是一个复杂的动态过程，它是时间与空间互动的多维变化过程，是参与者不平衡发展的过程，是一体化与多样性、合作与冲突共存的过程，是概念更新、范式转换的过程"。[2] 要探讨全球化时代地缘政治特征的新变化，需要将地缘政治的分析与全球化的发展特征紧密结合起来。通常而言，"地缘政治分析被分为三个阶段进行。首先是对基本空间客体自身特征的考察；其次要探视空间客体的相互作用以及由此而形成的空间模式，这包括对不同地理空间区域中相互作用模式差异性的观察；最后是将地缘政治空间作为一个整体的分析，从而确立对其全部特征的判断"。[3]

1　李义虎：《地缘政治学：二分论及其超越》，北京大学出版社，2007，第235页。
2　倪世雄主编：《当代西方国际关系理论》，复旦大学出版社，2005，第477页。
3　〔英〕杰弗里·帕克：《地缘政治学：过去、现在和未来》，刘从德译，新华出版社，2003，第9页。

将全球化的发展与地缘政治相结合去观察地缘政治特征的新变化，主要从地缘政治分析的三个基本阶段出发。首先，观察作为地缘政治基本空间的国家在地缘政治特征方面的变化；其次，探讨在国家互动基础上形成的区域地缘政治特征的变化；最后，将全球作为一个整体的空间，来看整体地缘空间特征的变化。

一　国家空间地缘政治特征的新变化

任何国家都生存在具体的地理空间环境之中，这个空间环境就构成了国家的空间特征。国家的空间特征主要由国家的地理位置、国家的领土特征，以及附着在领土之上的资源和人口特征、国家的边界特征等要素构成。那么，伴随着全球化的发展，国家的空间地缘特征发生了什么新变化了呢？

（一）国家开放政策的选择是国家空间地缘特征变化的前提

从历史上来看，开放是一个国家发展和强盛的必要条件。在世界范围内资源分布不均衡、文明发展不平衡的状态之下，很多国家不可能完全自给自足地发展，国家的开放就意味着可以充分利用外部的资源，和其他国家及地区互通有无、分工协作，同时也意味着文明之间可以交流与互鉴，在相互学习的过程中，使国家自身的文明水平得到提高。很多历史经验告诉我们，一个国家会因开放而强盛，因封闭而落后，国家开放是国家繁荣强盛的一个重要驱动力。

在15世纪地理大发现之后，国家的开放是以西方先发资本主义国家的殖民扩张以及落后的殖民地半殖民地国家被迫打开国门为主要特征的。无论是早期的西班牙、葡萄牙、荷兰，还是英国、美国等大国的崛起，实际上都离不开国家的向外扩张。它们凭借先进的航海技术，在远洋冒险和贸易繁荣的驱动之下，将势力伸展到世界的各个角落，向海外攫取资源，为本国新兴资本主义的发展开拓市场。这些开放为发达资本主义国家在世界的崛起奠定了雄厚的基础。而广大的落后国家在这个进程中被迫打开国门，成为发达国家资源的供应地、廉价劳动力的供应地以及产品的倾销市场，这些国家的开放是在他国军事力量的压迫下被动的开放，是没有任何主体性的开放。"如果说，'西方人的影响'，譬如英国人在印度建设公路、铁路网、电报装置、港口和土木工程，最后留下的纪念物给人以印象深刻，那么，它在这一时期多次殖民战争中制造的流血、抢劫和掠夺，更令人毛骨悚然。"[1]

冷战结束后，开放是国家为了发展而做出的主动性选择。因为全球化本身的发展就是要在世界范围内建立统一大市场，使资本、技术、资源和劳动力在全球范围得到优化配置。1997年国际货币基金组织在一份报告中曾给全球化下了一个定义："全球化是指跨国商品与服务交易及国际资本流动规模和形式的增加，以及技术的广泛迅速传播使世界各国经济的相互依赖性增强。"[2] 在全球化发展的推动下，对外开放成为世界各国的政策选择，因为只有开放，才能融入世界经济的发展大潮之中，才能分享到各国的发展经验和技术进步所带来的成果。从20世纪70年代末80年代初开始，伴随着社会主义国家的改革开放，世界经济呈现整体性发展态势，"世界出口率越高，跨国界的贸易额在世界生产中所占的比例越高，世界经济就越强烈地全球化"。[3]全球化的世界成为各国生存发展的最主要的外部环境，而各国成为全球化世界的一个个组成部分。在这种国家与世界的关系中，国家与世界在相互建构，国家在开放中改变着世界，而世界也在改变着国家。

---

[1] 〔美〕保罗·肯尼迪：《大国的兴衰》，中国经济出版社，1989，第187页。
[2] 国际货币基金组织：《世界经济展望》，中国金融出版社，1997，第45页。
[3] 张世鹏、殷叙彝编译：《全球化时代的资本主义》，中央编译出版社，1998，第56页。

（二）国家空间发展的均衡与不均衡性

国家由于地理位置、地缘的空间结构的差异性，在发展方面必然存在着不均衡发展的状况。在全球化背景下，国家内部的发展不均衡主要体现在两个主要方面：一是中央与地方结构关系的变化。体现为在中央放权的基础上，由国家内部不同地方的经济基础、资源配置等条件以及政府积极性所带来的不同地方特色的发展；二是沿海与内陆的结构关系的变化。在不同地缘条件下，由于与外部联系的差异性所带来的发展的不均衡性，比如处于沿海和处于内陆地区的发展条件和资源不同，会导致发展的差异。

首先，地方政府的主体性增强，使国家空间地缘结构在平衡中央与地方关系上出现新变化，凸显地方性色彩。在全球化发展的触动下，国家的生存发展方式发生了重大变化，原来的独立自主被国家的"权力流散"所取代。为适应全球化，国家权力逐渐分散化：一部分让渡给国际组织，一部分下放给地方政府，还有一部分"转包"给企业与社会。在全球化时代，地方政府，或者我们在更加普遍意义上称之为"次国家政府"（subnational governments）[1] 的权力普遍增强，尤其是在一些联邦制国家，次国家政府的权力得到增长。次国家政府不同于非国家行为体（non-state actors），它是国家内部的一个层次，地方政府作用的凸显，使国家内部的空间结构出现了权威层面的变化，国家层面的权威弱化了，而地方权威增大了，在全球化背景下，使我们观察世界的层次在原来的国家与国际层次的基础上，又增添了次国家层次，使国家空间地缘结构凸显了地方性的色彩。

其次，在沿海与内陆等不同地缘条件下，国家依据不同地缘环境实行不同的发展策略。比如沿海地区容易与外部建立联系，在发展方面有优先

---

[1] 陈志敏：《次国家政府与对外事务》，长征出版社，2001，第1页。

性，边境地区在开放政策下可以成为发展的新增长点。以中国的情况为例，在地缘空间特性上，中国属于陆海复合国，海缘和陆缘的发展结构始终是中国在发展中需要平衡的方面。改革开放初期，中国的开放是不平衡的开放和不平衡的发展。这种不平衡表现在：对内实行东南沿海地区的率先开放，建立特区，让一部分人先富起来；对外主要以向发达资本主义国家开放为主，主要目的是吸收西方发达资本主义国家的资本、技术、先进的管理经验，这种不平衡是中国为了尽快发展起来而进行的主动性选择。2000年中国提出"西部大开发战略"，之后，中国又陆陆续续提出了很多有关不同区域的发展战略，其目的就是平衡东南沿海地区率先开放所带来的发展差距问题。

最后，边界开放所带来的国家空间地缘特征的变化是极其显著的，同时也使国内的边疆地区在过去"边缘"的状态下，重新获得了新的发展机遇，在国家内部"中心—边缘"的结构中脱胎换骨。国家在边界开放之后，学术界在边界功能、边界安全、边界治理等方面展开了新的研究，其中，在概念上，将边界、边疆和边境这样一组相关概念进行了严格的学术区分。边疆（Frontier）通常是指主权国家边界内侧的一定范围，而且远离国家核心区的部分。边界（Boundary）一般是指国家之间通过双边或多边条约所确立起来的国家权力的界限，具有国际法的意义。早期的边境（Border）的概念和边界的概念有重合性，但是在边界开放之后，边境或者边境地区（Borderland）的概念通常是指边界线两侧的区域，边境地区直接依赖于边界线而存在，并以边界线的变更为转移。边境的概念有跨境的性质，包括了本国与邻国的相关区域。[1] 这三个概念的区分是我们研究边界变化问题的基础。

以往，国家的边界主要是"屏蔽"功能，国家要在边界地区"竖起篱

---

[1] 刘雪莲、刘际昕：《从边疆治理到边境治理：全球治理视角下的边境治理议题》，《教学与研究》2017年第2期，第60—61页。

笆",形成对国家领土和主权的坚固保护。边界开放之后,边界的"中介"功能开始体现,由此,边界的"线"变成了边境地区的"面",成为相邻国家之间经济发展、物资交流、人员往来的便捷通道,"竖篱笆"变成了"交朋友","硬边界"变成了"软边界",甚至在一些边境地区形成了共生状态。[1] 随着边境地区国家间交往的不断深入,边境地区成为国家经济发展的一个新的增长点,一定程度上也带动了国家内陆地区的经济发展。

(三)国家利益超越领土范围的延伸

可以说,从民族国家形成一直到20世纪,民族国家的主要生存方式就是相对封闭的、自主的,边界、主权是国家保有独立性和自主性的重要方面,世界体系也主要是由主权国家来构成的国际体系。但是,全球化发展的大潮打破了国家的这种封闭和自主,使国家之间走向互动,走向融合,在这个过程中,国家实现利益的方式也发生着重大变化,国家利益更多的要在国际关系中去实现,国家利益本身也超越了领土的限制而走向了海外。

首先,国家在主权的"让渡"与"共享"中模糊了国内与国际的界限。全球化的发展进程中,受冲击最大的就是主权国家。"全球化对国家的冲击表现在政治、经济、社会、文化诸方面,但在政治层面最具挑战性,其影响集中投射在国家主权上,严重地侵蚀和弱化国家主权,传统的主权观念不仅在理论上受到质疑,而且在实践上发生了重大修正,国家自主性受到严峻的考验。"[2] 主权的让渡和共享是全球化时代国家自主性变化的重要方面,它使国家在空间地缘特征上模糊了国内与国际的界限,容易带来国内问题国际化、国际问题国内化的相互渗透的局面,这种渗透是从国家整体角度来看的,而

---

[1] 刘雪莲、欧阳皓玥:《从共存安全到共生安全:基于边境安全特殊性的思考》,《国际安全研究》2019年第2期,第19—21页。

[2] 俞正樑、陈玉刚、苏长和:《21世纪全球政治范式》,复旦大学出版社,2005,第198页。

与边界开放所带来的国家部分领土与外部的交流不同，它所涉及的是国家整体性利益，甚至是根本性利益的维护问题。

其次，国家的海外利益逐渐增多。以往，国家在自给自足的状态下，国家利益的实现大多是基于国家领土范围内的，而全球化时代，随着国家对外交流和国民跨境迁移的增多，国家海外利益在国家利益中所占的比重也在不断上升。在传统社会里，国家利益的实现与需求，与国家所辖的领域是一致的；但是全球化却显著打破了这一局面，一国企业或国民越出国境从事生产经营活动，从而构成了国家的海外利益，但同时也使国家安保资源在效用和权限上受到限制。因此，国境线是界定海外利益的核心要素，也带来了国家利益保护的难题。[1]

从以上分析中我们可以看到，在全球化影响下，国家的空间地缘特征发生了重大的变化，这些变化的前提是国家开放政策的实施，具体表现在国家内部的几组结构性关系方面：一是在中央与地方的结构关系中，地方的发展和作用与以往相比更凸显出来；二是在沿海和内陆的结构关系中，呈现出不平衡的发展态势；三是在中心—边缘的结构关系中，以往处于边缘地带的边境地区由于开放政策的推动，成为国家发展的新的增长点；四是在国家利益的内部构成中，海外利益被凸显出来，它使国家利益的实现与增进超越了领土的范围而走向世界。

二 区域地缘空间的建构性与差异性

"区域"的概念最早运用于地理学科中，用来指一定的地域空间，主要是具有一定的面积、范围以及界限的有形的自然地理空间。但是，随着人们实

---

[1] 刘莲莲：《国家海外利益保护机制论析》，《世界经济与政治》2017年第10期，第129—131页。

践活动的扩展,"'区域'概念并不是一个特指的地理范畴,而是一个体现着混杂、交往、跨界和多重认同的空间概念"。[1] 随着全球化进程的深入,国际关系各行为体之间的互动越来越紧密,原有地理区域有形的界限划分被弱化,而区域内以及跨区域的互动关系在重塑着区域。

(一) 区域观念的变化

早期的地缘政治学家,将区域看作国家战略重点关注地区或者国家增进权力的重要依托,麦金德的"世界历史中的地理枢纽"即世界的"心脏地带"曾吸引了众多国际战略学家的眼球,斯皮克曼的"边缘地带说"成为美国第二次世界大战后现实的写照,豪斯霍弗的"泛区说"对人们思考世界格局产生了一定的影响,而索尔·科恩的"地缘战略区""地缘政治区"的划分成为第二次世界大战后人们观察国际局势的重要参考。随着冷战的结束和全球化的推进,经济发展成为各国追求的主要目标,经济动力开始重塑"区域"空间,于是,在世界范围内出现了众多以经济为主导的发展区域,区域化、区域主义等开始盛行。同时,对"区域"的认知也随着政治的变化及文化认同等因素的需求逐渐演进,亨廷顿的"文明冲突论"从文明的视角来划分世界区域,将冷战后的世界区分为八大文明板块,包括中华文明、日本文明、印度文明、伊斯兰文明、东正教文明、西方文明、拉丁美洲文明、非洲文明(可能存在的),将人们对区域的认知带到了一个新的领域[2]。约瑟夫·奈(Joseph S.Nye)提出:"区域是基于地理上的关系和一定程度的相互依赖而导致有限数量的国家联系在一起。"[3]

---

[1] 汪晖、王中忱:《区域》,社会科学文献出版社,2014,"卷首语"第1页。
[2] 〔美〕塞缪尔·亨廷顿:《文明的冲突与世界秩序的重建》(修订版),周琪等译,新华出版社,2010,第24—26页。
[3] J.S.Nye, *Peace in Parts: Integration and Conflict in Regional Organization*, Boston: Little, Brown, 1971, p.vii.

在经济区域、文化区域等兴起的同时,"区域"也在打破国家的界限而呈现出纵向的层次关系。相对于主权国家而言,区域是一种弹性的弱单位,"其本身包括了微观区域(micro-region)(通常是三角地带)、次区域(sub-region)、中观区域(meso-region)(通常有比较稳定的国家间机制)和宏观区域(macro-region)(包括跨区域、区域间以及多边区域的合作)的扩张和递进,具有国家所没有的弹性空间"。[1] 随着全球化的推进和国家间关系的发展,一种打破地理界限的,多领域、多层次的,从动态的、主观的视角去建构的不局限于传统地理层面的区域认知观念形成了,由此人们颠覆头脑中原有的认识:区域不是客观存在的,区域是被建构出来的。

从现实的国际关系发展来看,"区域"的重要性越来越凸显出来,一是由于世界各国相互依存关系的增强,任何国家都不可能孤立地发展,很多国家利益需要在国际交往中实现,而全球层面的国际合作往往因为众多的复杂性因素而很难达成或者成效不显著,在这种情况下,地缘上相互邻近的区域就成为国家发展所依托的重要平台。二是在空间—行为体的互动关系中,以往主要关注空间对行为体发展的制约和影响作用,在冷战结束和全球化发展之后,行为体的自主性和能动性大大增强,反过来,其对空间的塑造作用越来越显现出来,而且由于地缘上的邻近,国家间的历史文化也相近,通常有交往的传统,容易建构出基于发展需求的"区域"。三是次国家层面的"次区域"也因不同需要被建构起来。如湄公河三角洲等次区域合作,在发展中已经逐步成熟。还有众多的边境区域的跨境合作,将次国家层面的联系逐渐变得常态化、机制化。

---

[1] 张云:《国际关系的区域研究:认识论视角的解构与重构》,《史学集刊》2019 年第 4 期,第 31—34 页。

（二）区域建构的逻辑与动力

在全球化的推动下，世界各地区之间的沟通交流日益密切，原本在地理空间的壁垒下受到影响的互动，如今已经在很大程度上得到了缓解，各行为体之间要求更深入的沟通交流的愿望变得迫切，合作已经不再局限于自然地理上的链接，区域的开放性使区域仍然可以向外延伸，跨地区之间由于相同的诉求以及出于行为体自身的某种诉求而展开合作的形式也开始变得普遍，传统的单纯倚靠自然地理空间链接而形成的"区域"已经不再能涵盖当今区域的多样性。区域的非封闭性，使得区域具有更多样和更多层的特征。从区域建构的角度来看，区域内的地缘基础、内在动力、主体推动以及区域内行为体对未来的期待这四个方面是主要因素。

第一，地缘是区域建构的自然基础。无论如何界定和建构区域，区域自始至终都要建立在一定的地理属性之上，地缘的联系性是区域建构的基础。"区域是关系性的存在、互联互通的节点和立体的空间结构，具有独特的自然属性和社会属性。"[1] 区域作为一个空间的存在，是自然属性和社会属性的统一体。以往我们对区域空间的认知更多地关注自然地理属性对人类实践活动的约束性，或者是人类实践活动在不同地理空间中所呈现的不同特征；而当人类实践活动逐渐超越自然地理的限制后，人的主观能动性就得到充分发挥，区域空间的社会属性就被凸显出来，当现有的区域不能满足人类实践活动的需求的时候，人们就寻求去重塑空间，建构新的区域。当然，如果没有地缘的基础，也很难形成整合性的区域。

第二，区域建构的内在动力体现在区域内行为体之间的紧密联系性，以及基于这种联系而形成的利益的相互依赖。首先，地理上相连的行为体之间

---

[1] 刘宏：《跨国网络与全球治理：东亚政治经济发展的趋势与挑战》，《当代亚太》2013年第6期，第4—29页。

不是冲突和封闭的状态，开放性和相容性是行为体之间建立紧密联系的前提。其次，行为体之间的开放和合作需要动力来源。在全球化发展之后，国家之间基于经济发展的需求而联系到一起，逐渐建构起以经济合作为主导的区域，并逐渐形成了"你中有我、我中有你"的利益交叉关系，这种关系由于其利益的内在交融性而很难割裂。

第三，区域建构的主体推动主要表现为国家主体特别是区域内大国的作用。在区域国家的关系中，大国在国际体系中所拥有的影响力和话语权往往是推动区域建构、引领区域走向成熟的重要条件，大国是促进区域形成的主推者，也是保障区域合作得以成功运行的维系者，成为区域权力结构中的关键变量。[1] 因此，在对区域建构的主导性推进以及区域合作的达成及运作的有效性等方面，大国都起到关键的作用，同时，区域主导国的推动会满足和保障其他成员国的需求，并且还可以加速推动区域走向成熟。

第四，关于"区域"建构的未来期待，体现在区域内行为体政策考量的长期性以及对区域未来的规划与愿景。一个区域的形成并走向成熟，除了地缘基础、内在动力、主体推动以外，区域建构的动力或吸引力还在于区域内行为体对区域未来的期待。能否在区域合作中有效实现自身的利益，并能够持续增进自身利益，是区域内每个行为体的期待。一般来说，在全球合作层面，由于涉及的行为体数量比较多，复杂性比较强，利益诉求的差异性也相对较大，往往容易产生"集体行动的困境"，导致许多行为体的利益期待很难实现，而在区域层面，行为体数量相对较少，而且在地缘相近的区域内行为体的利益需求以及所面对的问题相对比较接近，即便行为体之间有利益的差异性，也不会产生很大的分歧，这就使区域性的合作更能够落地，并且有持续性。

---

[1] 张云：《国际关系中的区域治理：理论建构与比较分析》，《中国社会科学》2019 年第 7 期，第 186—203 页。

总之，随着人类实践活动的扩展以及行为体能动性的增强，在国际关系中区域建构的色彩越来越凸显出来，表现出其区域建构的自然地理特征在褪色，而区域内国家的主观性、战略性等特征在增强。

（三）区域空间特征与建构的差异性

伴随着全球化的发展，区域化和地区主义逐渐兴起。地区主义从发展程度上来说，主要分为三种类型，即跨国地区主义、国家推动的一般地区主义合作、地区的一体化。跨国地区主义是地区主义的初级阶段，也被一些学者称为非正式地区主义或者软性地区主义，它的主要特征是缺少政府主导下的制度性结构，主要是由区域内国家自主的经济过程所带来的国家之间的相互依赖关系。而国家推动的一般地区主义合作，带有国家间关系的制度性保障，地区的一体化则是地区国家间比较高层次的融合，一般带有跨国家和超国家的制度和机制。跨国地区主义更多的是经济和市场来推动的，而其他形式的地区主义则都带有政治性色彩。"政治区域主义意味着地理位置相邻的一组民族国家拥有许多共同的特征，相互间有相当程度的互动关系，并且通过一种正式的多边结构进行制度化了的合作。"[1] 但是，无论哪个层次的地区主义，都带来了相邻国家之间关系的重大变化，而所建立起来的关系样式就成为了地区各国所处的重要地缘环境。

在区域主义的发展中，世界上几乎所有的国家都卷入了区域主义的浪潮之中，比较有代表性的就是欧盟、北美和东亚三大区域集团，以上述区域建构的逻辑来看，这三大区域集团无论在区域空间特征还是在国家互动关系的建构方面都存在着差异性。从欧盟来看，其区域主义相对比较成熟，欧洲地区平坦的地形和国家的分布，使其在安全和发展上有联合的愿望，而"法国

---

[1] 〔英〕戴维·赫尔德等：《全球大变革：全球化时代的政治、经济与文化》，杨雪冬等译，社会科学文献出版社，2001，第106页。

和德国之间的联盟将会赋予身患重病的欧洲新的生命和充沛的活力。它将具有巨大的心理上和物质上的影响,并发挥力量,必将拯救欧洲。……这是达到欧洲统一的唯一可能性。"[1] 法德联合从欧洲国家关系方面消除了竞争性和冲突性因素,使欧洲走向联合自强的道路,而欧洲一体化的深度和规则的建设都是区域主义发展的典型代表。

与欧洲区域主义发展相比较,其他地区的区域主义有着非常不同的特点。北美的区域主义呈现出的是等级化的结构,不是深度的一体化,也没有欧盟高度的制度化。但是,北美区域主义的一个最大特色是它是由发达国家和发展中国家组建的经济集团,在区域内国家互动和合作方面有典范的意义。东亚区域合作并不像欧盟和北美一样有比较成熟的发展,主要表现在亚太经合组织的建立和东盟自贸区建设。亚太经合组织一直比较松散,同时也由于内部的分歧而在区域合作中权威性和吸引力不足。相比之下,东盟的区域合作则成果比较显著,以东盟为核心推动建立的"10+1""10+3"机制,对整个东亚区域的经济合作起到了巨大的推动作用。

总体来讲,全球化背景下,区域空间地缘特征的变化是明显的,一是在自然地理区域基础上,区域建构成为区域发展的核心;二是区域内经济和政治等方面的紧密联系和主导性国家是区域建构的内在推动力量;三是区域内国家之间的互动方式构成了区域的不同特色,也体现出区域构成、国家间互动水平、制度化程度等方面的差异性。不同的区域在构建过程中都存在着一定的阻碍因素,但是区域整合的大趋势很难改变。

三 全球地缘空间的整体性与不均衡性

在全球化的背景下,区域化发展并不等于全球化的"碎片化",而是全球

---

[1] 〔德〕康拉德·阿登纳:《阿登纳回忆录》(一),上海人民出版社,1976,第354页。

化发展的重要阶段，或者可以看作是全球化发展的中观层面。关于全球化与区域化的关系，俞正樑教授曾讲道："从全局看，区域化是全球化的组成部分，全球化更多地表现为区域化，区域化在深度和广度上都大大高于全球化，没有区域化就没有全球化。从长远看，区域化是通向全球化的阶梯，是全球化漫漫征途中的中继站，区域化与全球化是一枚硬币的两面，在本质上是相互依存、相互补充、相互制约、同步进行的，两者是矛盾的统一体。"[1]

从全球角度来看，全球空间地缘特征的新变化主要表现在三个方面：全球整体性的增强、全球空间的不均衡发展、全球地缘空间的冲突与合作，这几个方面体现出全球化发展对全球空间的重塑。

（一）全球整体性的增强

全球化的发展冲破了国家的界限，超越了区域化的进程，在世界日益相互依存的状态下走向整体化。全球化使国家时空、国际时空向全球时空转换，使国内政治、国际政治、区域政治逐步纳入全球政治的范畴，"全球政治的结构性特征是，政治、经济、军事、外交、社会、文化、生态等一切价值与资源的分配，日益在全球范围内进行，多元的国际行为者及各种影响要素都在全球空间内强化相互依存与互动"。[2]

首先，全球的整体性在主体方面表现为多元行为体的互动和相互影响。以往的国际政治主要是国家间政治，国家是国际政治的主要甚至是唯一的行为体。全球化的发展以及国家权力的转移，使国际组织和非政府组织、跨国公司、次国家行为体等多元行为体不断壮大，数量急剧增多，并在国际事务中发挥着越来越重要的作用。因此，在全球空间中，互动的实践主体不只是国家，还有数量庞大的非国家行为体，它们打破了"国家中心主义"，其作

---

[1] 俞正樑：《区域化、区域政治与区域治理》，《国际观察》2001年第6期，第1—3页。
[2] 俞正樑、陈玉刚、苏长和：《21世纪全球政治范式》，复旦大学出版社，2005，第158页。

用几乎渗透到国际社会的各个层面和各个领域，成为全球空间中非常活跃的行为体，并联结着世界的各个单元，使世界日益整体化。

其次，伴随着全球化的发展，各种跨越国界的全球性问题不断增多，并在世界各地蔓延，凸显全球命运共同体的性质。全球性问题是超越国境的问题，不是任何单个国家所能解决的，必须依赖国家间的合作以及国际组织来解决。全球性问题从根本上来说是"类"的问题，它不是影响某个国家利益的问题，而是将危害人类的利益。因此，在全球性问题面前，必须树立起全球主义的意识，摒弃国家主义的狭隘观念，这样才能使全人类的利益得到维护。

最后，在全球化所带来的相互依存状态下，需要全球规制来发挥协调作用。比如，冷战后的一段时期，许多国际事务都诉诸联合国，联合国被称为"敞开的良心"。在经济方面，世界贸易组织、世界银行、国际货币基金组织被称为协调世界经济发展的三驾马车。在全球性问题的治理方面，关于气候谈判、环境污染、生物多样性等，国际社会出台了很多相应的规则，这些规则的确立强化了全球空间的规范性和整体性。

（二）全球空间的不均衡发展

20世纪90年代以来，虽然国际关系有了一定程度和范围上的变革，但是并没有完全改变以世界经济发展为基础的全球范围内的地域差异。由于冷战时期的东西矛盾掩盖了南北问题，冷战结束使得发达国家与发展中国家之间的南北矛盾被重新凸显出来。全球化的发展，并没有如人们预想的那样实现共同富裕，反而由于全球化背后的资本逻辑的支配作用，使世界经济的分配结构极度不均衡，从而导致富者愈富、贫者愈贫的状态，南北差距进一步拉大。在西方资本主义国家占主导地位的全球化中，实际上存在着"中心—边缘"的结构关系，按照沃勒斯坦世界体系理论的观点，各个国家和地区在世界经济中的地位和作用是各不相同的,形成了中心—边缘的关系。处于中心位置的国家,一般而言经济更加发达、工资普遍高、技术尤其是高新技术先进,在经济和贸易分配中占据主导地位;而处于边缘地区的国家经济相对落后、技术粗糙简陋、生产单一化,在经济上受到先进地区的剥削和压榨。具体来说,发达国家虽然失去了早先殖民地带来的巨额利润,但是依靠早期国家对外扩张时期的资本积累和对高新技术市场的联合垄断,它们依然掌握着世界市场的话语权,而广大发展中国家经济基础薄弱,科技水平落后,在经济全球化、科技信息化浪潮中,无力摆脱在全球地缘政治力量对比中的颓势地位,处处受制于发达国家,从而导致其经济地位受到根本性制约。

实质上,造成南北差距拉大的根本原因就在于全球化中的资本逻辑的存在,这是资本在竞争中单方取胜的逻辑,是契合西方国家利益偏好的逻辑,它形成了"在中心与边缘、资本与劳动关系方面有利于前者驾驭后者……后者的财富向前者流动"[1]的局面。因而,资本逻辑不改变,就很难解决全球化中分配结构的矛盾性问题。

进入21世纪以来,南北关系中最显著的变化莫过于南北之间以及各自内部的分化组合。南北之间也试图做出过一些努力,比如2005年7月7日在英国苏格兰举行的"鹰谷对话",参加者包括中国、印度、巴西、南非、墨西哥、八国集团成员的领导人,以及联合国、世界银行、国际货币基金组织、世界贸易组织及国际能源署等重要国际组织的负责人和代表。就规模而言,"鹰谷对话"开辟了南北对话的新局面,但从效果来说,其并未达成具有可行性的协议条款。因为尽管全球化为所有的参与者提供了平等的发展机会,但是机会的平等并不会导致结果的平等,由于历史原因、地理差异、经济实

---

[1] 李晓霞:《"一带一路"倡议推动全球经济治理变革的逻辑根源——基于发展逻辑与资本逻辑的比较分析》,《东北亚论坛》2021年第1期,第92—103页。

力、科技水平等方面的因素，不同国家把握机会的能力是有差别的。

同时，南北关系的分化组合还受到了与全球化并行不悖的区域化进程的影响，"这些区域化进程在世界地缘政治更为成熟的部分里最为强劲，而民族化进程则在不发达地区最为强大"。[1] 由此而导致的结果不仅表现在南北差距的进一步加大，同时也加快了南北双方内部的分化，尤其是南方国家内部变化更为明显。因为全球化实际上放大了南方国家原本就存在于经济、地理、历史方面的巨大差距，它们对世界市场不同的利益需求使它们实际上走上了不同的发展道路，全球化时代的激烈竞争使得南方国家很难保持一致的立场，兴盛一时的不结盟运动后来几乎销声匿迹。北方发达国家之间虽然由于经济联系和文化渊源的因素，其实力分化的程度小于南方，然而资源和国际市场的有限性同样加剧了它们之间的竞争。

总体上看，全球化并未使南北关系得到明显改善，反而贫富差距进一步拉大了。南北差距的扩大不仅会给世界带来不稳定性，而且会影响世界的整体性发展步伐。从这个意义上来说，南北之间的对话与合作是南北双方都需要的，未来南北关系将是一条依存度继续加深、对抗依然存在但各方都寻求相互妥协和共赢的道路。

（三）全球地缘空间的冲突与合作

20世纪90年代以来，持续近半个世纪的东西方对抗关系为冷战终结所打破，全球化推动全球范围内的政治经济交流，国际社会在空间上的统一也因此而进一步加深，但这些变化都未能彻底抹去在国际政治经济旧秩序中占支配地位的东西关系的痕迹，经济、社会、文化、宗教等深层根源致使当今世界仍存在着西方与非西方之分。

---

[1] 〔英〕杰弗里·帕克：《地缘政治学：过去、现在和未来》，刘从德译，新华出版社，2003，第176页。

冷战时期的地缘政治被意识形态化了，整个世界在全球范围内分割成东西对立的两个世界。两极格局的瓦解导致世界地缘结构发生重大变化，20世纪80年代末期的东欧剧变和20世纪90年代初期的苏联解体，使世界地缘政治的版图出现重大重组，世界很多地区分化出一些新的地缘政治单元，比如，少数紧贴西欧的国家加入西方体系，其他一些国家则游离于东西方之间，成为既非东方也非西方的成员，而西方体系依赖于北约集团以及美国与其他地区国家的同盟关系的延续而保留了下来。"在全球地缘政治格局中，西方占据明显有别于非西方的地位，西方与非西方之间存在清晰的地缘政治界线。"[1]

1993年，美国学者亨廷顿提出"文明冲突论"的主张。亨廷顿认为文明是人类的终极部落，冷战后的世界将是以人类文明来划分的世界，而文明之间的关系是冲突的。这种冲突性不仅在于文明之间所固有的分歧，而且在于全球化发展之后世界交往的频繁、对宗教和民族认同的增强等因素所带来的影响。文明间冲突一般有两种形式：在地区或微观层次上，表现为不同文明的邻国或一国内不同文明的集团之间的断裂带冲突；在全球或宏观层次上，表现为主要国家之间的核心冲突。他认为，在全球化发展过程中，非西方文明都在重新肯定他们自身的文化价值，人类将经历非西方国家权力与文化的复兴。从未来角度来看，西方的生存有赖于美国人重新肯定他们的西方认同，以及西方人把他们的文明看作是独特的而非普世的，并团结一致应对来自非西方社会的挑战。2008年国际金融危机之后，西方国家经济开始衰落，西方国家普遍出现一种危机感，对中国等新兴国家的崛起感到了威胁。2010年美国的"亚太再平衡"战略、2017年的"印太战略"，都有遏制中国的意图。2020年新冠疫情暴发后，西方与非西方之间的分歧进一步显现，当美国前总统特朗普在提到"中国病毒"的时候，实际上就显示出了与中国的对抗。

---

[1] 陆俊元：《地缘政治的本质与规律》，时事出版社，2005，第238页。

我们应该看到，无论是"文明冲突论"的理论，还是 2008 年之后国际政治发展的现实，关于西方与非西方的分歧背后实质上都隐藏着"西方中心主义"的观念，在这种观念的支配下，西方国家将威胁到它们利益的非西方国家都看成是对手，甚至是敌人，这是从历史上延续下来的不平等观念的反映，也是需要新兴国家用新的实践和新的理论来加以改变的观念。

在冲突与对抗的同时，我们还要看到全球在安全和发展方面仍然需要合作。目前的世界已经是被全球化"洗刷过"的世界了，世界的整体性联系、全球性问题的蔓延，已经使全球成为命运共同体。一般来说，安全是国际关系研究中的一个重要概念，主要是指"免受威胁、危险和伤害"，[1] 随着现实安全实践的变化，安全的范围不断被扩大，其不仅指客观上不受威胁，而且指主观上的安全感；不仅有国际安全、国家安全，而且安全已经渗透到人类生活的各个领域，出现了经济安全、环境安全、生态安全、文化安全、社会安全、科技安全等各类安全内涵，而相对于以往侧重于国防安全的传统安全来讲，遍布于人类生活各个方面的非传统安全问题尤其得到人们的关注，因为非传统安全问题更多属于"公共安全"的范畴，并落地到"人的安全"方面。

20 世纪 70 年代初著名的"罗马俱乐部报告"——《增长的极限》和《人类处在转折点》实际上已经为人类的行为和世界的变化敲响了警钟。全球化的发展，使人们更加清晰地看到了人类面临的共同挑战：恐怖主义、环境污染、难民问题、传染病的传播等，这些安全问题的关系性、渗透性、流动性等特点，使它们对人类生存和发展的影响呈现出无差别的普遍性。美国学者奥兰·扬提出了新时代振聋发聩的问题：当人类活动成为影响全球环境变化的主要力量，我们该如何保护赖以栖息的地球？他认为我们日益处于

---

[1] 朱明权：《国际安全与军备控制》，上海人民出版社，2010，第 3 页。

"人类世"的阶段,而"人类世的特征就是人类的活动已经成为地球系统动态变化的主要驱动力",在一个人类占绝对优势的复杂环境中,许多非传统安全的问题都有明显的"人为性"。因而,在未来人类与环境的关系中,以往主客体二分的观点已经不合时宜了,人类应与环境建构"主体间性"的关系,即人类与环境互为主体,平等相处。同时,在这种观念下,人类应该更好地规范自身的行为,以使我们共同生存的地球能够获得永续发展,这是世界各国和全体人类共同的使命。

第二章
经典地缘政治理论解析

第二次世界大战前,地缘政治理论得到了长足的发展,其中以"海权论""陆权论""空权论"以及德国学派的地缘政治思想为主要代表,第二次世界大战期间斯皮克曼的"边缘地带"学说对地缘政治理论的丰富做出了贡献。这些经典地缘政治理论为第二次世界大战后地缘政治的发展奠定了基础,而其基本的思想观点和理论特征对后来地缘政治的理论与现实所产生的影响都非常深远。在全球化时代,经典地缘政治的一些理论内核被延续下来,但更多的内容已经被时代所重塑。

第一节 经典地缘政治理论的历史延伸

一 地缘政治思想的萌芽阶段:人境关系中的地理决定论

"所谓'地缘'指的是:分析某地的政治、经济、社会、军事、外交等方面时,常须考虑'地理'缘由,比如分析地理对政治的影响便称之为'地缘政治'。"[1] 无论是中国古代典籍,还是古希腊时期重要的政治学著作,众多思想家都关注自然环境对人类行为的影响,形成了地缘政治理论的萌芽,

---

1 方旭:《拉采尔与地缘政治学的历史起源问题》,《云南社会科学》2020年第6期,第64页。

而"人—境"关系就成为地缘政治理论的渊源。在前人研究的基础上,人境关系演变成人的政治行为与地理环境的关系,再进一步演变为国家权力与地理环境的关系等。被誉为"地缘政治理论的鼻祖"的德国地理学家拉采尔对地缘政治理论做出了开创性贡献,为研究国家与权力的关系提供了地理空间视角。后续学者在研究地理空间与国家权力的关系方面形成了"海权论""陆权论""边缘地带理论"等传统地缘政治理论。

在地缘政治理论处于萌芽状态时,受制于人类主观认知因素的影响,地理环境决定论就成为思想家探讨"人—境"关系的主要视角之一。"第一个系统地论述了历史时期中存在的人与地理环境的关系"[1] 的思想家是希罗多德,"他被推崇为一个极古老的思想的创始人,即全部历史都必须用地理观点来研究。把地理概念看作是'历史的仆从',确实就是希罗多德首创的想法。地理提供了自然背景和舞台场景,历史事实只有和它联系在一起才具有意义"[2]。古希腊"医学之父"希波克拉底认为,自然环境对人的身体、性格等会产生影响,甚至认为气候对人类具有决定性影响。"他提出了人体与其体液平衡理论,并以体液这一关键术语为理论核心,认为人的内在体液,反映了外在要素,譬如对气温与湿度的依赖。"[3] 这是对"人—境"关系的最早论述之一。

在政治领域,比较早地探讨政治与地理之间关系的学者,应该是柏拉图、亚里士多德、让·博丹、孟德斯鸠等。在柏拉图的著作中,曾提到过海洋对人的思想的影响。他认为海洋使"国民的思想中充满了商人的气质,以及不可靠的、虚伪的性格,这就使得不仅在他们的市民之间,而且在他们与别人交往时变得不可信和敌对"[4]。因此,柏拉图认为,城邦不易滨海,要限制外

---

[1] 《简明不列颠百科全书》(中文版)第8卷,中国大百科全书出版社,1985,第465页。
[2] 〔美〕普雷斯顿·詹姆斯:《地理学思想史》,商务印书馆,1982,第25—26页。
[3] 〔法〕保罗·克拉瓦尔:《地理学思想史》,北京大学出版社,2007,第22页。
[4] 刘丛德:《地缘政治学:历史、方法与世界格局》,华中师范大学出版社,1998,第8页。

人入境，以防止本邦公民沾染异俗。被誉为"代表了希腊人地理思想的一个时代"[1] 的亚里士多德认为，气候对人的性格和行为能够产生决定性影响，因此也决定了处于不同地区的人会有不同的政治品格。他讲道："寒冷地区的人民一般精神充足，富于热忱，欧罗巴各族尤甚，但大都细于技巧而缺少理解；他们因此能长久保持其自由而从未培养好治理他人的才德，所以政治方面的功业总是无足称道。亚细亚的人民多擅长技巧，深入理解，但精神卑弱，热忱不足；因此，他们常常屈从于人而为臣民，甚至沦为奴隶。惟独希腊各种姓，在地理位置上既处于两大陆之间，其秉性也兼有了两者的品质。他们既具热忱，也有理智；精神健旺，所以能永保自由，对于政治也得到高度的发展；倘使各种姓一旦能统一于一个政体之内，他们就能够治理世上所有其他民族了。"[2]

因此，在古希腊时期，由于受到当时生产力发展水平的影响，以及人类对自然界的依赖程度较高的限制，许多思想家的认知观念被深刻地打上了环境决定论的烙印。在现实中，古希腊城邦也是依据与人的生存直接相关联的地理因素，比如以水源、气候、陆地等为基础来划分政治区域。当时的地缘政治观点在地理环境的范围和性质上也都是有局限的，比如在中世纪基督教国家所流行的"T-O"型的世界地图，这种以耶路撒冷为中心的世界景观图反映了当时人们在地缘上的狭隘观念。

16世纪西欧文艺复兴运动之后，关于地理与政治关系的讨论不断被深化。法国政治思想家让·博丹继承了亚里士多德的气候决定论思想，并对气候与一国的国民性格、国家政治体制之间的关系进行了研究。他认为："温和的气候为建立以法律和正义为基础的政治体系提供了最为有利的条件。"[3]

---

1 〔法〕保罗·佩迪什：《古代希腊人的地理学——古希腊地理学史》，商务印书馆，1983，第54页。
2 〔古希腊〕亚里士多德：《政治学》，商务印书馆，1997，第360—361页。
3 〔美〕詹姆斯·多尔蒂、小罗伯特·普法尔茨格拉夫：《争论中的国际关系理论》（第五版），阎学通、陈寒溪等译，世界知识出版社，2003，第151页。

让·博丹的思想影响了后续很多学者，如黑格尔认为："有好些自然的环境，必须永远排斥在世界历史的运动之外……在寒带和热带上，找不到世界历史民族的地盘……历史的真正舞台所以便是温带，当然是北温带，因为地球在那儿形成了一个大陆。"[1] 再如孟德斯鸠认为："地理环境，特别是气候、土壤和居住地域的大小对于一个民族的性格、风格、道德和精神面貌以及法律性质和政治制度，具有决定性的作用。"[2] 在上述思想家看来，气候是一国政治体制和法律制度的重要决定因素。但是相较而言，让·博丹等是纯粹的地理决定论者，而孟德斯鸠在强调地理决定论的同时，还关注社会条件的影响。而法国著名政治哲学家孟德斯鸠在其著作《论法的精神》中用很大的篇幅论述了气候和地理环境对政治的影响问题，并且将视野放到了全球。孟德斯鸠认为："亚细亚是没有温带的；和严寒的地区紧接着的就是炎热的地区，……而欧洲正相反，温带是广阔的，虽然它的四周的气候彼此极相悬殊，……但是当我们从南方走向北方，气候几乎是依照各国的纬度的比例，在不知不觉之中逐渐转冷，因此相毗连的国家的气候几乎相类似，没有显著的差别。……因此，亚洲强国和弱国是面对着面的；好战、勇敢、活泼的民族和巾帼气的、懒惰的、怯懦的民族是紧紧地毗连着的；所以，一个民族势必为被征服者，另一个民族势必为征服者。欧洲的情形正相反：强国和强国面对着面，毗邻的民族都差不多一样地勇敢。这就是亚洲之所以弱而欧洲之所以强的重要原因，这就是欧洲之所以有自由而亚洲之所以受奴役的重要原因。"[3] 依据地理和气候条件的分析，孟德斯鸠认为亚洲更多专制，而欧洲更多自由。同时，孟德斯鸠还认为，人的性格除了受地理环境影响之外，还可以通过宗教等外在因素加以引导和规范，这使

---

[1] 〔德〕黑格尔：《历史哲学》，生活·读书·新知三联书店，1956，第124页。
[2] 〔法〕孟德斯鸠：《论法的精神》（上册），张雁深译，商务印书馆，1987，第227—303页。
[3] 〔法〕孟德斯鸠：《论法的精神》（上册），张雁深译，商务印书馆，1987，第275页。

孟德斯鸠的观点突破了单一的地理决定论范畴，是对"人—境"关系的进一步发展。

综上所述，在地缘政治理论的产生初期，众多思想家主要围绕地理环境与人、国家之间的关系展开，尽管研究的视角不同，但都难以超脱地理决定论的范畴，体现出地理环境与人、国家行为之间的因果关系。从现实层面考虑，这种观点具有一定的合理性，因为在现代化交通、通信工具被发明以前，人类难以逾越高山、河流、海洋等自然障碍，人与国家所处的地理位置与距离远近就成为人与人、国与国互动的关键影响因素。这些思想和现实都具有鲜明的时代特征，是当时的时代产物。随着科技革命的发展，以及资本主义的高速发展，人们对自然环境的利用能力和认知观念都发生了重大变化，从而带动了地缘政治理论的提出和发展。然而，先辈思想家所做出的努力和贡献是不可磨灭的，他们对地理与政治关系的许多开创性观点，对后来的地缘政治研究奠定了坚实的基础，甚至对今天的地缘政治现实都有借鉴意义，比如对环境和气候的关注等。

二 地缘政治的发展与衰落：从科学走向政治实用主义

第一次工业革命之后，机器代替了手工劳动。19世纪之后，自然科学研究取得重大进展，各种新技术、新发明被广泛应用于工业领域，第二次工业革命逐步发展，使得人类社会进入电气时代。与此相伴随的是西方列强的社会生产力显著提升，为获取原材料产地和产品销售市场，它们对全球地理空间展开了前所未有的争夺。正如杰弗里·帕克所言："19世纪末世界强国所面临的现实就如巴比伦的亚历山大临终时一样，已经没有多余的世界可供征服了……对于几个世纪里习惯于想象在无限的范围之外还有无穷的新陆地的欧洲人而言，这是一种全新的情况，它加剧了对全球有限不动产的争夺，无疑包括了巨大的财富和资源。"[1] 在此情势下,西方列强需要一种全新的理论来指导本国的对外战略,并为拓展海外殖民地做出合理性阐释,传统地缘政治理论呼之欲出。

(一)"地缘政治学"的出现与德国学派地缘政治思想的境遇

19世纪末期,在对达尔文生物进化论狂热崇拜和斯宾塞社会达尔文主义盛行的背景下,德国地理学家拉采尔将自然科学中"有机体"的概念引入地缘政治研究之中,并提出了"国家有机体论"和"生存空间说"。他认为"国家和自然界的事物一样是一个有机体,对其行为的解释最好是将之看成是一个有机整体的行为。它本身要大于各个组成部分之和,这些组成部分既包括了自然的成分,也包括了人类的成分。他将之定义为国家的'生物地理学概念'(die biogeographische Auf-fassung)"[2],"国家的发展稳固地建立在其领土的基础上,要想进一步发展壮大,就必须使其领土优势最大限度地增长。也就是说,为了发展国家必须确保充足和合适的生存空间,这是国家权力的基本组成部分"[3]。

在拉采尔看来,人类群体的行为受到自然法则的支配,由人组成的国家同样遵循着生长、发展和衰亡的自然规律,但是作为"生物有机体"的国家有进行自由选择的"意志",为维持国家生存,必须对外扩张领土和生存空间。他认为,国家的这种扩张行为是符合自然规律的,如果国家未能建立起"正确的"扩张空间的观念,其必然走向衰亡。"一个国家必然和一些简单有机体一样地生长或老死,而不可停滞不前。当一个国家向别国侵占领土时,

---

[1] 〔英〕杰弗里·帕克:《地缘政治学:过去、现在和未来》,刘从德译,新华出版社,2003,第18—19页。
[2] 〔英〕杰弗里·帕克:《地缘政治学:过去、现在和未来》,刘从德译,新华出版社,2003,第23页。
[3] 〔英〕杰弗里·帕克:《地缘政治学:过去、现在和未来》,刘从德译,新华出版社,2003,第23—24页。

这是它内部生长力的反映。强大的国家为了生存必须要有生长空间。"[1] 在这些思想的基础上，拉采尔提出了国家生存七原则，以揭示国家成长的规律性。由于拉采尔的贡献，后人将他视为地缘政治学的鼻祖，他的思想为后续地缘政治理论的发展以及德国地缘政治学派的形成奠定了基础。

瑞典政治学家鲁道夫·契伦继承了拉采尔"国家有机体"学说，并首次提出了"地缘政治学"的概念。他认为地缘政治学是将"国家作为地理的有机体或一个空间现象来认识的科学"。[2] 在国家有机体理论的基础上，契伦建立了其国家行为分析体系，其重点是国家的自然天赋属性，它包括五个方面，即地缘政治属性、人口政治属性、经济政治属性、社会政治属性和政府政治属性。在此基础上，契伦对这五个国家政治属性又做了进一步的分类，形成了一个由14个子系统构成的完整分析体系。[3] 他认为国家既然是生命体，就有进行领土空间扩张的内在自我需要，"为了全面认识国家及其行为，他强调诸如地理区域、自然资源、生态状况、领土面积和人口数量等空间因素的极端重要性"。[4] 这体现了契伦强调的地缘政治研究的客观性，他关于国家空间特性的思考，其目的就是力图发现国家扩张行为的客观规律，并使这一规律适用于任何国家的成长。他认为，"必须认识到，系统并不依赖于任何关于国家特性的现存观念，无论是将国家看作一种生命形式的观念，还是将之看成是一种合法的和合乎道德的统一体观念……方法适用于所有的国家，无论其大小、友好或敌对，衡量它们的标尺是一样的"。[5] 契伦的重要贡献在于不仅提出了"地缘政治学"的概

---

1 〔英〕罗伯特·迪金森:《近代地理学创建人》，葛以德等译，商务印书馆，1980，第82页。
2 〔英〕杰弗里·帕克:《二十世纪的西方地理政治思想》，李亦鸣等译，解放军出版社，1992，第57页。
3 刘雪莲编著:《地缘政治学》，吉林大学出版社，2002，第45页。
4 〔英〕杰弗里·帕克:《地缘政治学:过去、现在和未来》，刘从德译，新华出版社，2003，第26页。
5 〔英〕杰弗里·帕克:《地缘政治学:过去、现在和未来》，刘从德译，新华出版社，2003，第26页。

念，而且将地缘政治理论系统化了。

豪斯霍弗继承了拉采尔和契伦提出的"国家有机体"思想、"生存空间"说，以及英国学者麦金德关于"心脏地带"的理论，将德国学派的地缘政治学推向了顶峰。"德国的地缘政治学是建立在地理环境决定论之上的，因为它的信念是：任何国家之所以能成为强国是依靠了地理条件。"[1] 德国处于欧洲中部的地理位置，有利于走麦金德式的世界强国之路，那就是先发展陆权，然后再发展海权，最后成为陆权+海权的世界强国。"德国的终极目标是用一个海陆两栖的全新权力结构取代对它威胁最大的海上权力结构。"[2] 而要实现这一目标，国家不断地扩张生存空间是合理的，他认为国家的边疆应该是能动的，边疆的伸缩反映的是国家实力的强弱变化。豪斯霍弗还提出"泛区"的概念，将世界划分为四大"泛区"，分别为以德国为核心的泛欧区、以日本为中心的泛亚区、以美国为中心的泛美区和以苏联为核心的泛俄区，他认为这是"在空间中寻求其存在的超民族的全球性思想"。[3]

虽然契伦强调地缘政治研究的客观性，但后续德国地缘政治学者脱离了客观立场，并为纳粹德国的对外扩张披上了"理论上的合法外衣"。德国学派的"国家有机体"理论及其衍生出来的一整套学说，在第二次世界大战结束之后，遭到了猛烈的批判，由此也使整个地缘政治研究走向衰落。

（二）"海权论"与"陆权论"的对峙思维

1890年，美国海军上校马汉的著作《海权对历史的影响》出版，该书系

---

[1]〔英〕杰弗里·帕克：《二十世纪的西方地理政治思想》，李亦鸣等译，解放军出版社，1992，第64~66页。
[2] 李义虎：《地缘政治学：二分论及其超越》，北京大学出版社，2007，第115页。
[3]〔英〕杰弗里·帕克：《二十世纪的西方地理政治思想》，李亦鸣等译，解放军出版社，1992，第76页。

统地论述了海权对国家兴衰的影响，也标志着海权论的出现。通过对历史事件的详尽分析，马汉将本来看似毫无联系的海洋要素纳入一个分析框架之中，他认为，"海陆地理位置、沿海自然条件、领土面积及海岸线和港口特点、人口数量及从事海洋相关事业的人数、民族特点和习性、一国政府特性及其政策"[1]是构成一国海权发展的基本条件，并对其进行了详细论证。

在马汉看来，海权有广义和狭义之分。广义上的海权是指一国对影响自身发展的各种海洋要素的掌控能力。狭义的海权是指一国运用自身资源对海洋空间的控制能力，尤其是控制海上交通要道的能力。从广义和狭义海权概念的对比来看，马汉认为，广义海权的前提是成本优势，他认为经水路进行旅行和贸易的成本远低于陆上成本；狭义海权的前提是控制海上交通要道可以"攻防兼备"，既能保证本国的通航、运输能力，又能防止敌国对该"固定"海域的使用。所以，马汉的海权论是在控制海上交通要道的前提下，实现一国利用海洋资源而繁荣发展的能力，只有将两者统一起来，才能实现海洋霸权。

马汉提出的海权论揭示了制海权对一国繁荣发展的重要意义，尤其是对于当时的美国而言，这种重要性不言而喻。马汉的海权论使美国从封闭走向了开放，从北美洲走向了世界，为美国后期的世界霸权地位奠定了基础。从理论上来说，马汉的海权论使政治学中的权力问题与地理意义上的海洋问题达到了完美的结合，并成为美国走向强权的理论基石，在指导了美国地缘战略实践的同时，也使地缘政治理论走向了实用主义。

伴随着科学技术的进步，国家发展所处的地理空间也发生了巨大的变化。内燃机的发明极大地提高了生产力，促进了资本主义工业革命的发展，而铁路等交通工具的应用，使陆地交通变得更为便捷，极大地提升了陆地国家的

---

[1]〔美〕A.T.马汉：《海权对历史的影响》，安常容等译，解放军出版社，2008，第38—105页。

地缘政治优势。在这种形势下，麦金德的"陆权论"学说应运而生。"英国之外的权力实体的工业的迅速发展和陆地机械运输革命的发生，使海权逐步让位于陆权。"[1] 麦金德认为："蒸汽机和苏伊士运河的出现，增加了海上强国相对于陆上强国的机动性。铁路在任何地方都没有像在闭塞的欧亚心脏地带，像在没有木材或不能得到石块修筑公路的广大地区所发挥的这种效果。铁路在草原上创造了更加伟大的奇迹，因为它直接代替了马和骆驼的机动性。"[2]

随着"哥伦布时代"的结束，在陆上交通技术不断发展的情况下，海权的优势地位将被陆权取代。他认为，海权国家与陆权国家之间的斗争贯穿于人类历史，"两者之间又总是存在一种固有的均势，因此，任何一方都无法获得对另一方的绝对优势地位。他们各自具有某种优势，藉此他们可以重建均势"。[3] 在此基础上，他提出"枢纽地带""世界岛""心脏地带"等核心概念，建构了全球整体性、封闭性的统一空间。他将欧亚大陆远离海洋的中心地带看作是世界的"心脏地带"，将英国、美国、加拿大、南非、澳大利亚等称为外新月形地区，将德国、奥地利、中国和印度称为内新月形地区，认为"枢纽地带""一直拥有适合一种具有深远影响而又有局限性质的军事和经济力量的机动性的各种条件"[4]；将欧洲、亚洲和非洲称为"世界岛"；他提出了影响深远的著名三段论："谁控制了心脏地带，谁就控制了世界岛；谁控制了世界岛，谁就控制了整个世界。"[5]

作为陆权论的提出者，麦金德的贡献不仅在于提出了传统地缘政治理论中的诸多经典概念，更在于他对全球地理空间的整体性描述，并为后续地缘

---

[1] 刘从德：《地缘政治学导论》，中国人民大学出版社，2010，第43页。
[2] 〔英〕哈·麦金德：《历史的地理枢纽》，林尔蔚、陈江等译，商务印书馆，1985，第66页。
[3] 〔英〕杰弗里·帕克：《地缘政治学：过去、现在和未来》，刘从德译，新华出版社，2003，第30—31页。
[4] 〔英〕哈·麦金德：《历史的地理枢纽》，林尔蔚、陈江等译，商务印书馆，1985，第68页。
[5] Halford J. Mackinder, *Democratic Ideals and Reality*, New York: Norton, 1962, p.150.

政治理论的发展做出了开创性贡献。他首次以全球的战略眼光整体审视了当时世界主要力量,在欧亚大陆存在着大英帝国和沙皇俄国两大强国,沙皇俄国存在着广袤的土地,处于欧亚大陆的"心脏地带",显示了其作为地理学家对大英帝国背后危机的担忧。为维持大英帝国的霸权,麦金德提出海权国家要联合起来平衡陆权国家以实现全球的和平。正如杰弗里·帕克所言:"尽管对大陆腹地的边界作了大量修补,但都未能从根本上改变它的战略区位、自然条件、资源和人口潜力等属性。这个命题仍然幽灵般地保留在地理政治学的卵翼下,仿佛在期待着某种最后的确证或否认。"[1] "麦金德的思想和方法论,并不因现实中的顿挫而失色。相反,这思想和方法超越了一时一地的博弈得失,而形成了超越时代局限的力量。"[2]

马汉的海权论和麦金德的陆权论实际上都是从海洋国家的视角出发的,海权论指出了海洋国家发展和强盛的条件和途径,而陆权论则更关注陆上力量的强大对海洋国家生存和发展的影响。虽然麦金德曾提出世界的历史就是陆权国家和海权国家相互斗争的历史,但是,从理论角度来看,海权论和陆权论并不是截然对立的,它们只是在视角和目的上有所不同。麦金德的陆权论并不否认海权的存在,他主张国家应优先发展陆权,然后在陆权的基础之上再去发展海权,从而走出一条陆权+海权的世界强国之路,没有陆权的支撑,海权的发展将缺乏根基。而如果是为了保有海洋国家的海洋优势地位以及安全和生存的需要,特别是为了海洋霸权国家地位的维系,海权与陆权可能会呈现出冲突和对抗的状态,因为按照麦金德的地缘政治观念,陆权的强盛会威胁到海洋国家的利益,因此,"海陆对峙"的思维模式就形成了。

---

[1] 〔英〕杰弗里·帕克:《二十世纪的西方地理政治思想》,李亦鸣等译,解放军出版社,1992,第141页。

[2] 〔英〕哈福德·麦金德:《民主的理想与现实:重建的政治学之研究》,王鼎杰译,上海人民出版社,2016,第202页。

（三）斯皮克曼的"边缘地带理论"

作为美国的地缘战略学家，斯皮克曼为了给美国对外战略提供理论支撑，他在批判继承海权论、陆权论的基础上，提出了"边缘地带理论"。

斯皮克曼认为，"心脏地带"没有条件成为世界的权力中心，麦金德过分强调了"心脏地带"的决定性作用。他认为，从地理条件看，"心脏地带"地处内陆，气候条件差，交通不便，而且人口稀少，经济发展相对落后；从现实发展来看，"心脏地带"的经济发展水平并未实现世界领先；而随着现代化远程武器的发展，"心脏地带"也成为被破坏和打击的区域之一，因此，控制该地区并不意味着能够引领或者掌控世界。与此相比，斯皮克曼认为实现世界霸权的关键地区应该是欧亚大陆的"边缘地带"，该地带主要包括欧洲西部和南部、中东地区、南亚次大陆以及亚欧大陆远东部分的濒海区。他认为，"边缘地带"拥有特殊的权力优势，主要表现在这些地区具有大量且密集的人口，拥有较多的自然资源，拥有几乎联通所有国家的海上交通线。从现实来看，"边缘地带"往往是世界权力争夺的要害地区，因为"从来不曾发生过单纯的陆上势力与海上势力的对抗。历史上的阵营总是某些边缘地区的国家和大不列颠对抗另外一些边远地区的国家和俄国，或者是大不列颠和俄国一道对抗一个统治边缘地区的强国"。[1] "欧亚大陆的边缘地区处在大陆心脏地带和边缘海之间，必须看作是一个中间区域，在海上势力和陆上势力冲突中起着一个广大缓冲地带的作用，它面对两个方面，必须起海陆两面的作用……它的水陆两面的性质是它的安全问题的基础。"[2] 两次世界大战发生的地理区域在"边缘地带"而非"心脏地带"，该地带能够使得一国在国际战略中"左右逢源"，处于该地区的国家既能倚重海权国家，又能依靠陆

---

1 〔美〕斯皮克曼：《和平地理学》，刘愈之译，商务印书馆，1965，第78页。
2 〔美〕斯皮克曼：《和平地理学》，刘愈之译，商务印书馆，1965，第76页。

权国家以获得比"假想敌"更多的战略优势。据此,他提出"谁支配着边缘地区,谁就能控制欧亚大陆;谁支配着欧亚大陆,谁就掌握世界的命运"。[1]

为了给美国对外战略提供理论支撑,斯皮克曼将全球划分为三大力量核心区,分别是北美洲太平洋沿岸区、欧洲沿海区域和亚洲东部的沿海地带。在这些核心区中,对西半球南北美洲和亚欧大陆"心脏地带"及其相应边缘地带的战略争夺则是世界强国获得霸权的关键区域。在此基础上,他又提出了新旧世界对抗的理论,认为"新世界(其所指西半球)在地理概念上正是被旧世界(其所指以欧亚大陆为主体的东半球)从三个方向加以包围的"。[2]

当然,斯皮克曼提出的"边缘地带"也不是一成不变的,他认为国家实力对比发生变化后,不同的"边缘地带"的重要性也会随着这种变化而调整。他阐述道,当欧洲作为世界权力中心时,欧洲边缘地带的均势必将对世界其他地区的国际政治产生直接影响;当美日两国的相继崛起已经使得世界各地区的相对重要性发生变化之后,"边缘地带"权力中心所在的位置也必然发生了明确的改变。由于欧洲和远东是"边缘地带"中两个最重要的实力中心,因此,这两个区域内是否存在一个占绝对优势的国家,必然对世界其他区域的海陆强国的安全利益产生直接的重大影响。[3]

随着全球化的深度发展与科学技术的进步,"边缘地带"理论强调的"左右逢源"的优势也可能转化为"左右夹击"的劣势,任何一个位于"边缘地带"的国家都面临着来自陆上国家和海洋国家的双重战略压力,可以说处于"边缘地带"的国家,其自身是非常脆弱的。"随着现代军事科技的发展,尤其是战略空军和洲际导弹等远程武器系统的发展,边缘地带这种最破

---

[1] N. J. Spykman: *The Geography of The Peace*, Harcourt Brace and Co. NY, 1944, p. 43

[2] 吴征宇:《尼古拉斯·斯皮克曼的"边缘地带理论"及其战略含义》,《教学与研究》2006年第5期,第78—83页。

[3] 徐立恒:《区域地缘政治的结构主义解析——以东北亚地区为例》,吉林大学博士学位论文,2012,第24—25页。

碎且其内部存在显著地理差异的区域将更易于被突破……人类克服内陆复杂地貌不利因素的能力得到强化，边缘地带所具有的相对地缘优势不断下降。"[1]

第二节 经典地缘政治理论的总体特征

任何一门理论学科都是社会现实的反映。第二次世界大战之前，在"丛林法则"盛行的国际社会，国家为了能够在无政府状态下更好地获得生存和发展，进行了各种理论和实践的探索。地缘政治理论就是关于地理环境对国家生存和发展影响的学说，海权论、陆权论、空权论以及边缘地带学说，从不同视角为国家展示了发展和强盛的路径，这些学说构成了第二次世界大战前经典地缘政治的理论体系，并呈现出理论的时代特征。

一 地理环境决定论

地理环境决定论强调地理环境对人的行为的决定性影响，在地缘政治理论中，就是强调对国家行为的决定性影响。从人类历史发展的进程来看，对地理环境决定论，不能一概地否定。这是因为：一是由于早期人类对地理空间认知和改造的能力不足，人们对许多自然现象以及地理空间的景物产生图腾崇拜，并以这种对地理的认知来支配人们的行为。在这种情形下，人类尊重并顺从了地理环境的存在规律，而不是破坏自然为己所用。二是在科技水平落后的情况下，人们往往将地理环境对人的制约归结到"神的意志"上，由无上的神来支配人的行为，使人的活动有着很强的宿命论色彩。而地理环

---

[1] 徐立恒：《区域地缘政治的结构主义解析——以东北亚地区为例》，吉林大学博士学位论文，2012，第25页。

境决定论的提出实际上就是要突破一种神学的限制，重新将人的生产和生活实践放入物质世界之中，从这个意义上来讲，地理环境决定论坚持了唯物主义的自然观，有其历史的进步意义。

这种对地理环境决定论的认知在地缘政治学诞生之前或者早期，是有其历史的合理性的，应该被理解，而不是单纯地批判。"在地缘政治学的历史上，从自然地理环境对社会、政治和国际关系影响的角度来理解和界定地缘政治学是一个久远的传统。在对地缘政治学的这种界定下，地缘政治学经常是与地理环境决定论纠缠在一起的。"[1] 早期人类的政治活动比如对领地、水源、食物等的争夺，都与地缘环境直接相关，表明地缘政治是最原始、最基本的政治形式。正所谓：社会发展阶段越古老，人类对地理环境的依赖性越大。因此，无论是德国学派的"国家有机体"理论、"生存空间"学说，还是海权论、陆权论等经典地缘政治学理论，无不充斥着地理环境决定论的内涵，也使环境决定论成为支撑经典地缘政治学研究的主要特征。"地缘政治思想的一个最主要的特征是其环境决定论。一个民族的命运表现在其自然环境中，本质上而言是空间而不是人决定了历史的进程及大国的兴衰。"[2]

地缘政治本质上是地理属性和政治属性的结合，地缘政治是两者相互作用形成的有机整体，是通过地理的政治化过程和政治的地理化过程实现的。"从地理方面来看，由于地理环境系统对政治的深刻影响，地理成为影响政治的重要参数，导致地理因素成为地缘政治的基本成分。"[3] 地理环境决定论受制于生产力发展水平和科技进步的程度。在"人—境"关系中，在人类改造自然的能力比较弱的时候，地理环境是人类行为的主要载体，人类的任何政治活动都可能受到地理环境的制约。在这种情形下，自然地理环境就成为人

---

[1] 孙相东：《地缘政治学与环境决定论》，《贵州师范大学学报》2005年第6期，第44—49页。

[2] 〔英〕杰弗里·帕克：《地缘政治学：过去、现在和未来》，刘从德译，新华出版社，2003，第48页。

[3] 陆俊元：《地缘政治的本质与规律》，时事出版社，2005，第83页。

类社会政治活动的核心变量。因此，早期的地缘政治学研究中总是伴随着位置、距离、区域等一系列具化的空间条件，类似"心脏地带""边缘地带""泛区"等地缘政治术语中都包含了明确的地理空间指向。在环境决定论者看来，地理环境对人类政治活动的时空规定性似乎是永恒的。

随着生产力的不断发展、科技的不断进步，地缘政治的政治属性更多地体现出来。蒸汽机的出现，带动了资本主义工业的发展，而远洋航行技术承载着海权国迈向世界的脚步；内燃机技术和交通网络的普及，推动了围绕广阔的欧亚大陆所展开的陆权学说；而飞机的诞生，使人类的战争从平面发展到立体，制空权的争夺让地缘政治进入一个新的发展阶段。"某种意义上，地缘政治理论总是力求反映一定科技条件下地理环境与国际活动的相互关系，反映人类控制与利用自然条件的能力，以及在该技术条件下人类行为的边界。"[1] 在生产力发展和技术进步的推动下，人类与环境的互动方式也发生着重大改变，人类不再是单纯地依赖于自然，而是要利用自然环境为人类自身的目的服务，在地缘政治方面，就是国家要在地缘空间中不断增进自身的权力和利益。

地理环境决定论的意义还在于政治的地理化过程。也就是"把政治从一种抽象的社会关系转化为各种现实的地理存在，政治资源化、空间化、地域化"。行为体之间的竞争不是为了抽象的权力，而是为了某些具体的地理要素，如领土、石油、战略通道等，国家利益、国家力量、国家安全等重要政治内涵被物化，转化为对资源、位置、空间、航线、缓冲地带等地理目标的追求。[2] 有别于早期地理环境决定论中天赋地理环境对人类行为宿命式的决定作用，在科技不断进步的促动下，地缘政治学家更将国家权力的增进与对地理要素的控制结合在一起，特定的地缘空间内所包含的领土、资源以及具

---

[1] 沈伟烈等编著：《国家安全地理》，时事出版社，1995，第10页。
[2] 陆俊元：《地缘政治的本质与规律》，时事出版社，2005，第84页。

有战略意义的地缘要地甚至距离都成了国家权力来源的地理基础。"拉采尔认为，国家作为有机体遵循其领土增长和发展的法则。国家为了发展，就必须确保充足和合适的生存空间，这是国家权力的基本组成部分。国家拥有的这种权力越多，就越有可能攫取统治地位。"[1] 在这种"空间即权力"思想的支配下，国家通过对一些重要的地理空间的控制，谋求在世界的领导权，通过对资源、运输线、战略要地的占有，获得实际的国家利益，通过地缘联盟或制衡等手段，谋求有利于自身的安全环境。

地理环境决定论早已经遭到批判，但是由于地理环境的影响作用始终存在，在现实中，仍然存在着过度强调地理环境的影响作用，或者主观上以地理环境决定论来论证行为合理性的现象。

二　基于地缘冲突的安全观念

一提到地缘政治，人们头脑中立即就会闪现出"对抗""冲突"等词汇，特别是大国之间发生冲突时，那就是地缘政治回归了。之所以有这样的观念，主要来源于经典地缘政治理论的冲突性，这种冲突性表现为"零和"博弈，它塑造了经典地缘政治理论的空间安全观念。

（一）冲突的"零和"性

俄国学者曾把地缘政治学的概念归纳为三种基本的观点，其中，"对地缘政治学的第二种典型的观点在于把这一术语推广到列强争夺世界或地区优势和权力的斗争上，最一般的是，人们称国家间竞争、特别是全球性竞争的典

---

[1]〔英〕杰弗里·帕克：《二十世纪的西方地理政治思想》，李亦鸣等译，解放军出版社，1992，第10页。

型情况为地缘政治"。[1] 在经典地缘政治理论中,"冲突"是国家之间关系的必然逻辑。在以"国家有机体"理论为核心的德国学派来看,国家可以简单化为"一群人+一块土地",当这群人不断繁衍,而这块土地不能够提供足够的物质和能量时,就需要扩充"生存空间",因此,国家的边疆是能动的,因为国家的成长不能被限定在僵硬的边界之内。这种理论必然会带来国家之间的冲突,它使人们在第二次世界大战之后对地缘政治理论产生一个经典认识,那就是任何地理与政治的结合都可能导致扩张。于是,地缘政治被贴上了"侵略学说""扩张学说"的标签。拉采尔在其"国家有机体"理论中指出:"地理的扩张,更加如此的是政治的扩张,是运动中物体的所有特性:交替前进扩张和倒退收缩。这种运动的目的是为了建立国家而征服空间,不管这种征服是由流动的牧人还是由定居的农民干的。"[2] 这种观点是将生物世界的"物竞天择、适者生存"的理论,用到了国际社会之中,在霍布斯所描述的"自然状态"之中,国家的存在也是"适者生存",在这个过程中,冲突是必然的,是不可避免的。马汉曾说过:"我们四周全是争斗;'生存竞争'、'生存竞赛'这类说法对于我们而言是如此熟悉,以至于只有当我们不再思考它们时才能意识到它们的意义。国家与国家到处都在以兵戎相见;我们自己的国家也毫不例外。"[3]

在传统地缘政治学者看来,由于承载人类活动的地理空间的有限性,国家之间无休止的争斗必然呈现出"零和"性质。比如,在契伦看来,国家就是为了生存而奋斗的,其中失败的竞争者将被自然淘汰。在竞争之中获得胜利的几个"强国"也仍旧不会停下其扩张的步伐,因为一旦国家停止了扩张,就类似于生命体停止了生长,其最终依旧会走向灭亡。在这样的世界里,

---

[1] 〔俄〕拉祖瓦耶夫:《论"地缘政治学"概念》,《现代外国哲学社会科学文摘》1994年第10期,第17—19页。
[2] 〔英〕罗伯特·迪金森:《近代地理学创建人》,葛以德等译,商务印书馆,1980,第82页。
[3] 叶自成:《地缘政治与中国外交》,北京出版社,1998,第47页。

国家之间重复地上演着悲剧的天定命运——征服或是毁灭。

(二) 空间对抗的逻辑

从经典地缘政治学的思想中，我们在空间—权力之间的因果联系中找到了对抗的逻辑。"马汉推崇海洋的机动性和便利性，强调海洋力量、制海权是建立世界霸权的关键。麦金德强调欧亚大陆核心地区对控制整个欧亚大陆并进行支配世界霸权的作用，认为它是世界政治的枢纽；而斯皮克曼认为，欧亚大陆核心地区之外的，与海洋交接的边缘地带是控制世界的要害。"[1] 于是，在空间—权力的因果关系中，地理空间的有限性与国家对权力追求的无限性就形成了冲突与对抗。

经典地缘政治理论所体现出的对抗性逻辑，最突出地表现在海权与陆权的关系中。马汉作为一名海权的倡导者，对海权在地缘政治中的重要作用和权力价值深信不疑，而且结合英国的历史和美国的现实对海权及其作用进行了详尽的阐述。但是，在马汉的思想中，也谈到了陆权，认为海上力量和陆上力量的对抗是难以避免的。马汉特别谈到了海上强国英国与欧亚大陆强国俄国之间的关系：19 世纪英俄之间所进行的"世纪大角逐"就发生在亚洲的"边缘地带"，它们分别从海洋一面和大陆一面向这一地带挺进，严重影响了当时亚洲的地缘政治布局，并使海陆二分的矛盾关系变得格外突出。[2] 麦金德的陆权论学说把陆权和海权之间的对抗视为贯穿历史发展的基本主题。"麦金德的基本地缘政治主张是，世界的历史可以从地缘政治理论的角度解释为海权和陆权的对抗，同时他对这种对抗进行了历史的回顾。他认为，两个对抗的主角始终存在力量的此消彼长，但是，两者之间又总是存在一种固有的

---

[1] 陆俊元：《新地缘政治结构理论探索——解释模式视角》，《国际关系学院学报》2008 年第 5 期，第 9—14 页。

[2] 李义虎：《地缘政治学：二分论及其超越》，北京大学出版社，2007，第 57 页。

均势，因此任何一方都无法获得对另一方的绝对优势地位。他们各自都具有某种优势，藉此他们可以重建均势。"[1] 麦金德透过现实的世界局势去认识全球的现实，阐述了他全面的地缘政治世界观，并认为对世界权力核心的"心脏地带"的控制，是实现海洋国家对大陆国家的战略优势的有效途径。在海权与陆权的对抗之外，斯皮克曼的"边缘地带学说"提出了一个新的地缘战略区域——"边缘地带"，并认为海权与陆权联合起来去对抗边缘地带国家的现实也是存在的，边缘地带成为世界的一个关键战略区域。因此，斯皮克曼认为，美国要保有海洋大国的优势地位，防止欧亚大陆的"边缘地带"被任何大国所操控是其主要目标。他主张美国可以在"边缘地带"发展势力，用来对抗处于"心脏地带"的苏、中联盟。斯皮克曼的边缘地带说仍然蕴含着海陆对抗的内容，而且将这种对抗引向了边缘地带。同时，他的理论为冷战时期美国遏制政策的实行提供了支撑。

（三）经典地缘政治的空间安全观

从一般意义上来讲，国家之间的冲突、对抗直接关涉国家安全问题。对于国家安全的一般性认知就是国家处于客观上不受威胁、主观上没有恐惧的状态。但是，空间安全不同于一般性的安全定义，这种安全观的内在含义是：一个国家若想谋求真正的安全，不仅仅要确保本国的领土空间不受侵犯，更重要的是保有对具有重要地缘战略意义的空间的控制权。相对于"均势安全""集体安全"等空泛的安全观念，经典地缘政治学的安全观更加有的放矢，它所追求的安全极为纯粹，即便不能保证对重要地缘空间的绝对控制力，也必须能够确保其地缘政治对手同样不能在这些地区享有战略优势。简而言之，空间的安全是地缘政治安全观的最终目标，而其他的安全观念则是为了

---

[1]〔英〕杰弗里·帕克：《地缘政治学：过去、现在和未来》，刘从德译，新华出版社，2003，第30—31页。

达成这一目标的手段。[1]

在经典地缘政治理论中,国家的空间安全问题都是学者们关注的重要方面。马汉在分析海权对英国的重要意义时就指出:"控制海洋不仅关系着英国的军事防御成败,更关系着大英帝国的生存、发展。英国绝不可能将海洋霸权拱手让人,面对德国咄咄逼人的挑战,英德海军军备竞赛不可避免。"[2] 而麦金德早在1904年发表的《历史的地理枢纽》一文中,通篇充满了对于英国可能遭受陆上强国进攻的恐惧和忧虑,他讲道:"海洋给航行带来的机动性曾是几个世纪以来海上人的法宝,而现在受到由于铁路的发展带来了陆上机动性的挑战,由于和中心大陆的邻接,当枢纽国组织起来以后,就要觊觎边缘地带并向这里进行扩张。假若这种设想一旦发生,那么海上国家就很可能从立足不稳的边缘地带被赶走,'世界帝国将会出现'。"[3] 而德国学派的观点更加明确,"生存空间学说研究的是国家取得成功的地理意义。拥有庞大空间是一个强国自由与安全的关键"。[4] 这些观点都反映了经典地缘政治学者对"空间安全"的关切,而在第二次世界大战之前,这种空间安全是动态的,始终处于国家之间的争斗和力量的此消彼长之中,有时也成为国家之间区分敌友的思维标准。"在地缘政治思维中,始终以是否有利于国家的安全利益为标准来区分敌友。对国家安全有利或有促进作用,就是地缘政治上的朋友;对国家安全不利或构成威胁,就是地缘政治上的敌人。这里不变的是安全利益,可变的是敌友关系。"[5] 这些

---

[1] 徐立恒:《区域地缘政治的结构主义解析——以东北亚地区为例》,吉林大学博士学位论文,2012,第30页。

[2] 刘中民、黎兴亚:《地缘政治理论中的海权问题研究——从马汉的海权论到斯皮克曼的边缘地带理论》,《海洋世界》2008年第6期,第75—80页。

[3] 〔英〕杰弗里·帕克:《二十世纪的西方地理政治思想》,李亦鸣等译,解放军出版社,1992,第19页。

[4] 〔英〕杰弗里·帕克:《地缘政治学:过去、现在和未来》,刘从德译,新华出版社,2003,第13—46页。

[5] 楼耀亮:《地缘政治与中国国防战略》,天津人民出版社,2002,第61页。

独特的安全观念不仅是那个时代的产物，而且深深地刻入地缘政治的理论思维中，在适当的时候就会显现出来。

三　国家中心论

经典地缘政治理论就是关于国家的学说，它关注的是国家作为一种空间现象存在的规律性。在经典地缘政治理论中，有鲜明的国家中心主义的色彩，主要体现为：国家是唯一的国际关系行为体，国家是一切行为的出发点和立足点，地缘政治就是为国家服务的。在契伦提出"地缘政治学"概念的时候，它就将地缘政治学的研究定义为"国家作为空间范围的科学"，"国家作为地理和空间事物所获得的合法性要远远大于其依赖于法律和伦理的合法性。在这里，作为地理事物的国家不仅是追求权力和安全的最终诉求，而且也是方法论上的最终寄托"。"通过地缘政治学的概念，契伦表达了他对国家这种领土组织形式的期待和重视。在他看来，国家是最重要的，它的存在是秩序和避免混乱的唯一真正的源泉。他相信国家是领土组织的基本单位，国家的安全是第一要务。他认为国家是高于个人的有机体，而且正是国家冲突的思想将会导致战争。"[1] 而对于经典地缘政治中影响最为深远的"陆权论"和"海权论"来说，他们理论的出发点和立足点同样是国家，他们通过对"陆地空间"或"海洋空间"的控制，来实现国家的生存和发展。因此，在地缘政治理论的地理属性和政治属性中，最终政治属性展现的是地缘政治的目的性，那就是服从国家的生存、发展等政治需要，而地理属性也就是对空间的控制是达到国家生存与发展的目的的手段或途径。

地缘政治理论的"工具性"价值在经典地缘政治理论中显露无遗。"传

---

[1] 孙相东：《"地缘政治学"论析》，《理论学刊》2005年第10期，第29—30页。

统的地缘政治学，作为国家之间的'屠龙术'出现在人类有关国家关系的探索过程之中。可以说，在众多的国家政治学流派当中，从未有这样一门学说如传统地缘政治学一样充满着功利主义色彩，它毫不掩饰地把国家的前途与地理空间联系起来，将空间视为国家强盛的不二选择。"[1] 地缘政治在契伦时期就显露出相当的实用主义功能，契伦是一位亲德的地理学家和政治家，他非常推崇德国的精神和国力，并用他的理论为德国在第一次世界大战中的"事业"进行辩护，虽然德国战败了，但是契伦理论的实用主义影响延续了下来。马汉的海权论是为美国的发展和壮大服务的，他的理论适应了当时美国国内谋求占领海外经济市场、寻找商业机会的扩张战略的需求，同时受到了当时美国总统富兰克林·罗斯福的认同，使美国在战略上开始从本土防御转向了全球战略，从陆地扩张转向了海洋扩张，并日益重视海军力量建设，可以说，海权论成全了美国后来的全球霸权地位。而我们细观麦金德的理论，可以看到它明显地反映了几百年来盎格鲁-撒克逊民族的传统恐惧感，这种恐惧感有其合理性，因为英国作为岛国，在安全上有一定的脆弱性，它难以抵抗一个强大的陆上国家的入侵。[2] 因此，当有着"日不落帝国"之称的英国开始走向衰落时，麦金德的这种忧虑感就明显体现出来，麦金德的"陆权论"就是为英国的生存和发展服务的，他认为英国面临的最主要的威胁来自欧亚大陆，防止其所面对的欧亚大陆被一个单一力量所控制，而始终保持均势状态，是关系到英国生存的重要地缘目标，同时，英国与美国的联合，也可以确保这一目标的实现和巩固。

可见，地缘政治理论重视地缘环境和地缘结构的重要性，但是其最终落足点仍旧是服务于国家利益，而抛开地缘政治的考量，国家中心主义的观念

---

[1] 徐立恒：《区域地缘政治的结构主义解析——以东北亚地区为例》，吉林大学博士学位论文，2012，第35页。

[2] 刘雪莲编著：《地缘政治学》，吉林大学出版社，2002，第63页。

在主要由国家所构成的国际体系中始终占有位置。杰弗里·帕克认为:"世界政治地图由许多形状、大小各不相同的领土单位拼凑而成。这些单位即是主权国家,它们各自在其所管辖的领土范围内享有至高无上的政治权力。……只有国家才是世界舞台的主要角色,重大的决策也由国家作出。那些超越和低于国家的实体之权力主要由国家授予,而要继续行使其权力也要取决于国家的认可。因此,由于国家内部和国家间实体的权力模糊不定,权力的政治地图就明朗化了,其主要集中于国家层面。这样,国家的外表状况变得最为重要,并且成为理解权力地缘政治过程的关键。"[1] 经典地缘政治理论的实用主义的"工具性"色彩,明显表达着为国家利益服务的价值诉求,但同时这种实用主义也容易带来现实变化对理论的冲击,使理论的发展遭遇挫折。

四 现实主义内核

经典地缘政治理论与现实主义有着不解之缘。杰弗里·帕克认为:"地缘政治学的概念的诞生本身就是一个现实主义的国家范式在政治地理学领域成熟和普及的标志。"[2] 在经典地缘政治理论中我们可以很容易看到其现实主义的逻辑,包括对无政府自助体系的认知、权力政治的体现以及实现国家利益的方式等。

经典地缘政治理论在基本逻辑前提上是认同国家处于无政府的自助体系之中的,"现实主义视角的地缘政治学建立在传统现实主义的理论前提和价值预设之上。地缘政治学诞生的特征在价值取向上就是弱肉强食的斗争和权力界定利益的传统;而在方法论上,突出了国家诞生的时代。国家间政治最终

---

[1] 〔英〕杰弗里·帕克:《地缘政治学:过去、现在和未来》,刘从德译,新华出版社,2003,第83页。
[2] 〔英〕杰弗里·帕克:《地缘政治学:过去、现在和未来》,刘从德译,新华出版社,2003,第13—28页。

脱离了中世纪的伦理、宗教和法律的束缚，而演变成了一个依靠地理上的合法性的追求权力增长的现实主义范式"。[1] 经典地缘政治理论描绘了一幅国际社会的"丛林"图景，在这个图景中，国际社会缺少一个合法的垄断暴力的政府的存在，国家处于相互争斗的"自然状态"，要想生存只能不断壮大自己的力量。契伦曾经对大国的特征和本质进行过系统分析，他认为在激烈竞争的世界里，小国将失去生存的合理性，最终这个世界将由大国来统治，他曾预言未来世界将是一个只有美国和俄罗斯统治的超级大国时代。

在无政府的前提下，权力政治成为地缘政治追求的目标。"由于国际政治系统的无政府状态，国际社会缺乏公正分配国家利益的公共权力和机制，行为体主要依靠自身努力通过追逐权力来实现自我利益，因而竞争成为行为体之间……相互关系的中心内容，致使竞争成为地缘政治的核心本质。"[2] 现实主义肯定权力在国际政治中的重要性，并认为国家为了自我安全需要会不可避免地导致权力斗争。经典地缘政治理论所强调的权力和现实主义所主张的权力一样，表明的都是一种物质性的权力，特别是以军事权力为主导。在现实主义看来，权力斗争直接服务于国家的生存与安全，因为权力的增长具有相对性，因而只有在权力斗争中获得绝对的优势才能保障国家的生存与安全，鉴于国家之间力量对比关系的不断变化，导致国家间的权力斗争也不会停息。在地缘政治权力斗争中，空间变成了一种"稀缺的资源"，空间安全成为国家的追求目标。

在国家利益的实现方式上，由于国家追求权力最大化的目标，冲突和对抗不可避免。但是，从现实来看，海权国和陆权国之间很难消灭对方，为保有生存与安全，现实主义的均势思想被地缘政治理论家们所采纳。比如，为了应对俄国势力在亚洲的扩展，马汉提出"要全面遏制俄国是一件不可能的

---

[1] 赵刚：《地缘科技学与国家科技安全》，时事出版社，2007，第33页。
[2] 陆俊元：《地缘政治的本质与规律》，时事出版社，2005，第10页。

事情，所以较为可取的出路是建立一种陆上力量与海上力量的平衡"。[1] 斯皮克曼也提出过类似观念："对于世界和平问题的答案，不在于某种世界联盟的乌托邦式的梦想，也不在于仅能促使抵消大陆联盟的英美海上优势。恰恰相反，它在于欧洲时代之后世界主要实力中心之间的一种均衡。"[2]

正是由于地缘政治理论所体现出的现实主义内在逻辑，很多时候地缘政治被等同于现实主义，或者被等同于权力政治。即使在全球化迅猛发展之后的今天，这种观念仍然存在，并支配着一些国家决策者的思维。

第三节　经典地缘政治学在全球化时代的变与不变

第二次世界大战后，随着国际形势的变化以及国家间关系的规范化，地缘政治理论也发生了重大改变。总体来说，第二次世界大战后的地缘政治理论发展实现了四个方面的重大转变：首先，从理论的学科基础来看，战后的地缘政治学实现了从生物进化论到生态学与系统论的思想转变。经典地缘政治学产生的时候，正是达尔文的生物进化论和斯宾塞的社会有机体学说盛行之时，因而，经典地缘政治理论呈现出国家为了生存空间、生存条件而展开弱肉强食竞争的图景。第二次世界大战后，新的地缘政治学发轫于生态学和系统论思想，将"整个人类社会是全球生态系统的一部分"的观念融入地缘政治的研究中，认为人类社会与地缘环境之间是相互联系、相互影响、相互作用的，生态上的相互依存导致了共同毁灭的生态威慑的存在，这种观念使地缘政治的研究内容发生了根本性的变化。

其次，从理论的现实依据来看，战后的地缘政治学实现了从国家中心论

---

[1] 〔英〕杰弗里·帕克：《地缘政治学：过去、现在和未来》，刘从德译，新华出版社，2003，第152页。
[2] 〔英〕杰弗里·帕克：《二十世纪的西方地理政治思想》，李亦鸣等译，解放军出版社，1992，第121页。

到世界多极论的转变。经典地缘政治理论都是以一国中心论为理论的现实出发点和立足点的，这就使地缘政治理论往往成为大国之间进行战争和争霸的工具。第二次世界大战后的地缘政治理论从索尔·科恩的"多极世界图式"的研究开始，逐渐将理论建立在世界多极化的观念基础之上，国家之间共存共荣成为新地缘政治思考的基础。

再次，从研究内容来看，战后的地缘政治学实现了从地理决定一元论到世界发展多元论的扩展。经典地缘政治理论都有着地理环境决定论的色彩，强调地理环境对人类政治行为以及国际政治格局的决定性影响。第二次世界大战后，地缘政治研究的内容得到了很大的扩展，"地缘经济学""文明冲突论"等理论的出现，开辟了地缘政治研究的新视角和新领域，使人们可以更全面、更客观地看待国与国之间的地缘关系。

最后，从战略导向来看，战后的地缘政治学实现了从对抗到合作的转变。经典地缘政治理论以对抗、冲突为核心，以权力政治的争斗为主要内容。第二次世界大战后，地缘政治在经济合作和经济一体化的推动下，开始走向合作和协调。随着全球化的迅猛发展，现实的地缘政治发生了进一步的变化，符合时代发展的地缘政治理论研究也成为迫切需求，而理论重塑的前提是需要我们对原有理论进行解析。那么，具体来说，在全球化时代，地缘政治理论有哪些变与不变呢？

一 地缘空间的惰性与增量

地缘政治学的基本特征是其"空间属性"，地理空间赋予了政治现象特有的空间规律性。空间性是地缘政治学的核心特征，离开了空间，地缘政治学也就失去了研究的立足点。

（一）地缘空间的惰性

地缘位置和地缘环境历来是国家和民族生存与发展的基本空间，是国家存在的客观基础和自然条件，也是国际政治发展演变所依赖的必要的环境基质。国家的地理位置往往具有天赋性和固定性、不可移动性，在相当长的历史时期内是很难改变的。地缘环境有可变性，比如说"地理大发现"、巴拿马运河的开通等，但是，地缘环境也有不可更改的特质，例如完全的大陆地带与滨海地带具有性质上的区别，当大陆地带的地缘环境发生变化时，它不会脱离大陆地带的基本地缘素质。滨海地带同样如此。[1] 当全球化发展超越了地缘空间的限制而使全球逐渐联系到一起时，每一个国家仍然要在一定的地缘位置和地缘环境中生存，这种空间的特质是很难抹掉的。地缘政治与一般的政治现象有很大的不同，就在于它是以地理为基础的政治。"地缘政治则不同，它是人类政治与地理环境结合和相互作用的产物，位置、空间、资源等各种现实的和物质的地理因素直接地、直观地影响和作用于人类政治的各个环节，使地缘政治被打上了深深的地理烙印。"[2]

随着全球化的发展和科学技术的进步，许多人认为地缘政治理论已经过时了，因为人类的科技已经逐渐摆脱了地理的限制，运输工具和导弹等远程作战工具的发展及应用也使传统地理边界被超越，但是，地缘政治空间的作用以及空间的争斗并没有消失和停滞。"本世纪，全球化、经济相互依赖和信息革命会影响国家如何互动。但是，这些因素并没有使地缘政治变得无关紧要。相反，这些因素以及其他因素将在一个更大的地缘政治框架内对国家产生影响。"[3]

---

[1] 李义虎：《地缘政治学：二分论及其超越》，北京大学出版社，2007，第37—45页。
[2] 陆俊元：《地缘政治的本质与规律》，时事出版社，2005，第74页。
[3] Francis Sempa, *Geopolitics: From the Cold War to the 21 Century*, New Brunswick, NJ: Transaction Publishers, 2002, p. 7.

在全球化时代，地缘政治并没有退出世界的舞台，首先，地缘空间的作用仍然存在。地缘空间是具有客观性的，空间距离的远近可以被技术所克服，但是人类活动的地理空间是难以被超越的。"技术进步使人类超越距离障碍的能力大大加强，距离的地缘政治作用正在减弱。但克服距离磨损作用不仅仅是技术问题，还涉及由成本带来的超强物质力量要求、应对突发事件所需的时效要求，以及由此产生的心理层面的各种效应等纵深领域……也就是说，在当今现实世界中，多数国家仍不具备可以忽略距离的作用而自由行动的能力。即使对于少数掌握现代交通、通讯技术能力的国家，如何面对克服距离所需的高成本、高投入和高风险，仍是严峻的问题。"[1] 地缘政治的空间概念与纯粹的地理学的概念不同，地理学的空间概念往往特指地表，并被转换成区域的概念，而地缘政治的空间概念包含着政治的内涵，具有政治的规定性，比如边界，在地理学的概念中，是客观存在的一条线或一个地域，但在地缘政治学的概念中，它就是具有主权意义的线或区域。当地缘空间被赋予了政治的内涵，就等于给人类的行为画出了边界。无论全球化如何发展，与国家主权直接相关的领土、边界、河流、山川等，都是不可侵犯的。

其次，全球化的推进并没有解决世界各国发展不均衡的矛盾，全球化本身的发展也是不均衡的。由于国家在经济、技术、军事等领域力量对比关系的变化，国家之间对空间的不平衡使用和占据依旧是客观存在的，地缘政治的本质规律并未因此丧失作用，全球化时代，对战略空间的争夺依然演绎着地缘政治的逻辑。许多经典地缘政治学中的核心议题，比如对地缘要地的争夺、对海洋通道等的重视等，仍然是全球化时代的议题。中东地区，由于其丰富的石油资源和重要的地缘位置，仍然是大国不断插手的地区。"地理仍然重要；国家仍然为争取权力和领土而斗争；军事权力仍然胜过经济（至少短

---

[1] 陆俊元：《地缘政治规律再探》，《现代国际关系》2006年第7期，第55—60页。

期内如此);与福山的看法相反,我们并没有实现'历史的终结'。"[1]

因此,地缘空间的客观性以及地缘空间转变的惰性,使全球化时代的地缘政治依然重要,对于行为体空间规律的研究依然是地缘政治延续的理论内核。

(二)地缘空间的增量

地缘空间的客观性以及地缘空间作用的延续,并不等于地缘空间的不变化。在全球化时代,信息技术的进步,为地缘政治空间的拓展提供了条件。"某种意义上,地缘政治理论总是力求反映一定科技条件下地理环境与国际活动的相互关系,反映人类控制与利用自然条件的能力,以及在该技术条件下人类行为的边界。"[2] 历史上,地缘政治空间的拓展总是伴随着技术的进步,当技术条件发生变化时,受技术所规定的空间也必然会发生变化,这种变化体现在空间自身的重新定义或新的空间出现。

在全球化时代,除了海陆空等地缘空间以外,借助科技的发展,地缘空间又拓展到"外空"和"网络",形成海陆空天网五维空间,地缘政治理论也随着地缘空间的拓展而有了新的研究领域和内容。

关于领空和外层空间的界限仍然处于争议状态,一般认为,太空是大气层空间以外的整个空间。太空一直是人类向往的空间,1957年10月,苏联第一颗人造卫星升入太空,使人类开始进入了一个崭新时代——太空时代。1969年阿姆斯特朗在月球上行走,创造了"一个人的一小步,整个人类的一大步"的标志性时刻。20世纪80年代末期,时任美国总统里根提出了"星球大战计划",使美国的外太空技术取得了长足的发展。2003年10月,中国宇航员被成功地用"神舟五号"飞船送入太空,使中国加入了由美国和俄罗斯组成的高级

---

[1] Francis Sempa, *Geopolitics: From the Cold War to the 21 Century*, New Brunswick, NJ: Transaction Publishers, 2002, p. 3.
[2] 沈伟烈等编著:《国家安全地理》,时事出版社,1995,第10页。

载人航天俱乐部。太空技术的进步，为人类的实践活动开辟了新的空间。

新的外层空间的拓展也受到地缘政治研究的关注，目前来看，有能力的国家都在涉足这一空间，在推动空间技术发展的同时，也在探寻宇宙空间对人类的重大意义。现时代，在宇宙空间开发方面，其商业价值和军事安全的价值都已经显现出来，"经济信息化、社会信息化已日益明显以通信卫星为主干的航天通信系统作为人类获取、传输信息的重要手段，可实现全球高频段、高速率、小延迟、大容量、低成本的无缝隙通信，形成名副其实的空间信息高速公路，以最大限度地满足经济发展对信息获取和传输的需求，得到了广泛的青睐"。[1] 美国马斯克的太空探索技术公司率先在商业领域占据优势。同时，太空技术在军事安全领域的影响是巨大的，尤其是航天技术带来的高度机动能力，使得国家的战略纵深呈几何式增长态势，拥挤、竞争和对抗成为太空环境的主要特征。"太空的无疆域性和高远位置使得像美国这样极具霸权野心的行为体围绕太空安全进行互动时，往往是为了抢占太空这一战略制高点，从而获取在国际体系内的相对优势。"[2] 琼·约翰逊-弗里泽在其所著的《空间战争》一书中讲道：太空已经和美军的军事行动密不可分，而且为其军事胜利做出了重大贡献。简单地说，太空技术为美军提供了比其他军队强大很多的发现、部署和阻止能力。[3] 从这些方面来看，未来，太空很可能成为大国竞争的新战场，在地缘政治领域，在以往的制海权、制空权的基础上，未来可能还会有制天权的争夺。

在全球化、信息化时代，网络空间已经成为人类社会生产和生活的重要空间领域。网络空间不同于地缘政治领域中已知的任何一种空间形态，它并不具有实体的空间存在，它的具体表现是对信息能力的掌控。"信息空间不再

---

[1] 庞之浩：《小卫星发展如日中天》，《解放军报》1999年11月17日。

[2] 徐能武、高杨予兮：《太空安全秩序构建中的体系压力与战略指向》，《国际安全研究》2020年第2期，第121页。

[3] 〔美〕琼·约翰逊-弗里泽：《空间战争》，国际文化出版公司，2008，第95页。

是传统四大领域中的附属物，而由其自身构成一个新的空间。这个新的信息空间是虚拟的、非物质的，又在物质世界中无所不在。"[1] 目前来看，网络空间涉及国家关系的诸多方面，比如网络空间的主权问题、网络空间的安全问题、网络空间的规则问题等。从地缘政治视角来看，互联网已经是一种新型国家权力，未来国家间关于网络空间的竞争可能会围绕着"制网权"来进行。"制网权是指一个主权国家对广义上的计算机互联网世界的控制权和主导权。主要包括国家对国际互联网根域名的控制权、IP 地址的分配权、互联网标准的制定权、网上舆论的话语权等。这些权力伴随着互联网空间虚拟世界的出现而出现，是网络空间内的权力，是一个主权国家在网络空间生存的根本保障。"[2] 网络空间是一个在很大程度上以技术能力来维护和控制的空间，是地缘政治空间的崭新形态。"如果仅仅从通讯角度来看，以计算机、互联网等为标志的信息技术同样不能控制空间，它只是一种新的通信方式或手段而已。但是，现代信息技术的攻击性使它具备了以往任何通信技术不具有的功能，使它变成为一种武器——远程武器，能够摧毁对方与空间控制能力息息相关的信息控制能力。丧失了信息控制能力，用于控制空间的飞机、坦克、舰艇就像拳击台上被蒙住双眼的拳击手，将一事无成。"[3] 从这个意义上来说，网络空间的竞争是科技的竞争，是国家在科技所创造出来的"虚拟空间"中的竞争，这种竞争将是长远的。网络空间作为全球化时代的一种全新的空间形态在未来会起到越来越重要的作用。

当然，在全球化时代，除了"太空"和"网络"等新的地缘空间的增量与扩展以外，原有的地缘空间也在发生着变化，比如在海洋空间，由于海洋资源开发技术的进步，海洋空间的立体性在增强，海洋空间不只是水面，还

---

[1] 张研：《信息时代的地缘政治与"科技权"》，《现代国际关系》2001 年第 7 期，第 18—23 页。
[2] 余丽：《互联网国际政治学》，中国社会科学出版社，2017，第 80 页。
[3] 陆俊元：《论地缘政治中的技术因素》，《国际关系学院学报》2005 年第 6 期，第 7—12 页。

包括水体、海床和底土，可以满足差异化的用海需求，比如，在水面和水体空间可以修建桥梁、进行渔业养殖，在海床和底土空间可以修建海底隧道、开发海底资源等，同样，海洋空间的立体化也可以用于军事方面。海洋空间的变化和利用，使海洋空间的意义变大了，也为国家间海洋权益的争夺提供了更多条件。

二 地缘关系的冲突与合作

地缘空间的增量并没有消除地缘关系中的对抗和冲突，而是将这种对抗和冲突延伸到了新的空间领域，变换了一种新的形式。

从地缘政治现实来看，经典地缘政治理论所描述的冲突状态在全球化的世界里仍然在上演。冷战结束后，世界并没有表现出太平盛世的状态，虽然没有发生像两次世界大战一样的大规模的战争，但是小的裂变以及矛盾和冲突，并没有间断，甚至比以往更加频繁。审视世界局势，我们可以看到，经典地缘政治理论所遵循的冲突性的地缘政治观念并没有消失。

首先，相邻国家之间的地缘碰撞仍然存在。边界是地缘政治的原点，边界冲突是地缘政治冲突的最典型形态。在全球化时代，由于国家之间的相互依存关系增强，国家之间合作的选择应该大于冲突的选择，但是，在现实中，出于对国家利益的维护，特别是对国家安全利益的维护，边界冲突时有发生。2022年2月爆发的乌克兰危机虽然有着历史的和现实的种种因素存在，但从形式上来看，是典型的相邻国家之间的冲突。从更大的区域形势来看，北约的东扩行为，无疑是促使俄罗斯发动特别军事行动的重要因素之一。北约是美国主导的集体安全组织，在冷战时期曾与苏联主导的华约组织相对抗，苏联解体后，北约东扩实际上就是在安全上不断挤压俄罗斯的地缘安全空间，由于空间的有限性和唯一性，一方的膨胀必然会导致另外一方的防备和抵触，冲突自然难以避免。此前"俄罗斯官方就声称：北约东扩'也许是第二次世界大战以来所犯的最大错误'。俄罗斯的最后底线是绝不容许北约扩大到前苏联的加盟共和国版图之内。可以预想着，随着北约东扩之路的向东延伸，将会遇到俄罗斯愈加猛烈的抵抗"。[1] 从地缘政治的意义上来看，在乌克兰要求加入北约时起，乌克兰危机就很难避免了。

其次，主要国家对区域或全球范围内的地缘战略要地的争夺仍然持续。对于具有重要地缘战略意义的中东来说，冷战的结束并不是和平的开始。冷战结束初期，美国就以打击生化武器为名进行了"伊拉克战争"，2001年"9·11"事件之后，美国以打击恐怖主义为名进行了"阿富汗战争"。此外，还有持续不断的阿以冲突、叙利亚战争等，中东并不安宁。而这些冲突和战争背后，都有大国巩固对地区的控制权以及大国间地区竞争的影子。在东亚地区，冷战后随着东亚地区经济的繁荣，地区地位得到提高，受到世界的瞩目。而处于东亚边缘地带的中国的崛起，引起了美西方国家的警觉，美国在东亚地区加强与盟友的关系，以共同遏制中国力量的进一步提升，这就使中美战略竞争在东亚地区凸显出来，以美国的"印太战略"、美日印澳四国安全对话机制、美英澳联盟等为基础，对中国形成安全围堵，这种局势像极了冷战时期美国的地缘遏制思维。

最后，在新的地缘政治空间中延续着冲突和对抗的游戏。关于在太空的争夺，美国早就提出了"高边疆"战略，要在太空资源的开发和利用方面占有战略优势。目前，人类所认知的太空资源包括：太阳能资源、空间轨道资源、空间环境资源、空间信息资源等，除此之外，还有很多人类没有认知的资源，这些资源将成为人类生存和发展的宝库，谁能最有效地进入太空，谁就能够在资源的开发和利用上占尽先机。在网络空间也是如此，

---

[1] 方永刚、唐复全：《大国逐鹿——新地缘政治》，四川人民出版社，2001，第136页。

网络空间的竞争已经成为各国的国家战略，关系到国家未来的生存和发展问题。

全球化时代，地缘关系有冲突的持续，更有合作的达成。全球化的发展，使国家之间相互依存度不断加深，经济的力量冲破了国家的边界，摆脱了主权的束缚，而使国家走向了联合。

其一，在全球化背景下，国家的空间形态发生变化，国家的自主性和独立性被削弱，国家利益需要在国际关系中去实现。由于全球化的发展，国家之间利益出现交叉和融合，形成"你中有我、我中有你"的依存状态，这不仅导致任何国家都不可能孤立地寻求发展，同时也导致国家间共同利益的增多。在这种形势下，传统地缘政治理论中的现实主义国家利益对抗性的观念已经不合时宜了，需要确立起国家间利益的互利性的新观念。国家之间利益的相互渗透也带来了国家利益超越国界的发展，相邻国家之间的地缘合作关系，成为国家增进利益的重要选择。

其二，国家为了寻求更好的发展，在地缘相近的基础上，形成区域主义的联合。在全球化发展的同时，区域集团化也开始兴盛起来，处于同一区域的国家在经济发展的动力推动之下，建立起区域的国际合作。这种合作是基于一种地缘政治的考量：由于地理位置的相邻，国家之间往往有着相同或相近的历史文化传统，也有着经济或文化上的联系，这些国家很容易组成一个稳定的集团。像欧洲国家所组成的欧盟集团，实际上就是在地缘相邻和历史文化传统相近的情况下所形成的国家间的地缘联合。但欧盟的一体化走得很远，已经变成了一个超国家的机制性的联合，甚至在地缘联合的基础上，逐渐形成特殊的关于欧盟的区域认同。"事实上全球化的过程是一个相互矛盾、相反运动的双重力量发展并行不悖的过程：一种是分裂、冲突与无序；另一种是统一、合作和有序……当代世界政治变迁的动因包含着分散化和一体化两个同时起作用的趋势，这两个因素在当代全球政治的进程中又分别指涉了全球化和地方化的现象。"[1] 当前，全球化的发展遭遇逆流，但区域的地缘联合反而呈现出活力，目前区域的地缘地位已经超过国家的地缘地位，将来，区域的地缘地位也将会对全球地缘的联合形成支撑。

三 地缘安全的扩张与共生

在经典地缘政治理论"零和博弈"的观念之下，国家安全的维护必然是以权力、扩张、遏制等为手段的，地缘安全必然是以牺牲他国或地区的整体安全为代价的。突出表现在：一是从国家自身来看，在无政府自助体系之下，国家安全的维护方式是不断增强自己的实力，从地缘政治角度来说，就是国家不断扩张自己的生存空间或者是控制有利于维护自身安全的战略空间。按照"国家有机体"的成长逻辑，国家就是在不断扩充有效领土的基础上不断壮大起来的，由此，国家安全就建立在"生存空间"不断扩张的基础上，地缘"扩张性"成为国家安全的保障路径。而海权论、陆权论以及边缘地带学说则在全球或区域视野中划定地缘战略空间，并以国家的力量控制这些空间或者遏制处于战略空间中的国家，以维护自身的安全。因此，在经典地缘政治理论中，国家安全与对于空间的占有和控制直接相关，而这种占有与控制又与国家实力的强大有直接联系，现实主义学说主张的"以权力界定利益"的观念，在这里也有充分的反映。二是从国家关系角度来看，经典地缘政治思想认为，安全是动态的，尤其是在特定的地缘空间中，如果单纯追求一国的绝对安全，那么，该国安全的实现可能是他国安全的威胁，该国安全的维护可能以破坏他国安全为前提，从而带来安全困境。在毗邻国家或者由邻近国家所构成的区域中，安全困境表现得更显著，因为"毗邻对于安全来说影

---

[1] 赵可金：《全球化时代的新地缘理论》，《清华大学学报》（哲学社会科学版）2008年第5期，第102—115页。

响巨大，因为许多威胁在近距离传播比在远距离传播更容易。地理邻近对安全互动的影响在军事、政治、社会和环境领域表现最为强烈、最为明显"。[1]

任何国家都处于特定的地理环境之中，这是难以超越的地缘政治现实。但是，对空间安全的认知以及维护安全的方式和手段是可以改变的。在零和对抗的思维观念下，空间安全是很难有保障的，联盟安全、均势安全都不可能真正解决国家的地缘安全问题。在全球化时代，国家之间的联系越来越紧密，世界的整体性态势显著呈现，空间安全已经成为一个不可分割的系统，每一个国家的安全都处于全球或区域的整体安全之中，世界的整体和平是国家安全实现的重要基础和前提，一国的安全有赖于其他国家的安全状态。安全的关联性、流动性、渗透性，带来国家安全的相互依赖的深度发展。"9·11"事件的爆发充分表明，一个国家即便控制了全球地缘政治的战略棋盘，也无法获得绝对的安全，更无法确保自己在国际事务上稳居政治优势。此种局面的产生，意味着在传统的地缘政治棋盘中注入了崭新的时代元素，亦即地缘空间交互交叠和界限模糊的格局。[2]

在全球化时代，由于国家安全关系的改变，对安全的认知也在发生着改变，"共生性安全"[3]观念开始产生。以往理论将地缘空间视为争斗的场所，全球化时代，由于国家空间的开放性，国家之间空间的融合性，地区、全球等不同层次的地缘空间逐渐演变成共同的生存空间，在这种情形下，一国的不安全可能会导致整体空间的不安全，因而国家安全的维护需要以尊重他国的安全诉求为前提。"如果地区进入了一个结构稳定的进程，地区呈现出了政治、经济与社会的整体性特征，至少是形成了有效的地区安全机制，即使在

---

[1] 〔英〕巴里·布赞：《地区安全复合体与国际安全结构》，上海人民出版社，2010，第45页。

[2] 赵可金：《全球化时代的新地缘理论》，《清华大学学报》（哲学社会科学版）2008年第5期，第102—115页。

[3] 刘雪莲、欧阳皓玥：《从共存安全到共生安全：基于边境安全特殊性的思考》，《国际安全研究》2019年第2期，第3—23页。

无政府问题上还没有正式的解决方案,也会出现地区内产生的冲突将得到进一步的遏制、国家间的相互威胁感不断下降、可行的冲突避免的地区社会制度逐渐形成等效应,因此,单个国家的安全、地区内国家的共同安全和地区作为一个整体的安全是不可分离的,它们是互动的关系。"[1] 随着全球化趋势的进一步深入,共生性安全理念也会越来越深入人心。以往国家安全处于"你死我活"的丛林型争斗之中,第二次世界大战后国家安全处于"不以消灭对方为目的"的集体安全保障之中,未来,国家安全将处于"促进共同进步"的共生性安全之中,这是安全发展的必然。

伴随着全球化发展,安全已经超越了国家空间而蔓延到整个社会空间,安全问题已经渗透到政治、经济、社会、文化、生态等各领域,因而,安全不只是国家的安全,最终要落到"人的安全"以及"类的安全"上。这种安全观念的转变,将给经典地缘政治理论带来颠覆性的变革,不仅超越国家中心论的安全,而且要在世界整体空间中建构人类共同的安全。

---

[1] 王学玉:《实现国家安全:地区安全建设的视角——以欧洲为例的分析》,《外交评论》2007年第6期,第64—71页。

第三章
全球化时代地缘政治研究方法的革新

关于地缘政治研究方法的讨论与地缘政治理论的发展相伴而行，作为政治学与地理学的交叉学科，地缘政治研究方法既有政治学研究的哲学传统、经验传统和科学传统可以遵循，又有地理学研究的空间传统、区域传统、人地关系传统和地球科学传统可以借鉴。自地缘政治理论诞生之日至第二次世界大战，地缘政治研究方法基本遵循自然主义模式、"空间—权力"模式。20世纪70年代以来，以伊夫·拉考斯特（Yves Lacoste）、保罗·克莱瓦（Paul Claval）、克劳德·拉费斯（Claude Raffestin）等为代表的研究者"反思传统地缘政治思想在人类精神发展与政治实践中所发挥的历史作用，重新界定地缘政治研究方法与问题领域"，[1] 并对地缘政治本体论、认识论与历史功用进行了反思与批判。冷战结束以来，全球化尤其是经济全球化的迅猛发展，世界日益成为"你中有我、我中有你"的利益共同体，尽管现时代全球化遭遇"逆流"，但"没有哪个国家能够独自应对人类面临的各种挑战，也没有哪个国家能够退回到自我封闭的孤岛"，[2] 和平、发展、合作、共赢仍是人类解决所面临问题的最优选择。就地缘政治理论研究而言，亟须更新地缘政治观念、拓展研究单位、丰富研究路径，以适应全球化时代地缘政治现实的变化。

---

[1] 葛汉文：《国际政治的地理基础——当代地缘政治思想的发展、特色及国际政治意义》，时事出版社，2016，第107页。

[2] 习近平：《论坚持推动构建人类命运共同体》，中央文献出版社，2018，第491页。

第一节 从冲突到合作：地缘政治观念的更新

作为一种分析框架，地缘政治研究方法在不同的时代有着不同的模式及特征。长期以来，地缘政治被定义为"关于国际政治权力与地理关系的观点"，或者是"一种从地理中心论的观点对国际局势、背景进行的研究及整体认识"，[1] 研究者往往强调地理环境与国家行为之间的因果关系，使得冲突观念在传统地缘政治理论发展的过程中占据着主导地位。全球化加深了国家间的相互依赖关系，增加了国家间的共有利益，这一历史性转变"不仅重塑了企业活动和个人生活，也革命性地重塑了世界经济和地理格局"。[2] 再以冲突式的地缘政治分析范式看待世界发展与变化已不合时宜，需要从合作的分析范式出发，以期观察全球化时代的地缘政治现实，重塑地缘政治理论。

一 冲突观念的分析范式

无论是在地缘政治理论的萌芽阶段还是发展时期，拉采尔、契伦、马汉、麦金德、斯皮克曼等众多地缘政治学家提出的"国家有机体论""生存空间论""海权论""陆权论""边缘地带理论"等理论假说均服务于本国的地缘政治战略，并将冲突观念贯穿于理论发展的全过程。之所以存在冲突式地缘政治理论的分析范式，是因为这些理论产生于革命与战争的时代背景下以及是国家生存发展的需要。

从时代背景来看，拉采尔、契伦、豪斯霍弗的思想经历了第一次世界大战，成为纳粹德国对外发动侵略战争的理论基础。拉采尔把社会达尔文主义

---

[1] 〔英〕杰弗里·帕克：《二十世纪西方地理政治思想》，李亦鸣等译，解放军出版社，1992，第2页。
[2] 刘卫东等：《经济地理学思维》，科学出版社，2013，第163页。

作为分析方法,将国家类比为生物有机体,也需要生长和有利于生长的环境。他认为,国家要在国际社会中生存,就需要不断地进行扩张,国家的扩张是其作为有机体的自然本性,是国家生存与发展的本质需求,是符合生物学规律的,并据此提出"国家有机体论"。后来契伦把"国家有机体理论"进一步发展,提出了"生存空间"的概念,他认为国家保持旺盛生命力的基础就是不断地拓展自己的生存空间。如果国家不努力地对外拓展生存空间,那么它就面临着被别的国家吞并的危险。豪斯霍弗非常推崇"国家有机体"学说,强调对生存空间的获取是国家最基本的需求,国家的成长和壮大主要依赖于生存空间,只有获取足够大的生存空间才能赋予国家成长以更大动力。

马汉、麦金德和斯皮克曼以"空间—权力"为分析模式,他们认为掌控地球上某一关键地区就意味着拥有了掌控世界的权力,能否控制这些关键地区对于国家权力的增长具有决定意义。作为后起资本主义国家,如何获取国际政治的"权力"成为"海权论"产生的前提和基础。马汉以"制海权"为其理论基础,强调海洋力量对一个国家的发展、繁荣与安全至关重要。世界上任何一个国家,只要控制了关键水域及海上通道,就控制了全世界。麦金德以全球视角审视了欧亚大陆,指出欧亚大陆的核心地带是世界运行的"枢纽地带",同时也是控制世界命运的"心脏地带"。麦金德的思想经历了两次世界大战,尽管其本人也在不断地修订"心脏地带"的范围,但是其理论的冲突内核并没有发生改变。斯皮克曼试图修正麦金德的"心脏地带"理论,提出了"边缘地带"理论。斯皮克曼指出,控制世界的关键是要控制介于海洋和陆地中间的边缘地带,谁控制了边缘地带谁就控制了世界,这对世界霸权的建立具有特殊意义。斯皮克曼的理论直接成为第二次世界大战后美国的外交政策基础,正是借鉴了"边缘地带"理论的思想,美苏在第二次世界大战后形成了长达 40 多年的对峙局面。

地缘政治理论主要的思想与观点均产生在世界大战时期、美苏对峙时期和国际体系转型时期。这些思想的产生与国际体系冲突的性质息息相关。尽管他们的理论所体现的冲突的程度不同，但是没有哪一个理论完全超脱于时代的局限。

从国家生存发展的需要来看，地缘政治理论自产生之初就受到了社会达尔文主义中的"适者生存""优胜劣汰"的影响。拉采尔指出："国家是一个有机体，不喂以食物，就要枯萎死亡，所以国家为了生理上成长的需要，就必须获取所缺乏的主要食料，必要时可用武力以夺取之。"[1] 拉采尔认为国家的行为深深地根植于国家有机体的性质，国家为了生存就需要不断地向外拓展生存空间，攫取生存与发展的权力。国家只有无休止地攫取权力才能保持相对于其他国家的领先优势。国家的这种生命体特征就决定了它要始终不间断地追求"生存空间"与权力，否则就会被其他国家所超越，这在一定程度上意味着国家的扩张本性使国家间关系出现了对抗性质。

马汉写作《海权对历史的影响》以及《海军战略》的初衷是希望推动美国海军力量的发展，通过发展海军控制世界上主要的交通要道及支点。虽然马汉的海权理论是针对陆上国家的机动性而提出的防范战略，但是从海陆关系的视角看，他的理论无疑起到了加剧海陆对抗的客观效果。麦金德的陆权论强调了欧亚大陆的核心地带对世界政治的重要性，他认为世界上任何国家只要控制了"心脏地带"就具备了成为世界帝国的潜质，所以麦金德提醒陆权国家要时刻保持对"心脏地带"的控制。此时的海权国家与陆权国家就成了世界范围内潜在冲突的双方。而斯皮克曼认为在欧亚大陆上，"边缘地带"代替了"心脏地带"成为海上力量主要的威胁来源。"上个世纪旧世界政治的一个基本格局就是海上通道周围的英国海上力量与试图冲破其周围的包围

---

[1] 沈默：《现代地缘政治：理论与实施》，三民书局，1979，第18页。

圈的俄国陆上力量的对抗"[1]，加上他所提出的"三大力量中心的理论，以及英国越过在欧亚大陆边缘地带的斗争"，[2] 这就构成了斯皮克曼地缘政治理论的基础。

国家以自然本性为基础的对外扩张必然会导致与其他国家的冲突，如果国家之间对抗的本性不发生改变，国际关系冲突的性质就不会发生改变，这使得地缘政治理论呈现冲突式的特点。这意味着，传统地缘政治理论都是以冲突的思维去理解国际关系的历史与现实，没有哪一个理论否认国家之间冲突的本性。

21世纪以来，地缘政治研究的议题从"高级政治"向"低级政治"扩展，但仍采用冲突式的分析范式。沃勒斯坦在20世纪80年代以全球经济格局为基础，用南北对抗的分析模式取代了东西对抗的模式，提出了著名的"中心—边缘"说。该学说突出强调国际关系中的阶级冲突、南北对抗的性质。他指出，全球正处在以北方国家为代表的资本主义中心体系和以南方国家为代表的边缘或者半边缘的体系结构中，边缘国家或者半边缘国家正在遭受着以北半球为代表的中心国家的剥削，在全球产业分工上，形成了"中心—外围"结构。亨廷顿所提出的"文明冲突论"则是以文明为背景，对全球的冲突与竞争做了主观上的预测。他指出，当今国际社会依据以往的以政治制度、经济发展水平来划分国家、国家集团已经变得毫无意义。他根据不同文明的地理及区域依托将全球划分为八大文明，分别是中华文明、日本文明、印度文明、伊斯兰文明、西方文明、东正教文明、拉丁美洲文明和非洲文明（可能存在的）。他指出，未来世界冲突的主要因素将是不同文明间的冲突，这八大文明之间的断层线将是未来国际冲突的

---

[1] 参见斯皮克曼《世界政治中的美国战略》，哈尔科特·布赖斯出版社，1942，第182—183页。转引自叶自成《地缘政治与中国外交》，北京出版社，1998，第53页。

[2] 叶自成：《地缘政治与中国外交》，北京出版社，1998，第53页。

第一线。

冷战结束后,国际社会进入了长和平时期,国家之间的相互依赖程度逐步提升。随着地缘政治现实的变化,冲突性的地缘政治观念又再次出现。冷战结束以来,欧亚大陆出现了"黑洞",德国统一、东西欧的整合,主权国家增多,尤其是随着全球化的深入发展,一批发展中国家群体性崛起,而作为世界霸权的护持者,美国自身的实力呈下降趋势,崛起国与守成国之间的结构性矛盾进一步凸显,使得大国之间的政治争斗有愈演愈烈之势。新冠疫情的暴发增加了地缘政治的对抗,乌克兰危机使得传统地缘政治的冲突式思维泛起,如何走出传统地缘政治理论的冲突式思维,则需要各国摒弃冲突式地缘政治观念。

二 合作观念的分析范式

在传统的国际关系中,政府间交往占据着绝对的主导地位,彼时外交政策的主要内容是以军事和安全为核心的"高级政治",追求权力和绝对安全是国家外交政策的重要目标和手段。冷战结束以来,随着全球化的持续发展,以信息革命为基础的全球化浪潮将全球化从经济领域推进到社会、信息和资本领域,初步形成了"你中有我、我中有你"的局面,打破了以领土及其边界作为划分标准的地缘政治结构。全球化的发展基本上改变了世界的隔离状态,通信和信息技术的发展极大地缩短了世界时间和空间的距离,除去了国家之间的交流障碍,促进了国际人员、国际信息和国际资本的全球流通,使得国际政治经济的互动模式由冲突型向相互依存型转变,与此相适应的则是采取合作观念的分析范式来引领地缘政治现实。

全球化的发展提升了国家主权的弱化程度,在事关全球整体利益以及人类命运的事情上,国际与国内之间的界限已经模糊化,国际社会的相互依赖一定程度上限制了国家的自主选择权，尤其是在全球性问题面前需要各国通力合作，这又在一定程度上促进了国家间相互依赖程度的加深，全球意识开始加强，"全球意识的加强要求约束国家主权的范围和功能；全球意识的强化将要求加大对全球 NGO 和各国内部个人及集团权利的保护，促进资源、财富和活动余地的公平分配，推动可持续发展在不同层面的实现；全球意识的发展将要求人们注意一些过去不曾注意或注意不够的互斥关系"。[1]

随着全球化对各国内政与外交的影响越来越大，"低级政治"逐渐走上了世界交往的舞台，能源问题、跨国移民问题、环境问题、大规模流行病问题等需要国家之间增强联系，达成合作共识。"国家之间多种渠道的联系，外交政策的议程变得更加冗长和多样，武力作为政策的工具的作用在逐渐下降以及国家对外行为趋于机制化。"[2] 全球化的发展使得国家在对外政策工具的选择上，诉诸武力的方式逐渐降低，大规模国际冲突爆发的可能性也随之下降，这并不意味着全球化时代国家的武装是不必要的，而是相对于传统的"高级政治"而言，国家在处理"低级政治"的问题上，使用武力会受到更多的限制，例如国际舆论的压力，国内人民的反战情绪以及要克服"距离磨损"所花费的大量成本等。

全球化的发展使国际社会逐渐成为一个不可分割的有机体，促进了各个主权国家在政治、经济以及文化方面的互动，国家利益的拓展已经超过传统的地理边界。全球初步形成了相互依赖的局面，而国家间的相互依赖又促进跨国合作关系的进一步发展，使得全球化时代的地缘政治现实突破了领土范围的限制，促进了地缘政治内容向多元化方向迈进。在全球化时代，国家的

---

[1] 王逸舟：《生态环境政治与当代国际关系》，《浙江社会科学》1998 年第 3 期，第 16 页。

[2] Samuel P.Huntington, "Transnational Organizations in World Politics", *World Politics*, Vol.25, 1973（3），pp. 333-368; James N.Rosenau, *The Study of Global Interdependence: Essays on the Transnationalization of the World Affairs*, London: Frances Pinter, 1980. 转引自林碧炤《国际政治与外交政策》，五南图书出版股份有限公司，2006，第 169—170 页。

追求逐渐向能源、贸易、文化等方向发展，国家外交政策追求的目标也逐渐变得多元化。这些因素为全球统一地缘政治空间的形成起到了积极的促进作用，也为地缘政治合作提供了现实可能性。

从地缘政治理论产生的殖民主义时代，到现在的国际体系转型时代，二元对抗性一直是地缘政治理论本身所固有的属性。但是全球化的发展，国际社会的不断融合，为不同地区与不同地缘政治力量的发展提供了广阔的机会和空间。从系统层面来看，地缘政治的发展既包括以军事和安全为主题的传统安全领域，也包括以经济和能源为代表的非传统安全领域。从单元层次来看，地缘政治的主体已经由传统的民族国家拓展到国际组织、国家集团甚至个人。这种结构与单元发展的多样性也弱化了地缘政治理论本身所固有的冲突性，尤其是在面对全球性危机时，传统的国家主权机构已经很难管理突如其来的灾难，这就要求国家交出一部分主权赋予国际组织，建立规范的国际制度，这为合作性地缘政治理论的发展奠定了良好的基础，使得合作型地缘政治成为可能。

三 从冲突到合作的可能

在传统的地缘政治研究中，地理差异与政治差异成为其主要的研究对象，地缘政治理论始终贯穿着"二分论"的冲突主线。在这种冲突性思维指导之下，每个国家都在追求地缘政治权力和利益的最大化，国家只注重绝对收益，加之国家间的相互不信任，最后的结果就是"安全困境"的产生。在"安全困境"产生的条件中，每个参与者都是理性的经济人，都会寻求自己利益的最大化，在信息不顺畅的情况下，最终每个参与者的选择都会相同，结果都采取了冲突性的地缘政治观。在"安全困境"博弈中，每个博弈的参与者同时选择一个策略，那么所有参与选择的策略组合就决定了每个参与者最后的收益。在这个博弈中，每个人都有四种可以选择的策略，问题是究竟选择哪

个策略能使自己的利益最大化？囚徒困境模型[1]所涉及的问题可以由图 3.1 所示的双变量矩阵来表示：[2]

表 3.1   囚徒困境模型

乙＼甲	拒绝（合作）	坦白（冲突）
拒绝（合作）	(−1, −1)	(−9, 0)
坦白（冲突）	(0, −9)	(−6, −6)

将上面这个囚徒困境博弈运用到冲突性地缘政治分析中，甲乙分别代表两个国家，0、−1、−6、−9 分别代表双方的盈利（Payoff）。拒绝表示国家（拒绝冲突）以合作的态度来寻求发展，而坦白表示国家接受用冲突的态度来寻求发展。我们可以看到，甲国一共有四种策略选择，A：甲拒绝乙拒绝；B：甲拒绝乙坦白；C：甲坦白乙坦白；D：甲坦白乙拒绝，对甲国而言其盈利大小是 P（A）>P（B）>P（C）>P（D）。对于任何一个国家而言，最佳的选择就是自己采取冲突性地缘策略而对方采取合作性地缘策略，但是事实上每个国家都有类似的策略选择，结果就导致了两个国家都会采取冲突性地缘策略，两国都选择了最糟糕的策略。

在以往的地缘政治理论中，地缘政治这个词语似乎就代表了大国冲突、争夺空间、权力政治，暗含了国家间冲突的存在。在全球相互依赖日益加深的现实情况下，需要突破对地缘政治内涵"冲突性"的认识。因为国际社会不仅存在着竞争，还存在着合作，从行为体来看，民族国家之外的行为体已

---

[1] 囚徒困境博弈的大意是：有两个嫌疑犯被警察抓住，但是警察手中并没有确凿的证据证明两个人犯法，警察将他们分别带到不同的审讯室，然后对他们说：如果双方都坦白，那么都会从轻发落；如果另一方坦白而你拒绝承认，另一方无罪释放而你从重发落；如果双方都拒绝坦白，那么你们两个将无罪释放。参见〔美〕罗伯特·吉本斯《博弈论基础》，高峰译，中国社会科学出版社，1999，第 2 页。

[2] 张克成：《全球化时代地缘政治安全观念的转变》，《太平洋学报》2012 年第 4 期，第 54 页。

经出现；从研究议题来看，军事与安全之外的议题也已经出现。这为地缘政治理论研究视角从冲突性向合作性的转变提供了良好的条件。尤其是在以经济安全、金融安全、粮食安全、能源安全等为代表的非传统安全领域中，国家间关系就不同于传统安全领域，首先，由于非传统安全具有跨国的特质，单个国家的力量不足以应对非传统安全威胁，需要跨国合作，此时国与国之间就有了共同的利益和合作的主题；其次，在非传统安全领域中，国家看中的是绝对收益，而非传统安全领域的相对收益，因此国与国之间的合作就容易达成和展开，即使一个国家有背叛行为的发生，另一个国家所遭受的损失也不会很大。借用上面的博弈模型，甲乙两个国家在非传统安全领域的博弈中，对于任何一个国家而言，所得收益最大的策略就是拒绝（采用合作性地缘政治观处理国家对外行为），此时两个国家的收益均为（-1，-1），只有这样，两国之间才能实现共同利益的最大化（此时为纳什均衡[1]）。此时，国家之间的合作相对容易展开，各国建立合作机制，来共同面对非传统安全领域内的问题。随着解决的问题逐渐增多，其机构和职能必将扩大，最终会外溢到传统安全领域，这也就使合作性地缘政治理论的实现成为可能。[2]

在全球化时代，每个国家所拥有的领土面积、人口、资源与工业生产能力的不同，导致国家的对外需求也不同，随着国际分工的细化，国际贸易往来的频繁，国家之间信息的逐步开放与透明，国家间相互依赖程度的加深，采取冲突策略不是每个国家的最优选择。全球化时代的"各个国家变得日益相互依存，地缘政治的竞争性本质被注入了合作的成分，特别是在全球性问题上合作成为行为体各方赢得自身利益的最佳选择"。[3] 全球化的发展使得

---

[1] 此处的纳什均衡很有可能通过国家之间的重复博弈来达到。在非传统安全领域，国家之间的合作与否不会触及类似国家主权的问题。在囚徒困境的重复博弈中，两个囚徒会逐渐意识到只有采取拒绝承认的策略，才能达到共同利益的最大化。在非传统安全领域，国家之间的合作与否不会触及类似国家主权的问题。

[2] 张克成：《全球化时代地缘政治安全观念的转变》，《太平洋学报》2012年第4期，第54页。

[3] 倪世雄、潜旭明：《新地缘政治与和谐世界》，《清华大学学报》（哲学社会科学版）2008年第5期，第125页。

"地缘学成为政治权力在多维空间的合作游戏"。[1] 这种"游戏"规则就是国家间制度和规则的供给与重建。可以说，只有建立了相关的制度与规则，合作性地缘政治理论才能得以发展。

第二节　从国家到区域：地缘政治研究尺度的丰富

"经济全球化成为人类社会发展的客观趋势，经济全球化推动了贸易发展、投资便利、文化繁荣以及各国人民交往，为世界经济持续增长提供了强劲动力。"[2] 经济全球化在推动人类交流交往频率提升的同时，在科技的助推下，全球化也突破了国家的地理边界，"经济生产活动的空间组织形式越来越复杂，参与主体愈发多样"，[3] 使得一国的国家利益拓展到国际社会层面。与全球化并行不悖的另一个趋势则是区域发展，使得全球化时代的地缘政治由单一的国家扩展为国家、区域和全球三个研究尺度。

一　国家利益的拓展

"国家利益是认识和理解国家行为的根本性因素，也是国际合作与冲突演化的深层驱动力。国家追求利益最大化并以该理念指导国家的具体政策选择。"[4] 在国际关系理论中，利益主要是指"满足民族国家全体人民合法的物质与精神需要的东西"。[5] "尽管国与国之间的关系通常是高度不平等的、有

---

[1] 赵可金：《全球化时代的新地缘理论》，《清华大学学报》（哲学社会科学版）2008年第5期，第106页。
[2] 陈景彪：《习近平关于经济全球化重要论述研究》，《马克思主义研究》2022年第8期，第87页。
[3] 朱晟君、杨博飞等：《经济全球化变革下的世界经济地理与中国角色》，《地理学报》2022年第2期，第315页。
[4] 刘彬、蔡拓：《"国家利益最大化"的反思与超越》，《国际观察》2015年第5期，第1页。
[5] 阎学通：《论国家利益的本质》，《中国社会科学季刊》1996年第16期，第10页。

时是依赖性的关系，但依赖性往往是相互的而非单方面的……任何国家自身利益的实现都不可能离开这样一个大的背景。"[1] 国家利益的核心内容随着全球化的发展也不断变化。这种变化主要体现在国家利益的范畴在扩大，经济利益的重要性日益上升以及实现国家利益的方式多样化。

首先，国家利益范畴的扩大。约瑟夫·奈指出："国家利益的重新定义实际上是由国际通用的规范和价值决定的。这些规范和价值构成国际生活并赋予其意义。简言之，国际体系的制度化和普遍化给国家带来新的利益层面。"[2] 全球化的迅速发展，世界各国利益的交织，不同国家之间具有了越来越多的共同经济利益，使得国家利益超脱于一国领土范围。同时，人口、能源、粮食、生态环境等全球性问题都需要国家通力合作才能解决，使得"对国家利益的关注从传统的政治、安全利益流散到经济、社会利益，技术、金融、保险等因素……这些因素超越了国家权力的边界，在全世界市场中进行分配和重组"。[3] 正是由于全球化打破了国家地理边界的限制，使得国家利益的范畴增多，由原来的单一性向现在的综合性转变，政治利益、经济利益、文化利益、安全利益等都成为国家利益的重要组成部分。

其次，经济利益在国家利益中的重要性持续上升。罗伯特·基欧汉认为："经济问题无论对于国家的权力和财富都是具有重大意义……不管行为者是在什么样的经济领域中互相施展着权力，经济问题同时也是政治问题，这是毫无疑问的。"[4] 经济的发展已经超越领土国家，正在逐渐向区域和全球发展，全球化的过程使国家利益流向其他国际行为体。尤其是在经济全球化的促进下，追求"效率优先"的市场力量在逐步增强。全球化带来"问题的多元化

---

[1] 王逸舟：《国家利益再思考》，《中国社会科学》2002年第2期，第162页。
[2] Joseph S. Nye, "Redefining the National Interest", *Foreign Affairs*, 1999, 78（4），p.2. 转引自高伟凯、毕素华《冷战后的国家利益理论探讨》，《世界经济与政治论坛》2006年第6期，第92页。
[3] 刘彬、蔡拓：《"国家利益最大化"的反思与超越》，《国际观察》2015年第5期，第12页。
[4] 〔美〕罗伯特·基欧汉：《霸权之后——世界政治经济中的合作与纷争》，苏长河等译，上海世纪出版集团，2012，第20页。

和行为主体的多元化相伴相生，让国家之外的行为体有了更大的活动空间和行为能力，大型跨国公司的决策甚至可以影响一国的政治走向"。[1]

最后，实现国家利益的方式多样化。莫顿·卡普兰认为："国家利益是不变的和永恒的，然而，尽管这些需要不直接随内部结构发生变化，但在判定国家利益时对它们的重视程度却随着国内制度需要的变化而变化。"[2] 国家利益的发展与实现，不是某个单一因素决定的，而是主客观因素、国家内部与外部因素综合作用的结果。主观上的制约因素主要指国家内部因素，国家内部的政治变化、经济政策的变化、民族主义等因素都会影响到国家利益的变迁；客观的制约因素主要指国家外部因素，例如国际体系的变迁、国际格局的转换、国际经济发展的趋势等。例如在新中国成立之初，国内百废待兴，同时还要防止国民党势力的反扑，此时国家利益的内容就是如何巩固新生政权和进行社会主义现代化建设；在20世纪70年代，中苏交恶时期，苏联与中国接壤的东北地区陈兵百万，此时中国国家利益的主要内容是如何防止苏联的武装进攻；21世纪以来尤其是中国特色社会主义进入新时代，随着国际社会安全程度的提升，中国国家利益的主要内容变成了如何使经济保持高质量发展以及如何持续提升中国的综合国力，进一步提高中国的国际影响力、塑造力和感召力。

综上所述，全球化的发展使得"全球相互依存已成为当代人类的生存方式和基本规律……相互依存首先表现为经济上无法割断的联系，它是市场经济向全球扩张的必然结果"[3]。市场经济已经突破国家的地理限制，使得国家利益在发生动态变化的同时，出现了国家利益的深度互嵌与交融，"任何一个

---

[1] 刘彬、蔡拓：《"国家利益最大化"的反思与超越》，《国际观察》2015年第5期，第12页。
[2] 转引自戴超武《国家利益概念的变化及其对国家安全和外交决策的影响》，《世界经济与政治》2000年第12期，第13页。
[3] 蔡拓：《全球主义与国家主义》，《中国社会科学》2000年第3期，第22页。

行为体都难以获得独自发展，要受到诸多行为体和相关因素的制约"。[1] 在此情况下，国家利益的内涵、外延、实现方式均出现了重要变化，"全球相互依赖的发展已经使得国家的国内利益与国际利益交织在一起，国家利益的核心内容也由传统的国家安全拓展到经济、社会与文化方面，这些国家利益已经超越了国家的领土边界，随着国家利益在国界之外的扩展，其实现方式也应该由原来的领土内，逐渐向领土外的区域、国际和全球层次上发展。因此，在全球化时代，国家利益的研究单位也应由原来的民族国家为主体逐渐向区域层次和全球层次拓展"。[2]

二 区域发展的现实

随着大航海时代的到来，世界正式步入全球化时代。15世纪中叶，在西方航海家的共同努力下，新航路正式开辟，它不仅缩短了各国政治意义上的地理空间，更在经济意义上开启了全球贸易的进程，标志着地缘政治正式突破国家地理边界的限制，逐渐向一体化方向发展。但大航海时代的科学技术还无法将全球完全融为一体，区域与区域主义还没有真正地形成与发展。信息技术的快速发展和国际和平时间的延长给全球化的不断深化提供了良好的发展环境。全球化的发展不仅包括在全球层面上整体推进的一体化，还包括在区域化上发展的碎片化。20世纪50年代，以煤钢联营为最初设想的欧洲联盟开始启动，这不仅是地缘政治历史上首次以地区的概念建立的共同体，还标志着地缘政治理论中区域主义研究的起步。从地缘政治本体论的角度来看，地缘政治的研究单位由国家拓展到了区域。

---

[1] 蔡拓：《全球主义与国家主义》，《中国社会科学》2000年第3期，第22页。
[2] 参见张克成《全球化时代地缘政治安全观念的转变》，《太平洋学报》2012年第4期，第47—55页；张克成：《全球化时代地缘政治研究单位的拓展》，《兰州学刊》2012年第2期，第201—203页。

在国际关系领域中，区域（region）主要是指："在客观条件上，拥有'地理概念'的意涵；在主观条件上，包含了'彼此拥有的共同利益或威胁的认知，分享类似的价值观、文化或历史经验'。在同时符合上述主客观条件之后，进而产生相关国家间唇齿相依的事实与认知。"[1] 在这个概念中，地理因素是区域构成的客观条件，甚至是区域构成的基础条件；而人们之间的相互认同则是区域构成的主观条件。由此可见，区域概念本身就蕴含着地理因素。可以说，只有相近的空间形成的地理基础才能称之为区域。区域化主要是指一个区域形成的具体过程，但这种区域化是"非经政府或者政治人物推动的，而是源自于民间、市场贸易与投资的流动，自发形成的一种'由下而上'进行经济整合的现象"。[2] 区域主义则是指："由政府政策或政治精英通过政府间对话或条约签订'由上而下'地推广，积极促成区域内国家间经济政策的合作与协调。"[3] 由此可以看出，区域化主要是一些社会力量从下到上的一种多角度的构建过程，而区域主义主要是政府或者政治上层统治者通过制定相关政策和手段由上而下地来促进区域整合，这种整合希望能跨越脆弱的地理因素的限制，将本区域的社会、经济、教育、科学技术等领域纳入到一个发展轨道上来。

20世纪60年代，两极格局开始受到冲击，世界格局朝着多极化方向发展，许多第三世界的国家成立了政府间组织，例如七十七国集团。这些国际组织的建立标志着越来越多的国家开始摆脱超级大国的控制，以成立多边组织的形式要求改变国际旧的经济关系，并不断挑战传统国际体系的权威。这意味着传统的海陆两分的二元对峙理论已经不能有效地解释第三世界国家成立的国际组织。1964年，索尔·科恩在其《分裂世界的地理和政治》一书中

---

[1] 杨永明：《国际关系》，前程文化事业有限公司，2010，第402—403页。
[2] 杨永明：《国际关系》，前程文化事业有限公司，2010，第402—403页。
[3] 杨永明：《国际关系》，前程文化事业有限公司，2010，第402—403页。

指出，美苏对峙的两极格局不断受到冲击，实际存在的是分裂的世界，如何确保分裂世界的稳定性才是问题所在。科恩认为，海权与陆权的二元对立以及"心脏地带"与"边缘地带"的二元对立是无法想象的，而美国在这两种对立之下所采取的对外政策，只是一种"填补式"的对外战略，不仅没有取得预期的效果，反而使对外政策僵化。所以，科恩竭力反对美国对苏联实施的"遏制"战略，他认为这种战略并不能限制苏联的发展，苏联的脚步也不会因包围圈而停止。他进一步指出："整个心脏地带—边缘地带的论题和建立在此基础上的'多米诺骨牌理论'都应该被抛弃，而代之以一个更为紧密的区域建构。"[1] 因此，加强区域建构才是适应现实发展需要的更为合理有效的应对战略。

科恩认为，区分出全球性的区域和地区性的区域是进行地缘政治分析的首要问题。他把世界分成两个等级的类型区：第一等级是世界性的，称之为地缘战略区。第二等级是区域性的，称之为地缘政治区。地缘战略区包括整个世界在内的全部地区以及在区位、贸易、文化上的相互关系，在其组成上则是一个多特征的区域。地缘政治区则是地缘战略区的下属分区，由于地缘政治区直接源于地理区域，因此它表示为地理特征的统一性，地缘政治区为该区域共同的政治经济文化活动提供了一致的公共空间。因此，区位上的相近和资源的互补成为划分地缘政治区的重要标准。殖民主义时期，地缘战略区的观念开始兴起，葡萄牙、西班牙、法国、荷兰以及英国为争夺领土空间，把世界划分成各自的势力范围，这在当时看来是具有全球性质的。冷战时期，美苏争霸是海权国和陆权国在各自区域的地缘竞赛，是以多样化的形式在各个区域展开争夺。科恩把位置和往来作为区域划分的标准，位置主要包括区域的人口以及经济核心区的区位，往来主要包括国际贸易的走向及流动的方向。

---

[1]〔英〕杰弗里·帕克：《地缘政治学：过去、现在和未来》，刘从德译，新华出版社，2003，第176页。

科恩认为，区域是认识世界、观察世界的一种方式，通过区域主义的发展推动世界的稳定是十分有效的手段。在地缘战略区和地缘政治区的划分中，他把地缘战略区从全球性战略力量的整体上划分为"依赖贸易的大洋世界和欧亚大陆世界……前者主要包括盎格鲁美洲和加勒比海地区、海洋欧洲和马革里布、亚洲沿岸和大洋洲地区、南美洲地区；后者包括'心脏地带'和东亚大陆"。[1] 2003年，科恩又提出了等级制排列的空间结构：第一层为宏观层面的地缘战略区；第二层为中观层面的地缘政治区；第三层为微观层面的民族国家。此外，还有"破碎带""压力带""通道"等区域概念。[2] 科恩对于地缘政治的划分不是依据确定意义上的国界线，而是依据政治、经济和文化特征以及该区域内的地理政治结构。科恩用区域的视角研究地缘政治，这不仅为现代地缘政治的研究提供了方向，也更好地解释了世界趋势的变化。

区域日益成为地缘政治研究的良好视角。欧盟是地缘政治发展过程中最为典型的区域整合。第二次世界大战之后，西欧各国失去了原有的国际地位，领土面积相对不大的各国难以独自应对超级大国的威胁，自身发展的需要和战争的创伤也都要求欧洲联合起来，建立起超国家。这种超国家的建立，也促使地缘政治理论中区域研究的兴起。东盟是亚太地区区域构建最为典型的政府性国际组织。在传统地缘政治理论中，东亚最初只是一个地理概念，并没有经济的含义。20世纪90年代开始，随着区域化的不断发展，东亚地区的国家开始从上而下地推动区域主义，东亚的含义也不断得到扩展和丰富，到21世纪，东亚已经成为世界关注的焦点，具有了区域整体的含义。东盟的"10+X"不仅妥善解决了与周边国家的领土纷争，并积极争取成为持续推进东亚区域合作进程的重要力量，这也有力地促进了

---

[1] 〔美〕索尔·科恩：《地缘战略区与地缘政治区》，李佩译，《人文地理》1991年第1期，第72—78页。

[2] Saul Bernard Cohen, *Geopolitics of the world system*, Lanham: Rowman & Littlefield, 2003, p. 33. 转引自陆俊元《从自然主义到结构主义：地缘政治学方法论演变》，《人文地理》2007年第5期，第109页。

以区域视角进行地缘政治研究。

由此可以看出，在全球化的发展过程中，全球化与区域整合看似矛盾冲突，但同时两者又相互促进，区域整合的发展主要是作为对全球化的回应。这种观点在第二次世界大战之后颇为盛行。第二次世界大战后，两极对立格局的出现让人们再次紧张起来，两极对峙会不会导致第三次世界大战的爆发？因此，很多理论家主张通过国际合作来推动世界经济的发展，甚至有人提出了反对民族国家的观点。在这种背景下，区域整合日益成为国际关系研究的话题。联邦主义、功能主义、新功能主义等理论也逐渐显露出来，其根本目的就是要研究可以通过哪些方式和途径才能将区域进行整合。虽然地缘政治的相关看法及内容并没有出现在这些理论中，但不可否认，正是地理和文化上的接近和相通，才使区域整合达到这样的效果。

当前，世界经济融合发展的速度越来越快，区域合作也在如火如荼地持续开展，深度发展的全球化正在重新塑造着领土国家的权力、功能及其权威。虽然在一定意义上，国家仍然享有对内最高的统治和领导及对外的独立自主权，但是民族国家已经不能完全控制发生在本国领土范围之内的事件，无论是从以往的安全领域还是目前的安全领域来看，全球体系的发展几乎把所有国家统一到一起。全球的交通，包括运输以及通信技术的发展，使得领土国家内部产生了新的经济和社会组织形式，这些新的组织形式已经超越了传统的国家边界，全球化的发展改变了领土国家的存在方式和发展形势，但这并不是说传统的边界便毫无意义，而是意识到被人们一直认为的作为现代领土国家的边界在日益发展的全球化时代遇到了"屏蔽效应"。领土国家的地理边界对交通、资本和人员的限制已经没有意义。在有条不紊持续发展的全球化背景下，领土国家要想在区域整合的过程中参与到全球化的进程中来，就必须对本国的发展形式及政策进行调整，让领土国家更具有开放意识，用辩证的思维看待事物的发展，意识到合作的重要性。因此，地缘政治理论研究的单位就要随着现实的发展而及时地拓展，不仅要研究传统的领土国家，还要研究领土国家所在的区域乃至全球。

三 研究层次的多元

"自契伦创造'地缘政治'一词后，就区分了两种地缘政治学，即标准的地缘政治学和替代的地缘政治学，前者涉及国家的空间特性，后者则侧重研究国家作为更大的系统的一部分。替代的地缘政治学把国家放在更为宽泛的范围内。"[1] 从这一概念出发，可以得出传统地缘政治理论研究的核心主要集中在国家层面的结论。

正如所有的现象都在时间中存在而有其历史一样，所有现象也在空间中存在而有其地理，[2] 作为基于空间认知基础上的地缘政治理论，体现了地理学对国际关系的独特视角和学科贡献。从方法论的角度来看，地缘政治理论遵循着经验主义、实证主义、人文主义和结构主义方法论，可以采用观察归纳、空间模型、社会行为、系统结构、政治经济学、建构主义等研究方法。[3] 但作为地理学与政治学的交叉学科，地缘政治理论的研究最终还要回落到空间上，进而建构起空间法则。无论是自然主义范式、"空间—权力"分析范式，还是结构主义范式，传统地缘政治理论在对现实地理空间的"地缘政治想象"的基础上，提出了一系列假说。全球化时代，科技的发展使得现代化的交通工具可以轻而易举地穿透一国国界，经济全球化的发展使得国家间相互依赖的程度逐步提升，国家利益在全球范围内拓展，这些迅速发展的地缘

---

1 〔英〕杰弗里·帕克:《地缘政治学：过去、现在和未来》，刘从德译，新华出版社，2003，第26页。

2 胡志丁、葛岳静等:《主流国际关系理论超越了地缘政治理论吗?》，《太平洋学报》2021年第9期，第44页。

3 胡志丁、葛岳静等:《主流国际关系理论超越了地缘政治理论吗?》，《太平洋学报》2021年第9期，第46页。

政治现实使得地理空间的层次呈现多元化局面，既有不同层面的现实地理空间——海、陆、空、天，又有差异明显的虚拟地理空间——经济、政治、文化、网络——等不同空间，如何将众多的空间单位纳入或者整合进一个框架进行研究，国际关系领域的层次分析法则提供了有益借鉴。

层次分析法作为国际关系研究中的一种行之有效的研究方法，起源于国际关系研究方法的"行为主义革命"，也经历了上升与回落的曲折演变过程。美国国际政治学者卡普兰较早提出层次研究法，认为国际关系研究可以分为国家和国际体系两个层次。继卡普兰之后，肯尼思·沃尔兹（也称肯尼思·华尔兹）分析了战争发生的三个著名"意向"，分别是人、国家和国际体系。沃尔兹认为影响国家发动战争的原因主要在于"一个民族国家领导者的个性与特征；追求权力与利益的国家本质；国际社会无政府状态下的权力分配结构"。[1] 沃尔兹强调，既可以整体研究这三个层次，也可以独立研究其中的某一个层次，但是只有将这三个层次结合起来分析才能对国际关系有比较完整的认识。

戴维·辛格首次明确指出了层次分析法是国家关系中的重要研究方法，并对层次分析法的作用进行了较为详细的考察。他指出："国际体系层次和国家层次两种理论都有各自的优势和缺陷，研究者可以根据不同的需要来选择不同的分析层次；两个层次的理论不能互相混淆，'我们能在此处使用此层次，在彼处使用彼层次，但是不能在同一个研究项目中半途转向'。"[2] 进而他确定了国际关系研究中层次分析的国际体系和民族国家两个维度。他认为国家是微观层次，可以用于分析国家行为和国家政策；国际体系层次是最全面的，能从宏观视角把握规律。

冷战结束以来，国际关系研究出现了从体系层次向单元层次的回落现象，

---

[1] 〔美〕肯尼思·华尔兹：《人、国家与战争》，信强译，上海人民出版社，2019，第1—13页。
[2] 转引自吴征宇《关于层次分析的若干问题》，《欧洲》2001年第6期，第2页。

如现实主义研究从体系层次回落到国内层次，自由主义从国际制度转到国内偏好。20世纪90年代之后，学术界也在寻求更具解释力的研究框架，众多学者偏爱国际国内两个层次互动的方法，为两个层次搭建沟通桥梁，跨层次分析方法逐步凸显。在跨层次分析方法中，"一种研究模式强调国内政治如何作为国际体系与国家行为之间的中间变量；另一种则强调国内—国际政治互动的同时性，以及这种互动如何塑造了国家的行为方式"。[1] 如古瑞维奇认为："国际体系不仅是国内政治和结构的结果，也是其原因。经济关系和军事压力限制了从政策决策到政治制度等广泛的国内行为。国际关系和国内政治联系得如此紧密，因此我们有必要将其作为一个整体来进行分析。"[2] 与此同时，帕特南在1988年提出"双层博弈"模型[3]，这是将国内政治与国际政治理论链接的典型。帕特南以国际谈判的外交政策为例，一方面，国内政治精英希望与利益集团形成良好的同盟关系来应对外交中的谈判，企图增加其谈判的筹码；另一方面，政治精英在进行谈判的时候不得不考虑其他国家的因素和国际关系的发展。此时的政治精英就要面对国内和国际两个层次的影响因素。"国内层次中，国家内部的权力、偏好分配与可能的结盟关系，这样的现象就可能成为决策中所要面对的问题，此时国家对外政策与国内政治要取得平衡，以利于国际层次所达成的协议也能在国内层次中通过，因此国家在对外政策与国际政治中便出现了交换关系；在国内层次中的政治制度上，若国家的制度使国内力量能够有效牵制外交，国家对外政策的选项将因国内力量受到限制；在国际层次中的谈判者策略上，好的谈判策略将使自己赢的组合选项增加，增加两个层次之间的交集，将有助外交政策的推进与达成。"[4]

---

[1] 尚劝余：《国际关系层次分析法：起源、流变、内涵和应用》，《国际论坛》2011年第4期，第51页。

[2] 转引自杨永明《国际关系》，前程文化事业有限公司，2010，第138页。

[3] 详见钟龙彪《双层博弈理论：内政与外交的互动模式》，《外交评论》2007年第4期，第61—67页；杨永明：《国际关系》，前程文化事业有限公司，2010，第138—139页。

[4] 转引自：杨永明：《国际关系》，前程文化事业有限公司，2010，第139页。

借鉴层次分析法建构全球化时代的地缘政治研究层次，其层次分析主要有领导者个人、国内结构、国际体系和全球体系四个层次。个人层次主要指领导者个人的特征，包括"那些代表国家做出重大决策的政治领袖和具有政治影响力的公民，这个层次着重分析这些个人的政治态度、信仰和行为"。[1] 由于国家的对外政策主要是由政治精英或者领导团体所做出的，因此分析这些个人的特质就可以观察出对外政策中的一些端倪。国内层次主要是指民族国家内的政治决策过程、利益团体的影响程度、政治文化、意识形态、经济结构等。这些也是影响一个国家政策的重要分析因素。国际体系层次主要是指国际社会的特征及其结构，尤其是国际社会的无政府状态、国家之间的权力分配状态这两者对国家对外政策的影响颇为重要，这对一个民族国家的外交与安全产生不可估量的影响。而全球体系层次主要是指在全球化的背景下，国家与非国家行为体之间的互动、国内社会与国际社会之间的互动所造成的影响，这在一定意义上正在改变国际社会的权力分配结构，促使国家出现前所未有的合作关系。例如，我们假设一国的对外行为主要受领导者个人因素、国内结构因素、国际体系因素和全球体系因素的影响，那么我们可以根据这些因素列出以下多元回归[2]模型：

$$y = \beta_0 + \beta_1 x_1 + \beta_2 x_2 + \beta_3 x_3 + \beta_4 x_4 + \varepsilon$$

在这个模型中，x_1、x_2、x_3、x_4分别为领导者个人因素、国内结构因素、国际体系因素和全球体系因素；β_1、β_2、β_3、β_4分别为回归系数；β_0为参数；ε为误差。在这个方程中，y既是结果又是x的函数。在讨论国家对外决策时，

---

[1] Charles W. Kegley and Eugene R. Wittkopf Jr., *World Politics: Trend and Transformation*, Boston Bedford/St. Martin, 2001, p. 13.

[2] 回归一词最早出现于英国科学家法兰西斯·高尔顿的一篇研究报告中，该项研究是分析儿子的身高与其父亲身高之间的关系。高尔顿指出父亲的身高若较高（矮）的话，一般而言，其儿子的身高或高（低）于其父亲的身高。该项研究报告于1885年发表，并以"趋近平庸身材之遗传的回归"为题目。趋近平庸的回归主要是指儿子的身高接近父亲的身高，而非趋向极端的情形。但就目前而言，回归一词已经成为统计学中研究变量间关系的一个专门术语。参见方世荣、张文贤《统计学导论》，华泰文化事业股份有限公司，2010，第498页。

我们可以依据该方程中回归系数的大小来判断影响国家行为最重要的因素是什么。随着研究问题涉及自变量的变化，该模型可以适当增加或者减少自变量 x。当然，在实际操作中还涉及回归系数的估计、判定系数、显著性检验以及回归的预测等统计学议题。[1]

第三节　从地理决定论到结构主义：地缘政治研究路径的变迁

地缘政治理论以"人—境"关系作为理论基础和分析方法。无论是地缘政治理论的萌芽阶段还是古典地缘政治理论，都是从人与自然的关系出发的，强调自然环境对人类行为及国家政策具有较大的影响，甚至具有决定作用。但是，随着全球化时代地缘政治现实的发展，很多人为的因素已经超出了传统意义上的人地关系，诸多全球性问题已经无法用人地关系理论来解释，20世纪六七十年代，法国许多地理学家将结构主义引入地缘政治研究领域，引领了地缘政治研究在第二次世界大战后的复兴。那么，从地理决定论到结构主义，地缘政治研究路径是如何变迁的呢？[2]

一　地理决定论的贫困

在地缘政治理论的研究方法中，最为久远的传统是对人与地理环境相互影响与作用的研究。古希腊时期的思想家在其著作中都论述了地理环境对人的性格、社会及政治制度的影响。例如：希罗多德把地理概念看作是"历史的仆从"，希波克拉底认为气候对人类具有决定性影响，亚里士多德认为气候

---

[1] 张克成：《全球化时代地缘政治研究单位的拓展》，《兰州学刊》2012年第2期，第202页。
[2] 张克成：《从地理决定论到结构主义：地缘政治研究方法的变迁》，《学术探索》2012年第3期，第34—36页。

对人的性格和行为能够产生决定性影响。

16世纪以后，众多思想家探讨了地理环境与人、与国家政治行为之间的关系。如让·博丹认为"温和的气候为建立以法律和正义为基础的政治体系提供了最为有利的条件"[1]；孟德斯鸠认为"地理环境，特别是气候、土壤和居住地域的大小对于一个民族的性格、风格、道德和精神面貌以及法律性质和政治制度，具有决定性的作用"[2]；黑格尔认为历史的真正舞台在温带。这些思想家的论述为地缘政治发展的黄金阶段奠定了理论基础。

19世纪以后，社会达尔文主义作为主要的研究方法被拉采尔引入地缘政治研究领域，他提出了"国家有机体""生存空间"等概念。契伦和豪斯霍弗的研究继承了拉采尔所提出的理论，他们认为地理空间是国家持续发展的动力。在这种地理环境决定论思维的影响下，德国地缘政治学者把"生存空间"看成是国家最基本的需求。与此不同的是，英美的地缘政治思想家，将地缘政治放在历史的进程中去解释。马汉、麦金德、斯皮克曼等提出控制全球某一重要的区域，就会增强国家力量。

戴蒙德、萨克斯等学者认为地理因素对于经济发展至关重要，他们均认为地理因素是影响经济绩效的内生变量，"国家之间经济绩效的不同反映地理位置、气候和生态特征等方面的差异，如是否靠近港口、富饶土地的可获得性、气候条件对疾病环境的影响等"[3]。如戴蒙德认为，欧亚大陆之所以比非洲大陆更富裕，是因为欧亚大陆在经济聚集和技术传播方面长期以来一直处于优势地位。萨克斯认为，一国人均收入水平和经济增长与地理位置和生态变量如气候区、疾病环境及与海岸的距离等有着较强的联系，地理因素会影

---

[1] 〔美〕詹姆斯·多尔蒂、小罗伯特·普法尔茨格拉夫：《争论中的国际关系理论》（第五版），阎学通、陈寒溪等译，世界知识出版社，2003，第151页。

[2] 〔法〕孟德斯鸠：《论法的精神》（上册），张雁深译，商务印书馆，1987，第227—303页。

[3] 郭熙保、徐淑芳：《经济发展的制度决定论与地理决定论述评》，《经济学动态》2005年第12期，第82页。

响制度选择的诸多变量。[1] 诚然，一国无法逾越自身的地理条件限制，地理因素会通过制度作用于经济绩效。即使在经济学领域，地理决定论仍然无法解释为何原本经济不发达的国家通过改进制度取得了显著的经济收益。

通过上面简单的回顾我们可以看出，整个地缘政治理论的发展过程中始终存在着地理环境决定论，先贤们都持有地理条件对一个国家的生存发展至关重要这一观点，他们坚定地认为国家所在的地理位置与条件会对政治的发展形成有效的控制或制约，从而地理条件便成为一个国家对外决策的依据和国家的权力来源。他们把地理环境看作原因，将国家的对外政策与行为作为与之对应的结果。在这种因果关系的分析中，地理学家们认为相同或者相似的地理环境也会产生相同或者相似的国家对外政策。因此，控制"制海权""心脏地带""边缘地带""天空"甚至"外太空"等有关空间，就成为地缘政治理论的重要规律。正如杰弗里·帕克所言："采用空间观点是一种探索事件本质及原因的尝试，并通过对所有涉及因素的综合，求得一种前人未竟的统一连贯性。"[2] 地理环境决定论用自然过程的作用来解释社会和经济发展的进程，将历史和现实发展立足于国家所处的地理环境，并将其视为国家持续发展的动力之一，但是这样的逻辑将复杂的历史简单化，没有考虑地缘政治现实发展中时间及空间变化的作用，仅仅以地理环境为决定因素掩盖了国家对外扩张的本质。

传统地缘政治理论是在具有冲突性质的地缘政治观念上建立起来的，其论述基础都是控制地球上某一关键的区域。在当时的历史条件下，世界从相互孤立的状态向有序的统一世界体系过渡。但由于科学技术发展水平低，国家的对外扩张成为满足其生存的基本需求，国际社会基本上是一种"弱肉强

---

[1] 郭熙保、徐淑芳：《经济发展的制度决定论与地理决定论述评》，《经济学动态》2005年第12期，第80—85页。
[2] 〔英〕杰弗里·帕克：《二十世纪的西方地理政治思想》，李亦鸣等译，解放军出版社，1992，第28页。

食"的状态,只有不断扩充领土,国家才会有持续发展的动力。尽管"大国沙文主义"的色彩在彼时的地缘政治理论中依然浓厚,但是也一定程度上反映了当时国际关系的状况。在地理环境决定论的影响下,国家对资源产地、交通要道和关键区域的控制在传统地缘政治理论中尤为重要,这充分反映了地缘政治理论出现的时代背景。人类历史上两次世界大战就是在地理环境决定论思维的指导下爆发的。尽管德国的地缘政治理论是"刚刚统一不久又遭肢解的德意志民族虚弱无力和追求昔日荣耀的反应"。[1] 马汉提出的"海权论"是"美利坚民族追求自由'商业秩序'的体现"。麦金德提出的"心脏地带"理论反映的是"盎格鲁-撒克逊民族作为海洋国家由来已久的、对单一强权控制大陆和丧失海洋优势的恐惧感"。[2]

地理环境是国家及其人民无法选择的一种现实存在,具有客观性,但科学技术的不断进步已经很大程度上改变了地理环境的性质,使得自然环境、人文环境也对全球化时代的地缘政治共同产生影响。在科学技术的影响下,在传统的自然地理环境之外,产生了新的地缘科技。这使得生产和消费突破地域的限制,原料产地、生产厂家和消费市场不再受传统地理位置的影响,形成了全球相互依存的地缘经济格局,这种格局的形成使传统地理环境不再成为共同发展的桎梏,使国家变得更加繁荣昌盛,朝着全球化方向发展。同时,在一定的生产方式中,生产力作为最活跃、最革命的因素,促使生产关系不断发生重要变革,地理环境决定论已无法解释许多人文环境的变化。受经济全球化的影响,世界已经初步形成整体的观念和相互依存的结构,日益成为一个整体。

全球化的发展和世界市场的初步形成,世界各国之间的联系日益密切,

---

[1] 〔英〕杰弗里·帕克:《二十世纪的西方地理政治思想》,李亦鸣等译,解放军出版社,1992,第55页。
[2] 邵永灵、时殷弘:《麦金德与盎格鲁-撒克逊民族的恐惧》,《欧洲》1997年第6期,第4页。

推动了全球一体化的快速发展。随着国际大背景的改变，地理环境决定论越来越无法解释现有的发展变化，基本上已经失去了理论所具有的"预测"功能，只能停留在"描述"与"解释"阶段。传统的地缘政治理论已无法指导当今的国际战略形势，继续使用不仅会使国家间的地缘战略思维重新回到"冲突的时代"，还会加剧国际社会的不稳定性。随着全球化的深入发展，国家对外政策的目的也开始发生变化，从领土占领转移到经济利益的获得。这一方面是因为目前整个国际社会的领土已经分割完毕，没有领土可以占领；另一方面是因为国家对外政策所追求的目标已转移到经济领域，扩张方式由过去的领土占领转变为经济扩张。随着全球化的发展，资本技术与商品等生产要素在更大范围内流动，国家之间的开放性和流动性逐渐增强，民族国家的经济运行状况不再只受本国影响，还会受到国际资源流动和国际市场的限制，如何在经济全球化发展的过程中抓住民族国家的经济发展机遇、迎接全球化的挑战是每一个国家所面临的难题。

因此，作为国际体系中最重要的行为体，民族国家要遵守国际市场的规则和秩序，通过国内政策与国际法规的相互结合，来争取和捍卫本国的经济利益。由于全球化是建立在生产、运输、消费与技术配置的全球一体化基础上的，其实质是市场发展的全球化，强调市场在社会经济活动中对人力、物力、财力的决定性作用。借助网络的迅速发展，全球交易的成本大幅度降低，进一步促进了资源和生产要素在全球范围内的优化配置，国际分工与国际合作的深化使民族国家利用自身的产业优势积极参与到世界竞争中来，通过竞争获得世界市场份额。货币、金融、市场、技术、信息等生产要素的全球流动，使得民族国家为了弥补本国经济发展、技术、资金以及管理上的不足和缺憾，实现产业升级和技术进步，拓展世界市场份额。可以认为，在全球化时代，国家如何获得并维护自身经济利益已经成为地缘政治研究的重要内容，全球化时代的地缘政治已经由占领领土空间转为塑造经济空间以获得经济利益。

二 科学技术的发展

加尔布雷斯认为:"在不同的历史阶段,由于科学技术发展水平的不一样,不同的生产要素在生产中的地位也不同。在一定时期中,某种生产要素是最难获得或最难代替的,从而也是最重要的,谁掌握了这种生产要素,谁就拥有权力。"[1] 在他看来,随着技术、教育和经济增长等因素在国际关系中发挥的作用越来越大,地理、人口等因素的重要性相较而言呈下降态势,国际关系的发展见证了地缘政治领域的权力流散。尤其是在当今时代,随着人工智能的发展,科技越来越成为影响地缘政治理论与实践的关键要素之一。奥图泰尔曾经总结过地缘政治的三种用法:"第一,用于描述对特定地区或问题概览,以便把握被认定为是外部事实的事物的明显特征,在这种用法下,地缘政治就是对某一问题进行考察的分析工具。如,有关 x 的地缘政治,x 可以指石油、能源、资源、信息等。第二,地缘政治是现实主义的同义语。第三,作为大战略的同义语。"[2] 从上面 x 的地缘政治中,我们可以看到地缘政治的影响因素众多,但是科学技术几乎是最重要的一个。

从科技视角审视地缘政治理论的发展,虽然"陆地的霸权征服证明了陆地强国并不能真正建立世界性的霸权,而海洋的霸权征服则因为广袤的海洋带来的阻力而不能建立起完全的世界霸权",[3] 虽然没有任何一个国家完全实现了全球霸权,但从相对角度来讲,不同的世界大国在争夺世界霸权的过程中,都离不开自身强大的科技能力。在历史上的不同时期,霸权国家"通过马匹、电话、电报、铁路、舰队、飞机、卫星以及信息化远程控制和调度来

---

1 林涛:《国际关系理论中的权力:科技因素的视角》,《科技管理研究》2007 年第 12 期,第 262 页。
2 转引自孙相东《"地缘政治学"概念研究》,《东方论坛》2008 年第 6 期,第 119 页。
3 林涛:《国际关系理论中的权力:科技因素的视角》,《科技管理研究》2007 年第 12 期,第 262 页。

确立自己的优势"。[1] 科学技术的每一次进步不仅改变了地缘政治结构,也改变了地缘政治空间的性质。

首先,科学技术的发展改变了全球的地缘政治结构。随着科学技术的发展、通信手段的进步和交往频率的加快,国家之间边界的模糊性越来越强,国际合作的增多、国际合作的机制化、国际机制的功能化都在潜移默化地改变着全球的地缘政治结构,促使全球化时代的地缘政治结构由海陆冲突性质的地缘政治现实向合作性质的海陆联合的方向发展。其一,科学技术引起了全球经济结构及生产方式的变迁。科学技术使全球范围的空间"被压缩"、时间"被缩短"、科学技术带动的国际产业集群的转移、衍生出来的国际分工的变化、国际资本的流动,这些都推动着国际政治经济关系的变化,促进了地缘政治研究内容的转变。其二,科学技术的发展增强了全球的整体性。全球化的发展催生了科技的进步,反过来科学技术的进步又促进全球化的加速发展,使世界的整体性进一步得到增强,国际行为体之间相互依赖的关系加深,这使得全球化时代国家的地缘政治关系有别于以往时代的地缘政治关系。在科技的作用下,地缘政治结构的现实正在向整体性转变,地缘政治的研究方法也需要突破传统意义上的地理决定论,转向结构功能主义。

其次,科学技术的发展开拓了新的地缘政治空间。早期地缘政治理论认为陆地与海洋是生活在其土地上人民性格的重要决定因素,"山地人民善于保守,不受外界影响,平原人民比较维新,没有固执的成见,一切都容易迁就,……岛上的人民性格也像山地处于比较孤立的环境,有保守的天赋"。[2] 在思想家看来,是环境决定了人的特质,地理空间只是人类生活的场所。科学技术让地理空间不仅可以作为生活的场所,还能作为控制世界的手段。蒸汽机的发明使海洋的机动性与便利性体现出来,利用在海洋上的优势,可以

---

[1] 林涛:《国际关系理论中的权力:科技因素的视角》,《科技管理研究》2007年第12期,第262页。
[2] 陈民耿:《地缘政治学》,华冈出版有限公司,1976,第55页。

包围陆地或者截获陆地国家发展所需的资源。铁路技术的发展改变了海洋国家独占优势的局面，内燃机的发明增强了陆上机动性。无论是海权论还是心脏地带理论，基本上都还是在二维空间中，地缘政治竞争基本上还处于地球表面。随着内燃机技术、外太空技术以及网络技术的发展，天空、外太空以及网络空间先后被开拓，使地缘政治空间由平面发展到立体。"当前，新一轮科技革命和产业变革深入发展，信息技术、生物技术、制造技术方兴未艾，为促进经济增长，应对重大疫情、气候变化、自然灾害等挑战提供了保障。"[1] 信息技术、空间技术的发展开拓了外太空地缘空间，网络技术开辟了人类生活的虚拟空间。"随着移动互联网带来海量数据累积，人类在信息科技领域迎来了跨越式发展，大数据、人工智能、量子通讯和区块链等新兴技术飞速成长，被广泛应用于政治、经济、军事和社会各个领域，使人类在短时间内步入了'数字时代'，从而构成当代世界最重要的时代背景。"[2] 可以说，科技正在重塑世界经济版图，改变人类生产生活方式，推动地缘政治主体发生变化，"当今国际体系的主要构建者从过去的军队—军队联盟，正在转变为高科技企业—企业联盟……国家的角色也正经历着从地缘安全的保障者转变为产业秩序的维护者"[3]。尤其是在信息革命迅速发展的今天，"人类研究已经从传统的陆地领土和近海向深海、远洋、外空、网络等空间延伸，深海、外空、极地公域、网络空间等及其中的资源处在国家管辖范围外，由此形成了'全球公域'或'全球新疆域'的涌现"[4]。在此情况下，如何认识第四空间、第五空间的地缘政治意义，并重新审视人类自身的行为，则是地缘政治

---

[1] 习近平：《坚持可持续发展 共建亚太命运共同体——在亚太经合组织工商领导人峰会上的主旨演讲》，《人民日报》2021年11月12日。

[2] 封帅：《建构人工智能国际关系研究的中国视角：历史考察与议程设置》，《国际关系研究》2021年第6期，第52页。

[3] 姚远、方文青：《科技革命与全球治理新议题——"南京论坛2021"国际关系分论坛综述》，《亚太安全与海洋研究》2022年第2期，第90页。

[4] 刘惠荣：《海洋战略新疆域的法治思考》，《亚太安全与海洋研究》2018年第4期，第16—18页。

研究面临的重要课题。

最后,科学技术的发展突破了距离的限制。[1] 传统地缘政治理论产生的年代,科学技术没有现在这样发达,地理距离始终是人们无法逾越的障碍,高山、大河、海洋对国家的对外行为有极大的限制作用。博尔丁指出:"一国的势力在本国最为强大,它离国内的距离拉得越远越弱,力量越是扩张,强度越是减少。"[2] "若在一片辽阔的平原上匀称地扩展力量,那么随这么一次帝国半径的扩张,其实力的效能一定以 2π 的比例减弱。从另一个角度看,假若各地单位面积的控制花费相等,随着一个帝国的圆周的扩大,整个控制费用将随着半径的平方而增加。"[3] 奥沙利文"假设一个领袖把某些给定的资源数量用于运输和施展其影响,那么,显然在运输中消耗了更多的能量,传递势力的效能将随着与核心之间距离的加大而衰减,甚至宣传也必须付出摩擦距离的损耗"。[4] 在他提出的模型中,距离费用主要有两部分,一部分是长途运输的成本,他把成本看成是距离的函数;另一部分是固定成本,这个部分与距离的远近没有关系,而有效实力是运输成本和传递费用的函数。随着距离的增加,一个国家的有效实力与距离成反比例函数。即:一国实力的强度(用 S 表示)公式为:$S = \dfrac{P}{T} = \dfrac{P}{\pi r^2}$。在这个公式中,$P$ 表示一国实力的总量,T 表示该国以圆周计算的面积。由于 $T = \pi r^2$,所以我们可以观察到,当半径 r 增大时,国家实力的强度会变小。

从地缘政治发展现实层面看,科学技术的发展已经使距离、高山等地理

---

[1] 张克成:《全球化时代地缘政治安全观念的转变》,《太平洋学报》2012 年第 4 期,第 52 页。
[2] 〔英〕奥沙利文:《地理政治论——国际间的竞争与合作》,李亦鸣等译,国际文化出版公司,1991,第 12 页。
[3] 〔英〕奥沙利文:《地理政治论——国际间的竞争与合作》,李亦鸣等译,国际文化出版公司,1991,第 13 页。
[4] 〔英〕奥沙利文:《地理政治论——国际间的竞争与合作》,李亦鸣等译,国际文化出版公司,1991,第 72 页。

障碍被克服，尽管克服距离磨损需要花费高昂的成本，但是现代化的远程投送能力，海洋、陆地和天空中交通工具的发展，现代化武器可以轻而易举地穿透一国的领土，几乎使地理距离失去了地理意义上的屏障作用。现代科学技术已经改变了国家地理位置、国家间距离、国家地缘空间在国际政治范围内的意义，影响一个国家外交政策的主要因素也不再是地理条件，政治决策体制、经济发展水平、与国际社会的相互依赖程度甚至社会文化都会对其产生影响，地理空间只不过是这些因素的承载体。那么，如何更好地理解全球化时代的地缘政治研究方法，就需要从结构主义视角来分析。

三 结构主义的借鉴

结构主义是20世纪下半叶兴起的一种研究语言、文化与社会的理论。一般认为，结构主义主要发端于瑞士学者索绪尔的结构语言学，后来经过列维·施特劳斯的结构人类学和皮亚杰的发生认识论得以完善和发展。结构主义中的核心概念结构（structure），来源于拉丁文"structura"，当初该词也只有建筑学意义。后来结构的词义得以拓展，它主要描述具体物体的各个部分构成一个整体所采取的方式。皮亚杰强调，结构具有整体性，是按照一定规则构成的整体；结构具有转换性，结构中的规则在不断的建构之中；同时还具有自我调节性，结构的各个部分相互制约、互为条件。列维·施特劳斯认为结构包含四个功能：一是结构由若干要素构成一个整体，任何一个要素的变化都会引起其他要素发生变化；二是对任何一个模式都能排列出同类模式的转换系；三是如果要素发生变化，能预测模式如何反应；四是模式应该能使一切被观察到的事实都成为可理解的。[1]

---

[1] 陈炳、高猛：《结构主义与官僚制：对传统公共行政的话语透析》，《中国行政管理》2011年第2期，第100—101页。

英国地理学家约翰斯顿将 20 世纪 80 年代的西方人文地理学概括为实证主义、人文主义和结构主义三大流派,并将结构主义思潮总结为四个阶段:作为构成物的结构、作为过程的结构、对马克思主义的发展、人文地理学中的结构主义,其中,影响最大的则是马克思主义,形成了以哈维、邦奇、卡斯特尔等为代表的激进学派和马克思主义地理学派。结构主义思潮强调,"对所观察现象的解释不能只通过对现象的经验研究得出而必须在支持所有现象但又不能在其内部辨认的普遍结构中去寻找"。[1]

在谈到结构主义思潮对马克思主义的发展这部分内容时,他详细阐述了实在论和吉登斯的结构化理论,他指出吉登斯的结构化理论建立在一系列被清楚表述的"社会学方法规则"的基础上,这些规则可以看作公理,它们是社会学并非关注课题的某个"预定"世界,而是关注主体的主动行动所组成和造成的世界;必须将社会的生产和再生产视为其部分成员的熟练表演,而不仅仅是一系列机械过程;人类角色的领域是受约束的,人们创造社会,但是他们是作为历史设定的行为者,而不是在他们自己选择的条件下创造社会;不能把结构仅仅概念化为对人类角色设置的约束,它也是一种激励;结构化的过程包括意图、专责和权力的相互作用;社会学观察者不能够将社会生活当作独立观察的"现象"以获取它的知识,而要将它当作一种"调查主题"的源泉;融入一种生活形式中去,这是一个观察者借以作出此类特征化说明的唯一的和必要的方法;社会学概念在遵循科学活动本身性质的基础上,要运用科学去解释各研究者所持的关于宇宙的不同概念;社会学分析的主要任务是在社会科学的描述性变形语言内解释、说明和调节各种生活形式,并将社会的生产和再生产解释为人类角色所完成的结果。[2] 因此"吉登斯所主张

---

[1] 〔英〕R.J.约翰斯顿:《哲学与人文地理学》,蔡运龙等译,商务印书馆,2000,第 139 页。
[2] 〔英〕R.J.约翰斯顿:《哲学与人文地理学》,蔡运龙等译,商务印书馆,2000,第 163—164 页。

的，就是发展一种充分重视人类角色在结构转换中作用分析的模式"。[1]

从社会理论与社会结构层面来看，作为对社会运行的反思，社会理论先后经历了早期、帕森斯时代、后帕森斯时代、后结构主义时期。尽管不同的理论流派从不同的视角对完善社会结构起到了重要的促进作用，但不同的学派仍有不同的侧重点，如早期社会理论代表性人物孔德认为，社会是由各种要素组成的类似于生物体的有规律的结构；马克思认为社会结构是社会内部矛盾不断运动的矛盾关系体；帕森斯认为，社会结构是包括"达成目的""适应""整合""维护"在内的总体社会系统；吉登斯认为，结构类似于一种规则和资源，社会结构与人的活动相互构建而存在着"二重性"；在后结构主义时期，福柯认为，语言决定了主体及其活动进而决定了社会结构，因为话语本身体现了权力关系。[2] 归纳起来可以概括为"什么是社会结构、社会结构功能、社会结构系统、社会结构演变、社会结构中人的作用"。[3]

从空间哲学与空间结构层面来看，作为地理学核心概念之一，空间是地理学中最基本的元素。随着科学技术的发展，信息空间、网络空间等概念应运而生，极大地扩展了地理学对空间的理解。"以空间哲学为基础，地理学特别是人文地理学对空间结构进行了有益探索。这种渊源可以追溯到杜能的农业区位理论中形成的杜能圈以及区域空间结构中的集合式空间结构、点轴式空间结构和网络式空间结构。"[4] 这种空间结构通过极化—涓滴效应理论、中心—外围理论、梯度转移理论等对不同区域产生影响，"地缘结构的理论基础

---

[1] 〔英〕R.J.约翰斯顿：《哲学与人文地理学》，蔡运龙等译，商务印书馆，2000，第163—164页。
[2] 参见〔英〕帕特里克·贝尔特、〔葡〕菲利佩·卡雷拉·达·席尔瓦《十二世纪以来的社会理论》，瞿铁鹏译，商务印书馆，2014，第14—17页；〔美〕乔治·瑞泽尔：《古典社会学理论》，王建民译，世界图书出版公司，2014；周怡：《社会结构：由"形构"到"结构"——结构功能主义、结构主义和后结构主义理论之走向》，《社会学研究》2000年第3期，第55—66页。
[3] 胡志丁、陆大道：《地缘结构：理论基础、概念及其分析框架》，《地理科学》2019年第7期，第1046—1047页。
[4] 胡志丁、陆大道：《地缘结构：理论基础、概念及其分析框架》，《地理科学》2019年第7期，第1048页。

主要来源于同时作为认识论和方法论层面的结构主义和作为理论层面的社会理论和空间哲学"。[1]

第二次世界大战结束以来,地缘政治领域也出现了利用结构功能分析现实的理论专著。[2] "它们以地理学的区域观念为指导,用地域结构分析方法,考察整体世界中包含的政治地域结构以及不同政治区域之间的相互关系。"[3] 尽管结构主义的研究著作基本上都是批评性的,也不是全能的理论形态,但是结构主义地理学在方法论上主要有整体性、内外双重性、共时态与历时态等特性,这对全球化时代的地缘政治理论建构仍具有方法论上的借鉴意义。全球化时代的地缘政治理论研究,需要从整体视角审视全球化时代的地缘政治现实,着重突出全球化时代地缘空间的变化,全方位探讨全球化时代地缘政治的影响要素。

首先,从整体视角审视全球化时代的地缘政治现实。结构主义地理学强调研究的整体性,反对割裂式研究。在结构主义地理学家看来,任何一种地理现实都有各个组成部分,各个组成部分相互依赖,彼此不能分割,这种地理现实的出现是多因素综合作用的结果。全球化时代,一个国家的发展以及对外政策的制定并不是某种单一因素作用的结果,而是多方面因素综合作用的结果。任何结构因素的变动都会引发地缘政治的错位,甚至会引起地缘政治的"联动效应"。政治地理边界功能的降低、国家利益的海外拓展、国家之间利益的日益交融、地缘政治研究单位以及地缘政治分析层次的变迁、地理决定论的贫困、科学技术的发展这些因素都会引起地缘政治现实的变化,

---

[1] 胡志丁、陆大道:《地缘结构:理论基础、概念及其分析框架》,《地理科学》2019年第7期,第1046页。

[2] 例如:〔美〕塞缪尔·亨廷顿:《文明的冲突与世界秩序的重建》,周琪等译,新华出版社,2010;〔美〕伊曼纽尔·沃勒斯坦:《现代世界体系》,郭方等译,社会科学文献出版社,2013;〔美〕索尔·伯纳德·科恩:《地缘政治学:国际关系的地理学》(第二版),严春松译,上海社会科学院出版社,2011。

[3] 陆俊元:《从自然主义到结构主义:地缘政治学方法论演变》,《人文地理》2007年第5期,第109页。

这就更需要从整体视角审视全球化时代的地缘政治现实，避免出现传统地缘政治理论中的"地理决定论"或者"空间—权力论"的倾向。

其次，着重突出全球化时代地缘空间的变化。结构主义地理学强调认识事物不能只看事物的内部或者外部，而忽视了另外一方面的存在。结构主义地理学者指出，尽管有些地理现象看上去是纷乱复杂的，但是其背后肯定存在着深层结构的影响，我们不能只看到表面的结构。因此，地理学家的任务就是要找出背后那些深层次的内部结构并进而发现内部结构与外部结构之间的联系。全球化时代，国内与国际之间的界限变得越来越模糊。因此，对地缘政治的分析不能只注重国际因素或者只注重国内因素，事实上一国内部的因素往往比外来的力量或影响更为深远。随着全球化的深入发展，地缘空间的含义由基础的地理意义向地理—经济意义转变，这意味着传统地缘政治理论中强调的权力独享模式应该转变为权力共享模式，与此对应的全球化时代的地缘政治理论应该由冲突范式向联合范式转化。

最后，全方位探讨全球化时代地缘政治的影响要素。结构主义地理学尤为强调对地理现象进行共时态考察，强调"既然事物的性质和意义是由内部的整体性结构所决定的，因而就要把握事物的内部结构，无须也不应该历史地研究事物的变化，而只需观察事物的剖断面，考察稳定不变的东西"。[1]"它倾向于优先考虑不变的东西而不是暂时易变的东西。结构主义与'共时分析'有亲和性。"[2] 全球化时代，影响一国地缘政治的因素是多种多样的，影响地缘政治理论建构的因素也是纷繁复杂的，无论是从地缘政治的本体论、地缘政治涉及的主客体关系，还是地缘政治议题等，从全球化时代的地缘政治理论发展来看，不论影响因素有多复杂，一个国家的地缘特征是不会变化

---

[1] 于涛方：《结构主义地理学》，《人文地理》2000 年第 1 期，第 68 页。
[2] 胡志丁、陆大道：《地缘结构：理论基础、概念及其分析框架》，《地理科学》2019 年第 7 期，第 1047 页。

的，是受该国地缘条件"约束"的，这需要我们抓住地缘政治理论的立论基础——人境关系来分析全球化时代的地缘政治现实。"如果我们把全球化看成是一种长期的发展逻辑，而且在很大程度上是无法被逆转的，这种演化的逻辑又限定了在政治与经济层面上可能性的大小，那么这就是种结构主义式的分析。"[1]

总体来看，虽然全球化遭遇"逆流"，但是国家之间完全"脱钩"也不现实；虽然2022年爆发的乌克兰危机意味着大国政治的回归，但是区域合作也持续推进。全球化时代，既有传统地缘政治理论冲突观念的体现，又有合作观念的发展，使其呈现内在的"矛盾性"。但是从地缘政治理论研究来看，在全球化发展的今天，我们不能固守冲突的观念而裹足不前，要参照世界历史发展大势，看到全球化发展给地缘政治本体带来的各种深刻变化，尤其是随着国家利益在全球范围内的拓展、区域合作与发展硕果累累，影响地缘政治现实发展的因素已超脱于传统的地理因素。在新一轮科技革命和产业革命的推动和带动下，科技通过知识将其转化为权力，通过嵌入其他权力而改变国家权力构成，甚至成为改变地缘政治的关键影响因素，进而促进全球地缘政治结构转型。从全球化时代的地缘政治理论的构建来讲，一个国家的地理条件、所处的地缘位置、所拥有的自然资源的多寡等自然因素的存在，使得我们不能完全脱离于地理因素。可以说，地理因素对一国的外交政策或者地缘战略制定有影响，但是没有达到能够决定一切的程度，这使得地理决定论呈现"贫困"之势。我们需要借鉴结构主义地理学中的有关原则与共识，推动全球化时代的地缘政治走向合作与共赢。

---

[1] Colin Hay：《政治学分析的途径：批判性导论》，韦伯文化国际出版有限公司，2008，第129页。

第四章
全球化时代地缘政治理论体系的重塑

随着全球化和相互依赖进程对地缘政治现实的重塑,传统理论的冲突观念、海陆两分结构、大国中心主义倾向在全球化的影响下逐渐失去解释力,传统理论对海陆两极差异性和区域内国家关系的悲观解释呈现逐渐消解的状态,这使地缘因素中的合作倾向得到释放,新的地缘政治理论的重塑被提上日程。联合性的地缘政治观念、海陆联合的结构和国际主义的平等合作成为地缘政治学新的内核。在新的理论体系和体系结构中所体现出来的心理倾向和政治文化应首先在观念上否定冲突性的世界观,谋求在联合性的地缘政治观念主导下构建以合作与联合为主体的地缘政治文化。全球化时代的地缘政治理论体系和结构所承载的功能和任务应该是促进国际主义的合作与联合,而这需要作为角色主体的国家行为体在平等的模式下构筑相互关系和组合形式。

第一节 全球化时代地缘政治观念的重塑

全球化时代的地缘政治理论体系和结构,需要确定相应的政治文化,即必要的地缘政治观念。在旧地缘政治结构分化和新地缘政治结构建立的过程中,政治文化的转变至关重要。传统地缘政治理论所依托的冲突性观念逐渐不符合新时代理论体系建构的需求,体系和结构的转变要求建立全球化时代的地缘政治理论体系，进而在反思与否定冲突性观念的基础上确立联合性的地缘政治观念。

一　对传统理论冲突性观念的反思

传统地缘政治学并不是一个十分精确的概念，学者们在进行学术研究的过程中，为了简约都对地缘政治学进行了梳理和分类，约翰·阿格纽将兴起于19世纪90年代的西方主流思潮称为"现代地缘政治学"，奥图泰尔将这些理论区分为传统地缘政治学（Classical Geopolitics）与新地缘政治学（Neo-Geopolitics）[1]。索尔·科恩指出，"现代地缘政治学经历了五个发展阶段——争夺帝国霸权、德国地缘政治学、美国地缘政治学、冷战—国家中心与普遍主义的地理学视角、后冷战时代"[2]。前四个阶段对接奥图泰尔提出的传统地缘政治学，第五个阶段包含了新地缘政治学的研究内容。

传统地缘政治学涵盖了拉策尔和契伦的国家有机体理论、英美学派的海权论、陆权论、边缘地带论以及冷战时期的遏制理论，以豪斯霍弗为首的德国地缘政治学派、美国的大棋局、均势理论等。

杰弗里·帕克将传统地缘政治理论简约为过程来分析，认为这个过程是由冲突与联合的行为按照一定的规律交替进行的循环所构成。在冲突的过程中，国家更倾向于用竞争甚至武力的手段去解决彼此之间的矛盾，而由于"冲突过程对地缘政治世界的特征产生了更大的影响"[3]，所以冲突的地缘政治过程是地缘政治的标准过程，是世界地缘政治的主要图景。联合的地缘政

---

[1] Gearóid Ó. Tuathail, Simon Dalby, *The Geopolitics Reader*, Psychology Press, 1998, p. 2.

[2]〔美〕索尔·科恩：《地缘政治学：国际关系的地理学》，严春松译，上海社会科学院出版社，2011，第15页。

[3]〔英〕杰弗里·帕克：《地缘政治学：过去、现在和未来》，刘从德译，新华出版社，2003，第201页。

治过程则相对较少地出现在地缘政治图景中，只有试图结束冲突或联合（合作）行为被认为受益更广时才会出现，所以被称为替代的地缘政治过程，这两种过程中必然蕴含着两种截然不同的观念形式，分别是冲突性与联合性的地缘政治观念，标准的过程所蕴含的冲突性地缘政治观是地缘政治学主导观念，而替代的过程所包含的联合性地缘政治观则是非主流的。在全球化时代下，以竞争和强权为核心去做地缘政治研究，已经不符合国际社会的发展趋势，有必要对冲突性观念的合理性充分反思，应该将以和平和合作为主旨的联合性地缘政治观念视为建构全球化时代地缘政治理论体系的基础。

（一）地缘政治学以追求空间的控制力为理论目标

地缘政治学研究国家对控制力的追求，正如卡尔·豪斯霍弗描述的那样：地缘政治学是新的关乎国家利益的科学……一种关于空间决定一切政治过程的学说，它以地理为广泛基础，尤其是政治地理。[1] 地缘政治学并不是一个十分精确的学术概念，时而是一种看似中立性的理论或者观念，时而作为经邦济世（应用性）的学说与大国的国家发展战略紧密结合在一起。当地缘政治学与国家政策相关的时候，这种政策的目的往往是对空间和资源、通道、人口的控制能力，这是从地缘政治学与具体国家政策相结合的角度得出的结论。这里的控制指的是对国际关系中的一切事务的控制能力，包括对空间领土的控制力、对自然资源的控制力、对竞争对手的控制力等，国家之间相互竞争的过程就是追求控制力与主导权的过程，国家要实现自身的安全和利益，就得在避免被他者控制的同时争取主导权；在敌对双方对抗争夺的过程中，任何一方都会用尽一切办法在经济上或者在政治上获取主导地位。地缘政治学的本质目的就是根据地理环境与权力资源之间的关系，引导国家行为体利

---

[1] 〔美〕索尔·科恩：《地缘政治学：国际关系的地理学》，严春松译，上海社会科学院出版社，2011，第14页。

用地理条件获取权力,并在国际斗争中取得主导地位,阿格纽指出,"国家在国界外竞争权力,正式地或非正式地获取对较不发达地区的控制和追求全球主导地位"[1]。可见,以往的地缘政治理论中始终充满了对控制力和主导权的追求,俄罗斯学者纳尔托夫(Нартов)认为,"地缘政治学是关于空间控制的学科和知识体系"[2]。

对空间控制力的追求与国家权力增长的目标紧密相关,所以在传统理论中不断定义世界性权力的资源,主流理论都把争夺世界性的权力资源作为理论的终点,得出欲成为世界大国必须控制能产生权力资源的战略要地的结论。"作为对近现代以来国际政治演进的认识与反映,经典地缘政治理论将领土空间视为主权国家生存、发展乃至权势扩张的关键性因素。"[3] 传统理论用各种不同的制图投影法确定并宣传的概念如"心脏地带""世界岛""边缘地带""狭窄的海峡"等都是强国必争的区域,这些理论用地图这种直观的研究方法标注空间的重要性,对于急于争夺权力或者巩固权势的国家而言,争夺这些关键区域是成败得失的关键。

拉策尔和契伦以生物学的视角将国家比作有机体,国家的领土扩张是生命体生长的自然反应,生命力旺盛的国家有机体的强弱体现在它们对"生存空间"的控制能力上。为了争夺和控制更多的"生存空间",大国就要不断地对其他国家的领土进行兼并和征服,而且这种行为是合法的,因为它符合"优胜劣汰"的自然法则。海权论强调建立海上军事基地和狭窄的海洋通道的重要性,这是国家成为世界强国的必要条件,他论证英国就是通过控制海外殖民地建立海上霸权进而成为世界霸主的。麦金德认为欧亚大陆腹地是世

---

[1] John Agnew, *Geopolitics: Revisioning World Politics*, London and New York: Loutledge, 1998, p.1, pp.11-85. 转引自赵可金《全球化时代的新地缘理论》,《清华大学学报》(哲学社会科学版)2008年第5期,第108页。

[2] Нартов Н.А.Геополитика -М.: ЮНИТИ, 2004.C.12.

[3] 葛汉文:《地缘政治研究的当代复兴及其中国意义》,《国际展望》2015年第2期,第78页。

界性权力资源的战略要地,但是受地形地貌的影响海权国家的影响力无法到达这里,所以海权国家必须要防止陆权国家或联盟控制这一地区,具体做法是要加强对"内新月形"地带的控制,让海权国家在这里登陆并形成威慑,有效遏制陆权国家的野心。斯皮克曼认为世界权力的核心是欧亚大陆的边缘地带,他为美国政府制订了如何控制这一地区的详细计划。冷战时期的遏制理论也认为在欧亚大陆边缘地带的控制力可以有效阻止苏联的扩张。可见,诸如"怎样才能使得国家成长壮大""国家与领土之间的关系何为最佳""国家如何建立、帝国如何强大"等是传统地缘政治理论关注的头等问题[1],将关注力放在领土争夺、空间控制、权力增长等问题上又会造成地缘关系的紧张,"空间冲突""空间争夺"就成了地缘政治学的主旋律。这样的理论已经不符合全球化与全球治理的时代特征,重塑地缘政治学首先要批判空间控制力的理论学说。

(二)地缘政治学以冲突性世界观为主导观念

传统理论的两大主题是空间主题与权力主题,将空间塑造成自然赋予的不可共享的权力资源是冲突性世界观能够成为主流的关键,相关国家对特定空间排他的封闭的地缘政治追求成了冲突的根源。冲突性观念是地缘政治学的主导观念,可以在各个时期的理论中看到冲突性世界观的影响。20世纪上半叶的地缘政治学主要围绕着地理与权力的建构来研究,实质是针对如何利用地理条件为扩大权力服务的问题。这种研究方法一方面强调人对空间的"主宰",另一方面强调国家基于权力争夺的对抗是不可避免的,这种思想最终被德国地缘政治学派发扬光大,并深深嵌入到纳粹德国的领土扩张战略中,最终连累了整个政治地理学的发展,在第二次世界大战后的很长时期内政治

---

1 葛汉文:《批判地缘政治学的发展与地缘政治研究的未来》,《国际观察》2010年第10期,第4页。

精英们都小心翼翼地避开相关问题的研究,这也是地缘政治学比其他相关学科发展较慢的原因。反思传统地缘政治学的衰败,其中一个重要原因是对冲突性世界观的关注,在传统理论中一直贯穿着国家利用地理环境来谋求权力和安全的思想,结果就导致有关理论走向冲突性地缘政治观的宿命。

拉策尔指出,"地理的扩张,更加如此的是政治的扩张,是运动中物体的所有特性:交替前进扩张和倒退收缩。这种运动的目的是为了建立国家而征服空间,不管这种征服是由流动的牧人还是由定居的农民干的"[1],国家的扩张性行为必然造成有机体之间的竞争和领土争夺,而且扩张的过程是不会中断的,因为停止"前进扩张",机体就会停止生长,造成"倒退收缩",结果将被更强大的国家所淘汰。其论点与纳粹所宣扬的"优等民族可以侵略劣等民族来扩展它的生存空间的概念,只是一步之遥罢了"[2],其观点中明显有为侵略扩张辩护的色彩,是一种冲突性的地缘政治观。

马汉直呼海权是"扩张的女仆"[3],并且指出"海权在当今年代将扮演它在任何历史时期都扮演过的角色"[4]。澳大利亚一位专门研究海洋政治地理的学者指出:"马汉并不公开主张夺取殖民地,但他对英国从它的一系列海外殖民地所取得的好处的强调,则使读者确信,对于海上强国来说,夺取殖民地是一项合理的政策。"[5] 实际上,马汉对自己的冲突性地缘政治观毫不讳言,他写道:"我们四周全是争斗;'生存竞争'、'生存竞赛'这类说法对于我们而言是如此熟悉,以至于只有当我们不再思考它们时才能意识到它们的意义。国家与国家到处都在以兵戎相见;我们自己的国家也毫不例外。"[6]

---

1 〔英〕罗伯特·迪金森:《近代地理学创建人》,葛以德等译,商务印书馆,1980,第82页。
2 〔美〕普雷斯顿·詹姆斯:《地理学思想史》,李旭旦译,商务印书馆,1982,第210页。
3 〔英〕杰弗里·帕克:《地缘政治学:过去、现在和未来》,刘从德译,新华出版社,2003,第129页。
4 〔美〕阿尔弗莱德·T. 马汉:《海权论》,萧伟中、梅然等译,中国言实出版社,1997,第375页。
5 〔美〕普雷斯科特:《海洋政治地理》,王铁崖、邵津译,商务印书馆,1978,第9页。
6 叶自成:《地缘政治与中国外交》,北京出版社,1998,第47页。

麦金德认为海员对抗大陆人的冲突决定了整个历史进程，他也用海权与陆权对峙的二元论解释两次世界大战。斯皮克曼更是被美国国内的理想主义者斥责为实力政治主义者，他在国际反法西斯联盟最亲密的时期，就已经为联盟的破裂做好了理论准备，因为他相信国际关系是一个权力政治的世界，在这样的世界里"新秩序和旧秩序没什么两样，国际社会将继续奉行同样的基本权力模式"[1]。

至于冷战时期的遏制理论、多米诺骨牌效应、杜鲁门主义等，本身是包含双重含义的两极对抗思想，一方面是意识形态的对抗，另一方面是地缘政治学的海陆两极对抗传统的延续，"在解释国家的行为方面，固有的地理事实比意识形态的幻想更为重要，这一观点并非地理学家的专利"[2]。在冷战的大环境下是很难产生联合性地缘政治观念的，即使存在也不会是主流，更不会被决策者所采纳，所以遏制理论的地缘政治含义只能是冲突性的。

（三）冲突性观念成为地缘政治学无法实现理论更新以适应时代的桎梏

冷战后，地缘政治学的兴起是因为理论的直观性和战略性，其被视为维护国家利益的有效工具，在当时的国际政治格局大变革和由此产生的大动荡的政治环境和历史条件下，"世界各主要国家政治—知识精英以应对各类复杂挑战、实现国家安全、确保国家发展为目的，对国际、地区和本国战略态势、发展走向的解读和筹划过程"[3]。但是，在进入 21 世纪全球化和区域化、跨区域化蓬勃发展的阶段后，地缘政治学原有的逻辑和观念明显不符合时代发展的主流，冲突性观念无疑成为其发展的桎梏。

传统地缘政治理论依托的冲突性世界观以冲突和竞争为主要特征，在其

---

[1] 〔美〕肯尼斯·W. 汤普森：《国际思想大师》，耿协峰译，北京大学出版社，2003，第108页。
[2] 〔英〕杰弗里·帕克：《地缘政治学：过去、现在和未来》，刘从德译，新华出版社，2003，第131页。
[3] 葛汉文：《地缘政治研究的当代复兴及其中国意义》，《国际展望》2015年第2期，第74页。

指导下推演出的理论无论出发点还是理论内容有何区别，最后都成为国家扩张的理论工具。有关这一点，后现代主义和新马克思主义都提出了批判性的见解。

马克思、恩格斯生活的时代尚未产生地缘政治这一概念和学说，但马克思主义的阶级学说、历史唯物主义、生产力决定生产关系等理论已经包含了对地缘政治学以空间控制为目标、以权力扩张为野心的批判倾向。"经典地缘政治理论在近现代世界历史中对帝国主义、强权政治与国际战争的推动作用，更是引发了以批判当代资本主义体系为己任的马克思主义知识分子的极大反感。"[1] 伊曼纽尔·沃勒斯坦（Immanuel Wallerstein）、戴维·哈维（David Harvey）、科林·弗林特（Colin Flint）、皮特·泰勒（Peter J. Taylor）和凯文·考克斯（Kevin R. Cox）等学者从资本主义全球经济体系和再生产角度，对地缘政治学的空间控制和政治冲突进行了批判。

"批判地缘政治"（Critical Geopolitics）出现于20世纪80—90年代，代表人物有奥图泰尔（Gearóid Ó. Tuathai）、西蒙·达尔比（Simon Dalby）、约翰·阿格纽（John Agnew）等。批判地缘政治学从本体论、认识论、研究范畴等多角度对传统地缘政治学（阿格纽称之为现代地缘政治学）进行了批判。政治精英的知识体系或话语体系是地缘政治学的起点，而终点则是为帝国主义国家的扩张战略服务。米歇尔·福柯指出，"通过实施、分配、划分、控制领土和领土组织而部署的策略和战略，很可能构成一种地缘政治"[2]。可见，在批判地缘政治的视域下，地缘政治是一种话语或者知识形式，代表了政治精英们的战略需求，奥图泰尔指出，"长期以来，治国之道的实践已经产生了自己的知识分子，那些理论家和实践者，他们撰写关于国际政治是什么

---

[1] 葛汉文：《地缘政治研究的当代复兴及其中国意义》，《国际展望》2015年第2期，第75页。
[2] Gearóid Ó. Tuathail, *Critical Geopolitics: The Politics of Writing Global Space*, London: Routledge, 1996, p. 130.

的书籍"[1]。

新的时代条件促使地缘政治理论必须进行一些新的思索,如果要取得成功,还需要更彻底地转化政治文化和思维模式,而这需要探讨构建联合性地缘政治观的现实性和可能途径。

二 联合性观念的历史与现实

联合性的地缘政治观虽然没有主导地缘政治的发展历程,但是在历史上的特定时期还是发出了耀眼的光芒,典型代表是法国的联合地缘政治思想和美国曾经的理想主义地缘政治思潮。

几乎与德国的地缘政治思想同时产生的是法国的联合性地缘政治思想,与拉策尔和契伦的扩张性国家有机体学说不同的是,法国的维达尔精神对德国的地理决定论进行了批判。随着以豪斯霍弗为代表的德国地缘政治学派的兴盛,法国也不断对其扩张性、侵略性进行批判,在此基础上也形成了国际主义的合作精神,汉斯·魏格特称法国的地缘政治学者批判了"忽视人类而视空间和地球为一切的德国地缘政治思想"[2]。与德国地缘政治思想相同的是,法国学者也预见了欧洲的衰落和世界霸权的丧失。为了挽救不断衰落的欧洲,法国的地缘政治学者则强调在国际合作的基础上实现欧洲联合。面对一个实力不断恢复、野心急剧膨胀的东部邻国,法国地缘政治学者提出了避免冲突谋求联合的地缘政治模式。莱茵地区一直是法德之间争端的焦点,长期的对抗与冲突将这里变成"血腥而贫瘠"的边境,德芒戎认为实现莱茵河的联合可以改变这种状况,并且可以将该地区塑造成"富裕而辉煌"的路

---

[1] Gearóid Ó. Tuathail, Simon Dalby, *The Geopolitics Reader*, Psychology Press, 1998, p. 8.
[2] 〔英〕杰弗里·帕克:《地缘政治学:过去、现在和未来》,刘从德译,新华出版社,2003,第67页。

径，那就是通过边境两端非对抗性的合作与联合给双方带来军事手段无法取得的收益。法国的联合性地缘政治观念弘扬了以合作的方式解决问题的行为模式，表达了追求和平与联合的地缘政治信仰，杰弗里·帕克（Geoffrey Parker）称这种思想为"非战主义概念的地缘政治学（a pacifist conception of geopolitics）——这是欧洲合众国（the United States of Europe）建构的目标——这些都显示此时期法国地理学者在政治地理上的一些研究工作"[1]，所以联合性观念主导下的法国地缘政治在特定的历史时期发出了耀眼的光芒。

美国理想主义的地缘政治观点来自威尔逊的"十四点计划"和国际联盟体现出的国际道义的思想传统，它追求与道德标准相符合的和平的世界秩序，这种观点认为正是强权政治把整个世界引入了歧途。代表人物之一埃德蒙·沃尔什认为美国地缘政治理论必须建立在比现实主义权力政治更加崇高的理想主义基础之上，德温特·惠特尔西（Derwent Whittlesey）也主张通过建立一个世界组织来保障世界的持久和平，欧文·拉铁摩尔（Owen Latimore）则更关注如何通过新的世界秩序给被压迫民族带来自由和正义。尽管理想主义与现实主义同样强调美国的意志和利益，但是，这种地缘政治思想毕竟对国际关系的权力政治哲学进行了尖锐的批评，指出了国际社会的和平要靠所有成员的共同努力；批判了欧洲帝国主义及德国的地缘政治学说，认为未来世界新秩序应该是建立在合作基础上的自由与正义的体系。

可见，法国联合性的地缘政治思想、美国理想主义的地缘政治思潮都证明了联合性的观念在历史上曾经存在过，并在一定时期内起到过主导性作用，它们都对本国的学界与政界产生过重要的影响，并且对地缘政治理论的发展做出了重要的贡献。

在联合性地缘政治观的指导下，法国前总理白里安设计了欧洲联邦的地

---

[1] 〔法〕保罗·克拉瓦尔：《地理学思想史》，郑胜华等译，北京大学出版社，2007，第149页。

缘政治计划，该计划最终没能实现，但是为后来欧洲一体化的发展提供了理论参考。在当代的国际关系中，地区主义的蓬勃发展从地区发展对地理条件的依赖性证明了联合性地缘政治观的价值。

从地区和地区主义的概念本身可以看到对该范式进行地缘政治分析的合理性，国际关系中讨论的"地区（region）一般是指一个人类生活在其中并相互影响的特定区域，有着地理空间、历史空间和意识空间的三层含义"[1]，在这个概念中地理空间是地区的首要构成因素，由于地区的概念本身就依赖于地理条件，虽然地区内的国家不一定相邻，但一定是相近的，只有相近的多个国家才具备形成地区的条件，所以地理因素不一定是地区最重要但一定是最基础的因素，毕竟国家领土是地区赖以存在的物质条件，只有地理上相近的国际行为体之间才更有可能存在共同的历史经验和文化渊源。地区主义的概念有很多种，但都没有脱离开地理因素，瑞典学者指出，"尽管不应夸大地理相邻的重要性，但新地区主义理论是建立在这一事实基础上的：发挥作用的共同体离开了领土不可能存在"[2]，虽然地区主义的研究一直试图超越地理区域的制约，弱化地缘因素的影响，但是地区主义产生的首要条件仍然是地理的接近，生活在同一片地理区域的群体之间在种族、宗教、文化等方面相似性较多，容易产生信任感和共同体观念，因此，地区主义首先要在一定的地理单位上形成。

正是地区和地区主义的理论研究对地理因素、自然条件的不可回避性，证明了可以将地区主义作为地缘政治研究的一个方向，而且是一个很可贵的研究领域。因为地区主义强调地理区域内群体间的合作与联合，这体现的是联合性的地缘政治观念，所以杰弗里·帕克写道，"随着20世纪50年代第一

---

1 〔日〕星野昭吉：《全球化时代的世界政治——世界政治的行为主体与结构》，刘小林等译，社会科学文献出版社，2004，第237—238页。

2 〔瑞典〕赫特、索德伯姆：《地区主义崛起的理论阐释》，《世界经济与政治》2000年第1期，第66—71页。

个欧洲合作组织的建立,地缘政治学中有关'联合'的思想变成了现实"[1]。欧洲一体化进程展示了地区主义的蓬勃发展。在现有的国际关系中,地区主义不仅是国家个体经济发展和安全保障的渠道,也是提升地区整体实力的重要途径,例如东盟已经成为国际关系中不能忽视的力量,而且在促进东亚地区一体化的过程中发挥着难以替代的作用;在全球层面上看,地区主义还是国际关系与国际秩序的规范力量。地区主义势头的高涨证明了地缘政治替代过程的兴盛,在替代过程中主导的联合性地缘政治观念也随之兴起。

当然,欧洲的一体化进程只是地区主义的一个典型案例,实际上地区主义正在世界的各个地区同时高涨,地区协调与合作、地区组织、地区认同等已经成为当代世界政治经济的主要趋势,从地缘政治过程的角度看,地区主义体现的是联合的地缘政治过程,在过去一直处于替代地位的联合性过程在新时代的地缘政治现实中得到了凸显。世界上几乎任何区域都建立了各种类型的国际组织,经济的、安全的、非传统安全的、双边的、多边的、跨区域的,有政府间的组织,也有非政府间的组织。这些组织为区域经济发展、区域治理等都做出了贡献。美洲地区有北美自由贸易区、美洲国家组织、拉美和加勒比国家共同体,非洲地区有非洲联盟,亚洲地区有亚太经合组织、东南亚国家联盟、上海合作组织等。

欧洲联盟的成功将互为对手的法德整合为欧洲一体化的领导者,达到了联合性地缘政治的理想效果。在当今,更具有代表性的例子是上海合作组织的成功,2001—2022年,上海合作组织已经发展成为安全与经济一体的地区合作组织,不但通过共同打击"三股势力"、跨国犯罪和走私贩毒等维护国家安全,而且逐渐为成员国之间的经贸合作创造了条件。安全合作、经济合作、人文合作成了上海合作组织的"三大支柱"领域,"树立了相互尊重、

---

[1] 〔英〕杰弗里·帕克:《地缘政治学:过去、现在和未来》,刘从德译,新华出版社,2003,第72—73页。

公平正义、合作共赢的新型国际关系典范","成为欧亚地区和国际事务中重要的建设性力量"[1]。为保障成员国之间的贸易往来，上海合作组织还签署了海关、金融、科技、能源、旅游等多项合作协议，为成员国之间互利共赢的经济合作做好了法律准备。"据联合国贸发数据库（UNCTADstat）统计，上合组织成员国对外部资金的吸引力逐步增强，从投资流量看，2001年上合组织成员国外国直接投资流量总额仅为526.2亿美元，到了2019年已达2315.6亿美元。"[2]

在有关区域合作的论述中，功能主义提出行为体在合作过程中很容易出现"外溢"（spillover）的效应，欧盟的外溢是从煤钢共同体到经贸再到安全领域，而上海合作组织是从安全合作开始外溢到经贸领域，这说明同样基于地理相邻的地区主义与地缘政治的合作是相通的，不管由政治还是经济领域开始，只要有联合性的观念，合作就是可以达成的模式。

地理的相邻性为欧洲国家建立共同的能源开发计划、实现经济合作乃至政治合作提供了必要的地理条件，而地缘政治冲突带来的惨痛教训又反向证明了联合性进程的价值。同时，被地缘政治视为典型的海权陆权之争的美苏两极均势使欧洲作为一个中间地带得以专注于区域合作，这一切都体现了地缘政治因素对地区主义的调节作用。因此有国外学者认为"新现实主义者强调欧洲一体化早期阶段的地理政治背景的重要性也许是正确的"[3]。也正是因为这样，杰弗里·帕克才认为欧洲合作组织的建立使联合性的地缘政治思想变成了现实。上文分析法国联合性的地缘政治思想指导下的法国政界的联合

---

[1] 阎德学：《上海合作组织经济合作：成就、启示与前景》，《国际问题研究》2021年第3期，第86页。

[2] 根据联合国贸发数据库统计，https://unctadstat.unctad.org/wds/TableViewer/tableView.aspx?ReportId=96740。转引自阎德学《上海合作组织经济合作：成就、启示与前景》，《国际问题研究》2021年第3期，第89页。

[3] 转引自〔瑞典〕赫特、索德伯姆《地区主义崛起的理论阐释》，《世界经济与政治》2000年第1期，第66—71页。

计划没有取得成功。不过，地区主义的联合性过程如何突破地区局限，变成一个全球性的历史进程，才是彻底消解地缘政治对全球的冲突性解读的关键。

三　地缘政治文化的重建：联合性如何与地理结构相结合

保罗·迪尔（Paul F. Diehl）指出，"地理因素本身就是冲突的根源"[1]，可见，冲突性地缘政治观建立在地理因素与国际冲突决定论的基础上。考察联合性地缘政治观的建构，首先要分析地缘因素与国际合作的关系，看地缘因素对国际合作的实际影响力，如果能证明地缘因素非但不会必然引发冲突，相反还能在一定条件下促进合作与联合的国际行为，那么传统学说关于地理条件与冲突之间的决定论就可以被推翻，联合性地缘政治过程的合理性与现实性就能够被证明，联合性的观念也就可以被确立起来。

（一）联合性地缘政治观的基础是地缘因素与国际合作

对于地理条件对国家行为能力和国际关系的影响，奥沙利文提出了一个"距离的磨损"（Distance Friction）规律，这个规律意在证明邻国之间相互影响的力度最大，因此国家更容易感受到邻国的威胁。如果双方是敌对的关系，那么必然导致彼此都会蒙受重大损失，因为双方都不得不承受对方最大的权力压力，这正是博弈论中的"双输"结果。存在一个可以避免这种结果的途径，那就是彼此间的合作与和平。第二次世界大战后法德和解并推动欧洲一体化进程，使双方都从联合行为中受益并恢复欧洲大国地位的例子就是最好的证明。

1　Paul F. Diehl, "Geography and War: A Review and Assessment of the Empirical Literature", *International Interactions*, Vol. 17, No. 1, 1991, pp. 16-23. 转引自〔美〕詹姆斯·多尔蒂、小罗伯特·普法尔茨格拉夫《争论中的国际关系理论》（第五版），阎学通、陈寒溪等译，世界知识出版社，2003，第185页。

正是距离的磨损规律证明了相邻国家不应是冲突与敌对的关系，而应该在和平与合作的基础上友好往来，这样才能达到双方都有良好收益的"双赢"状态。距离的磨损规律表明即使在科技条件较为发达的今天，地理因素仍然制约着国家之间的交往规模及交往强度。距离的磨损效应不但会消耗和侵蚀国家的强权力量，而且会增加国家与遥远地区经济交往的成本，奥沙利文指出："在贸易上也确实显示出随着距离加长而减少的趋势，施行经济影响的可能也必定是以同样的方式而衰减。"[1] 随着运输手段和通信技术的提高，人类超越地理限制的能力不断增强，相应的交易成本也不断降低，大多数国家逐渐趋向于同邻近的国家进行经济交往，这也是区域一体化产生的一个重要原因。

所以说，权力政治视野下的相邻国家是天然敌人的观点是值得商榷的，以地理因素与冲突之间的决定论来证明冲突性地缘政治过程的主导性逻辑可以被推翻。联合性地缘政治过程的依据在于地理因素非但不会成为国家冲突的必然根据，反而可能成为合作与联合的动因，联合性地缘政治过程既是合理的也是现实的。

（二）联合性地缘政治观的远景与路径

理论是对现实的描述和反映，任何时代的理论都和它产生的环境息息相关，理论如果脱离现实太远就会变成乌托邦，所以联合性地缘政治观念的建构需要建立在以合作与联合的行为模式为主旋律的现实环境中，如何使地理因素中的合作价值被国家认同是这一理论得以实现的基础。在国家间的合作行为没有达到一定密度和程度的条件下，探讨联合性地缘政治观的远景问题非常困难，但是随着合作与联合的行为模式被认同能实现利益最大化并成为

---

[1]〔英〕奥沙利文：《地理政治论——国际间的竞争与合作》，李亦鸣等译，国际文化出版社，1991，第12页。

地缘政治主流倾向之后，如何确立联合性观念的主导地位问题终会被学界关注和探讨。

　　基于权力纷争而产生的冲突哲学一直是地缘政治的主旋律，即使在全球化时代仍然不能消磨国家追求权力的意志，在地缘政治研究领域的权力更侧重于指对空间及资源等地缘因素的排他性控制能力，所以说国家之间如何能在这些问题上达成共识是联合性地缘政治观能够建立的前提。联合性地缘政治观的远景确立需要依赖这样几个条件：第一，在联合性占主导的地缘政治过程中，地理因素对国家权力的作用将被重新界定；第二，附着在地理空间上的竞争性内涵将被基于互利共享的原则取代；第三，在合作与共享中重新定位的"空间—权力"关系得到国际社会成员广泛的认同。在以合作与联合的行为模式为主体的地缘政治图景中，原有冲突性理论中强调的"地理环境是国家权力的决定性因素的观点"就会被现实所否定。强行谋求对某一地理空间或自然资源控制力的行为逐渐被认为不是增加权力的最好途径，相反，海权陆权大国对地理空间争夺所消耗的成本高于所能带来的收益，所以逼迫它们在观念上转而寻求对地理空间与环境资源的共享，对地理因素互利共享的收益的预期可能会促使各国放弃争夺排他性控制力的野心。缓慢却并未止步的国际关系民主化进程会让更多国家都普遍分享地理空间带来的收益，并消解大国寻求主导性权力的努力，这样一来重新定位的"空间—权力"关系就在广泛合作的地缘政治氛围中成为共识。如果地缘政治远景中联合性价值占据主导地位，那么有关海权陆权选择合作的议题就不再仅仅是一种乐观的推论了。肯尼思·沃尔兹在阐述理论建构的原则时指出，预测既是一个理论吸引力的原则，也是理论必要的组成部分。地缘政治在经历了衰落之后，为了跳出既有的"冲突循环"，对理论未来的前景进行假设是十分必要的。

　　探讨如何达到联合性地缘政治观念未来的理论目标的问题，有几种已经出现的前景十分值得注意。第一，非冲突性观念在全球地缘政治关系中的地位明显巩固。在冲突性地缘政治观念向联合性地缘政治观念的转化过程中，应该存在着某种过渡阶段，这就是非冲突性的地缘政治观念。非冲突性观念仍然可能存在尖锐的地缘冲突，但冲突双方会趋向于拒绝地缘因素带来的诱惑或压力，采取非对抗的方式保持地缘联合的可能。非对抗意味着一定程度的合作，但合作还不足以使国家摆脱地缘因素施加给它们的身份限制。海权与陆权国家之间、海权国家之间、陆权国家之间依然存在着大量的矛盾。作为一个过渡阶段，非冲突性的地缘政治观念是一个对地理因素的意义进行重新解读的阶段，同时也是一个多变量复杂相互作用的过程，对它的准确定位十分困难。但很明显，拥有一个怎样的非冲突性观念会在很大程度上决定未来的联合性主导地缘政治图景能否实现。从理论建构的视角分析，因为非冲突性的过渡特点，有关地缘政治进程中的最大问题就是如何推动其向前发展的问题。在一个冲突性因素依然保持巨大影响力的国际社会中，合作是预防冲突、维持和平与繁荣的最好途径。罗伯特·基欧汉认为，"合作"（Cooperation）与"和谐"（Harmony）的区别在于和谐要求参与者有完全的共同利益，但合作可以发生在行为体利益互补或彼此依存的情况下。合作的前提并非国家放弃对空间环境排他性控制力的需求，而是国家意识到苛求单边控制的行为会使自己面临丧失影响力的风险。在基于恐惧而非认同的最低基础上，地缘政治中的相互依赖与合作就可以产生。空间环境在本质上与国家边境是不一样的，前者基于自然状态而后者基于人为设定，因此空间共享并不存在天然的障碍。因此，对地缘因素的认知而非地缘本身决定了冲突还是非冲突观念的产生。

第二，虽然国际关系民主化仍然是没有实现的理想主义的远景，但是其进程是没有中断的，当霸权合作与均势合作被证明不符合国际社会绝大部分成员利益的时候，它们存在的基础就动摇了，多边主义的平等互利合作就可以实现，这种趋势已经体现在中西方学者的著述中。符合国际关系民主化的多边主义的平等、互利与和平模式，体现在地缘政治学中就是联合性观念产生的基础，国际关系民主化与多边主义的趋势会使更多的国际社会成员在对地理因素的合作与共享中受益，促使联合性观念成为国家行为和理论建构的共识。但是需要指出的是，这种模式的关键在于优势国家的立场，提供何种利益协调机制使优势国家认同这种模式是关键性的要素。

第三，从现实上看，联合性地缘政治观的前景体现在地理区域内和区域间合作的可能性上。地区主义的实践为我们提供了很好的视角，借以研究未来国家间如何共享地理空间的问题。但是地区主义是以区域的视角看待世界，而地缘政治学从诞生之初就具备了明显的全球性视野。因此，研究区域主义是新地缘政治学的一个良好起点，如何利用地区主义的研究方式，实现由区域内到区域间再到全球地理空间共享的路线图才是地缘政治研究的一个合理方向。

第二节　全球化时代地缘政治结构的重塑

冷战结束以来，全球化的飞速发展可以理解为自大航海时代全球主义传统的复兴，这构成了国际政治经济的新环境。大环境的变化对我们理解和解释地缘政治发展现实提出了巨大的挑战。虽然国家所生存的地理环境具有延续性和恒定性，但是国家利用和开发地理要素的方式和理念却都接受全球化所提供的新环境的审视和改造，新的地缘政治理论体系呼之欲出，它不仅要在具体论断和具体分析上展现新的面貌，更要在地缘政治理论结构方面有所突破。

一　传统理论中海陆对峙的地缘政治结构

索尔·科恩将地缘政治学的发展分为五个阶段：帝国争霸阶段（第一阶段）、德国地缘政治（第二阶段）、美国地缘政治（第三阶段）、冷战地缘政治（第四阶段）、后冷战阶段（第五阶段）。

第一阶段的代表人物有拉策尔、契伦、麦金德、马汉、赛亚·鲍曼等，这一时期是19世纪末20世纪初帝国争霸的高峰时期，拉策尔和契伦（瑞典）从国家有机体角度分析了德国的生命力和成为大国的必然性，他们代表德国的政治精英对新兴的帝国主义国家——德国扩张领土跃跃欲试的战略规划。马汉和鲍曼代表美国地缘政治学派的两个分支，马汉强烈支持美国扩军备战，支持美国将菲律宾、夏威夷、关岛和波多黎各串联起来，控制巴拿马运河[1]；而鲍曼则从政策层面探讨美国如何融入世界秩序，他认为各种类型的国际联盟可以遵照不同的功能以减少冲突的发生，他的著作被认为是对"威尔逊的第十四点计划——呼吁成立一个具有普遍性的国际联盟以保证世界和平——会遇到什么样的问题的阐释"[2]。麦金德是英国老牌的政治家和学者，对英国摇摇欲坠的霸主地位感到忧心，认为控制心脏地带的俄国（苏联）和德国可能会成为英国海上霸权的威胁。

第二阶段的德国地缘政治学追随德国的对外政策有明显的扩张倾向，代表人物有豪斯霍弗、奥托·毛尔（Otto Muall）、厄里克·奥布斯特（Erich Obst）等。他们提出并利用一系列专有词汇"生存空间""泛区域""生存发展"等将地缘政治学与德国的侵略扩张政策融为一体，为地缘政治学的科学性与纯洁性带来了灭顶之灾。

第三个阶段的地缘政治学是美国地缘政治学，代表人物有斯皮克曼、乔治·雷纳（George Renner）、德·谢维尔斯基（De Seversky）等。斯皮克曼提出世界权力中心不在心脏地带，而在欧亚大陆的边缘地带，他提示美国应该尽早在这一地区发展盟友，防止被从太平洋与大西洋两岸孤立和包

---

1 〔美〕索尔·科恩：《地缘政治学：国际关系的地理学》，严春松译，上海社会科学院出版社，2011，第22页。
2 〔美〕索尔·科恩：《地缘政治学：国际关系的地理学》，严春松译，上海社会科学院出版社，2011，第23页。

围。德·谢维尔斯基具有空权力的视野,他指出"美国现在应该关注的不是海权或陆权,而是空权,只有这样她才有可能取得对付苏联的绝对优势,因为美国的资源太有限,不允许在其他方面建立庞大的军事力量"[1]。

第四个阶段是冷战时期的地缘政治学,这一阶段的地缘政治学围绕国家中心主义和普遍主义的视角展开。国家中心主义的代表人物有乔治·凯南、威廉·布利特、迪安·艾奇逊等,后来也包括基辛格、布热津斯基等。乔治·凯南和威廉·布利特提出的遏制理论和多米诺骨牌理论都是在冷战早期两极对峙体系下形成的,而基辛格和布热津斯基在冷战后期针对两极松动甚至崩溃提出了世界秩序模式。普遍主义理论强调三点:"(1)多中心的,国际权力体系;(2)单一的,以经济为基础的世界体系;(3)环境、社会决定的地缘政治学。"[2] 索尔·科恩、沃勒斯坦、彼得·泰勒等都属于这一理论的代表人物。

这四个阶段的地缘政治学都属于奥图泰尔提出的传统地缘政治学,这些理论的特点是以冲突性世界观为主导倾向,在全球地缘政治结构上都或多或少体现出海陆两极对峙的本质。

19世纪末20世纪初是地缘政治理论的成熟时期,这时的地缘政治理论已经开始从全球整体视角去看待地理环境与国际政治问题,全球视野下的海陆两极对峙的地缘政治结构开始形成,并成为地缘政治思想史的理论核心。最早提出这种思想的是马汉,他在对世界的地缘政治权力结构进行划分后指出海权国家与陆权国家的对抗是很难避免的,马汉是最早构建了海陆两极对峙的世界地缘政治版图的学者。但是,马汉还是停留在"欧洲中心论"的层面上,麦金德则将研究视野投向了全球,被评价为"第一位具有全球眼光的地

---

1 〔英〕杰弗里·帕克:《20世纪的西方地理政治思想》,李亦鸣等译,解放军出版社,1992,第140页。
2 〔美〕索尔·科恩:《地缘政治学:国际关系的地理学》,严春松译,上海社会科学院出版社,2011,第30页。

缘政治学家"[1]，他的理论对海陆两极的对峙进行了宏观性的剖析，他把极为复杂的国家间关系放入两极对峙的范式中去考察，这种结构模式对后世影响深远，在此之后的地缘政治理论如斯皮克曼的"边缘地带"理论、冷战时期具有地缘政治色彩的"遏制理论"等都是在认同海陆两极对峙的地缘政治结构的前提下提出的。20世纪60—70年代重新兴起的新地缘政治学也没有脱离这样的结构模式，如索尔·科恩的区域性世界图式所描述的两大地缘战略区的平衡均势，仍然是以海权国家与陆权国家各自的联盟为基础的，基辛格提出的均势世界体系的落脚点仍然是通过大西洋联盟和欧洲联盟的海权组织力量去融入与防范陆权国家俄罗斯，布热津斯基的大棋局思想更是体现了海权国家与陆权国家在欧亚大陆的较量。

在全球化时代，基于地理空间与国际冲突决定论所产生的传统的体系结构已经不符合地缘政治现实发展的要求。建构新的结构模式是全球化时代地缘政治体系重塑的重要内容。全球化时代的地缘政治结构建立在联合性的世界观之上，从根本上否定以往理论建构的海陆两极对峙及毗邻国家为敌的结构模式，在和平与合作的基础上重新塑造的地缘政治结构模式应该在两个层次上得到体现，在全球层次上的世界整体结构是海陆两极的合作与联合，在区域层次上则是区域内邻国及区域之间的和平与联合。结构的分化带来新的地缘政治结构的建立，这种新的结构不仅是全球化与相互依赖及国际组织蓬勃发展的外在要求，而且更是地缘政治体系发展的内生动力，是地缘政治学在全球化时代下的新的发展路径。

1　Colin S. Gray and Geoffrey Sloan, "Geopolitics, Geography, and Strategy, Chichester", New York: Published in association with Scott Polar Research Institute, University of Cambridge by J.Wiley, 1997, p.11. 转引自李义虎《地缘政治学：二分论及其超越》，北京大学出版社，2007，第77页。

二 海陆对峙的地缘政治结构的分化

在加布里埃尔·A.阿尔蒙德看来，政治结构分化是政治体系在受到环境变化的挑战和压力时在结构上作出的协调性变化，"当政治体系现存的结构和文化非经过进一步分化和世俗化就不能对付所面临的调整和问题时，发展社会来临了"[1]。地缘政治结构的分化也可以视为地缘政治理论体系的发展过程，当原有理论中的结构模式不再符合全球化时代要求的时候，这种改变就是体系变化与发展的根本要求。以往的地缘政治体系所依托的是海陆两极对峙的全球结构与毗邻国家是天然敌人的区域结构，这样的体系结构受到全球化与相互依赖的国际环境的挑战后，已经不能维护整个地缘政治理论体系的价值和意义，所以必须进行改变和重建，在抛弃旧结构的冲突性地缘政治观的文化基础后，秉承和平与合作精神的联合性观念重新构筑新的结构是维护地缘政治理论体系的必然选择，这种结构在全球与区域两种层次上分别是海陆联合的全球结构与合作性区域结构。

约翰·阿格纽（John Agnew）在《地缘政治学：重新想象的世界政治》一书中指出，"现代地缘政治学从西方的政治想象出发，形塑了西方想象的世界政治，此种政治想象认为……相互竞争的国家追求主导地位，结果导致国家军国主义、领土扩张主义、海外帝国主义和战争不仅是正当的，而且也是不可避免的"[2]。地缘政治理论通常诞生于动荡不安甚至是战争的国际环境，主要的地缘政治思想与世界大战、冷战对峙以及国际秩序转型时期的特定国

---

[1] 〔美〕加布里埃尔·A.阿尔蒙德、小G.宾姆·鲍威尔：《比较政治学：体系、过程和政策》，曹沛霖等译，上海译文出版社，1987，第26页。

[2] John Agnew, *Geopolitics: Revisioning World Politics*, London and New York: Loutledge, 1998, p.1, pp.11-85.转引自赵可金《全球化时代的新地缘理论》，《清华大学学报》（哲学社会科学版）2008年第5期，第108页。

际环境息息相关，这种背景下的国际关系必然充满了对抗与冲突的危险，理论家对这些情况的认知会体现在他们的理论中，所以他们的思想不可避免地包含对抗与冲突的成分。马汉的海权论产生于第一次世界大战前阴云密布的国际环境中；麦金德的思想从20世纪初一直到20世纪40年代不断完善，他的思想经历了两次世界大战；斯皮克曼的思想产生于第二次世界大战后期；制空权理论的创立者杜黑是意大利的空军将领，参加过第一次世界大战，他们创建理论的背景决定了其中必然包含对抗与冲突的成分。遏制理论产生于美苏两个超级大国和两大意识形态对峙的历史环境下，科恩的区域性世界图式、基辛格的均势体系思想、沃勒斯坦的世界体系论都是冷战时期产生的；欧亚大陆大棋局思想和文明冲突论都是诞生于冷战后国际局势突变、世界向新秩序转变的时期，而转变的过程不可避免会产生新的冲突与矛盾。地缘政治学者将海权国家与陆权国家视为天生殊异的政治实体，而在冲突与对抗的国家环境中，这两类殊异实体难免会产生利益纠纷，所以说，地缘政治学者是基于冲突性的国际环境构建出海陆两极对峙的全球地缘政治结构的。

随着全球化与相互依赖的程度不断加深，国家间关系越来越倾向于"非零和博弈"的合作模式，对抗和冲突性的行为倾向已经不符合时代特征。全球化塑造了国际社会相互依赖的经济关系，这种经济关系反馈到政治和社会问题领域就是罗伯特·基欧汉和约瑟夫·奈所说的复合相互依赖模式，这种模式的一个重要特征为"一国政府不在本地区内或在某些问题上对他国政府动用武力"[1]。这种相互依赖关系也体现在全球化的地缘政治图景中，海权国家与陆权国家遵循各自的发展模式但并不一定会产生全球性的对峙，原因在于利益的相互依赖、国际组织的规约和国际制度的奖惩作用使任何国家都不会轻易在利益纠纷中使用军事手段。相反，互利合作与共同发展已经在国际

---

[1] 〔美〕罗伯特·基欧汉、约瑟夫·奈：《权力与相互依赖》，门洪华译，北京大学出版社，2002，"译者前言"第26页。

关系中成为共识，正如亚历山大·温特所说，"不管在历史上大部分时候国际政治是否是霍布斯式的，国家在许多年之前已经逃离了霍布斯文化"[1]。如在非传统安全领域，无论是海权国家还是陆权国家都面临诸如全球气候变化、国际恐怖主义等全球性问题的危险，这些全球性问题跨越了地理条件的限制，依靠某个国家或国家联盟的力量不可能解决这些问题，全球性问题需要海陆国家之间克服地缘因素和发展模式的分歧通力合作才能解决。

可见，在冲突对峙性的国际背景下地缘政治理论以冲突性为主导观念，在这种观念的主导下海陆两极对峙的地缘政治结构模式得以产生并成为地缘政治理论的主流思想。全球化时代下，以消灭对手为目的的霍布斯式的冲突性地缘政治观念已经被否定和抛弃，海权国家与陆权国家虽然基于天然的地理条件有不同的发展模式，但在竞争与合作共存的全球化时代它们之间可以实现互利共赢与互补的发展途径，海陆两极对峙的模式已经不再符合全球化的时代特征，全球经济一体化、复合相互依赖和全球性问题正在塑造一个海陆国家之间合作与联合的新的全球地缘政治结构模式。

三 "一带一路"：海陆联合的地缘政治结构

索尔·科恩将地缘政治学的第五个阶段概括为后冷战时代的地缘政治学，相比前四个阶段，后冷战时代的地缘政治学围绕的问题是竞争还是调和？冷战结束后，一个新的秩序正在建立，地缘政治学也需要引进新的研究方法、新的观念、新的理论结构。后现代主义的批判地缘政治学从本体论、认识论角度解构传统理论的核心概念，认为传统理论的空间、地理等词汇都是知识或者话语体系，希望给地缘政治学带来多元化的研究对象。后现代主义对传

---

[1] 〔美〕亚历山大·温特：《国际政治的社会理论》，秦亚青译，上海人民出版社，2000，第425页。

统理论海陆对峙的全球结构进行了批判,奥图泰尔指出,麦金德将空间历史简化为公式化的陆地与海洋的冲突[1]。

自地缘政治理论诞生以来,海陆对峙就成为其核心内容,全球化时代的地缘政治理论研究与以往的理论在核心内容上有本质的区别,这种区别就体现在新的地缘政治理论是以顺应全球化时代的海陆联合为研究重点,进而塑造全球视野的海陆联合的地缘政治结构框架。全球化时代的地缘政治研究不能抛弃地缘政治理论的研究方法和地理学背景,在承认海权国家与陆权国家自然条件天生殊异和发展模式不同之外,通过地缘政治固有的思维方式考虑海权与陆权国家能否基于地理因素的考虑而实现联合。

构建海陆联合的新型地缘政治结构是地缘政治理论研究迫在眉睫的任务,这种理论上的构建需要一个初期的模型和相应的前期成果。"一带一路"倡议实现了海陆联合对海陆对峙的超越。"一带一路"将心脏地带、内新月形地带以及部分外新月形地带联合成一个整体,颠覆了麦金德、斯皮克曼的海陆对抗学说,创造了海陆联合的地缘政治思想。

2013年9月7日,习近平主席在访问哈萨克斯坦时提出了"丝绸之路经济带"的构想,"为了使我们欧亚各国经济联系更加紧密、相互合作更加深入、发展空间更加广阔,我们可以用创新的合作模式,共同建设'丝绸之路经济带'"[2];同年10月3日习近平主席在访问印度尼西亚时在国会发表演讲,演讲中提到,东南亚自古以来就是丝绸之路的枢纽,中国愿意与东盟重启"21世纪海上丝绸之路","中国愿通过扩大同东盟国家各领域务实合作,互通有无、优势互补,同东盟国家共享机遇、共迎挑战,实现共同发展、共同繁荣"[3]。2016年4月29日,习近平总书记在主持中共十八届中央政治局第三十一次集体

---

[1] Gearóid Ó. Tuathail, *Critical Geopolitics: The Politics of Writing Global Space*, London: Routledge, 1996, p.24.

[2] 《习近平谈治国理政》,外文出版社,2014,第289页。

[3] 《习近平谈治国理政》,外文出版社,2014,第293页。

学习时将"和平合作、开放包容、互学互鉴、互利共赢"称为丝绸之路精神。2017年在"一带一路"国际合作高峰论坛开幕式上对"一带一路"的发展指明了工作方向。2019年在第二届"一带一路"国际合作高峰论坛上总结了多年来"一带一路"建设的效果,"从欧亚大陆到非洲、美洲、大洋洲,共建'一带一路'为世界经济增长开辟了新空间,为国际贸易和投资搭建了新平台,为完善全球经济治理拓展了新实践,为增进各国民生福祉作出了新贡献,成为共同的机遇之路、繁荣之路"[1]。

经过多年的努力,"一带一路"已经基本形成"六廊六路多国多港"的互通框架,我国与150多个国家和国际组织签订了合作协议,落实了一大批合作项目。六大国际经济合作走廊主要有:新欧亚大陆桥、中蒙俄经济走廊、中国—中亚—西亚经济走廊、中国—中南半岛经济走廊、中巴经济走廊、孟中印缅经济走廊;"六路"是指铁路、公路、水路、空路、管路、信息高速路与互联互通路网;"多国"是指选取若干重要国家作为合作重点;"多港"是指若干保障海上运输大通道安全畅通的合作港口。截至2018年底,中欧班列已经联通亚欧大陆16个国家的108个城市,中国与15个沿线国家签署了18个双多边国际运输便利化协定,与47个沿线国家签署了38个双边和区域海运协定,与沿线国家新增航线1239条,占国际新开通国际航线的69%[2]。除此之外,中国还与沿线国家签署一系列在电力、油气、核电、煤炭、新能源等领域的合作协议。

2015年,国家发改委、外交部、商务部发布了《推动共建丝绸之路经济带和21世纪海上丝绸之路的愿景与行动》,文中确立"一带一路"的路线图。根据路线图可以看出,"一带一路"贯穿亚欧非大陆,东边是活跃的东

---

[1] 《习近平谈治国理政》(第三卷),外文出版社,2020,第490页。
[2] 《大道致远!"六廊六路多国多港"谱写新篇章》,新华网,2019年4月25日,http://www.xinhuanet.com/world/2019-04/25/c_1210119122.htm。

亚经济圈,西边是发达的欧洲经济圈,中间心脏地带国家经济发展潜力巨大。丝绸之路经济带从中国到中亚、俄罗斯至欧洲(波罗的海);经中亚、西亚至波斯湾、地中海;从中国至东南亚、南亚、印度洋。21世纪海上丝绸之路重点方向是从中国沿海港口过南海到印度洋,延伸至欧洲;从中国沿海港口过南海到南太平洋。[1]

中国学者曾向红指出,"一带一路"构建的"路、带、廊、桥"体系,将充分发挥海洋与陆地相互滋养、共同造福人类的功能,使之不只是大国博弈的场所。[2] 这是对传统理论中海陆对峙结构的超越,也是对毗邻国家天然为敌的地理决定论的超越。

在地缘政治思想史上海权国家与陆权国家一直被视为天生形态殊异的政治形态,这种地理差异性又塑造了两种不同的发展模式,海权国家利用海洋的机动性借助一叶扁舟不断超越土地的限制,从而将自己的影响力遍布全球,而陆权国家则体现出农耕文化闭关自守的特征,它们更多地关注领土与空间的大小,大海只被它们视为国家的自然疆界。这些差异被地缘政治学者所捕捉,基于对不同事物的排斥和不安全感,他们夸大了这种差异性并构建了海陆对峙的地缘政治理论。在全球化时代下这些差异依然存在,但是已经不像以往表现得那样强烈,马汉强调国家的海上贸易与海上军事实力同样是海权的构成要素,在全球化时代,对海权国家来说,海外贸易能比军事手段带来更大的国家利益,海权国家借助大海的机动性向外扩展更多的是贸易而不是军事影响力。而对陆权国家来说,传统的过于关注领土和空间的权力观念也逐渐淡化,因为现代国际法确立了禁止使用武力和以武力威胁的基本原则,以暴力手段取得领土的行为也被视为非法,参与全球经济一体化进程所能带

---

[1] 《推动共建丝绸之路经济带和21世纪海上丝绸之路的愿景与行动》,国务院新闻办公室网站,http://www.scio.gov.cn/31773/35507/35519/Document/1535279/1535279.htm。

[2] 曾向红:《"一带一路"的地缘政治想象与地区合作》,《中国社会科学院国际研究学部集刊》2017年,第157页。

来的利益远胜于自给自足的发展模式，而争夺生存空间的行为只会带来高成本和低收入。这样一来，两种差异性较大的地缘政治实体在全球经济一体化进程中找到了利益的结合点，那就是海陆国家之间求同存异、互利发展能够保证双方收益的最大化，实现共赢。

任何一种理论的构建都有初期性和脆弱性，海陆联合的地缘政治结构也不例外，在该理论的初期阶段，还存在着各种问题，如海陆国家的信任程度、海陆国家联合的形式等，对这些问题的分析是一个长期的过程。海陆两极对峙的思想由来已久，要破除这种思想首先得解决彼此的信任问题，按照新自由制度主义的观点，信任和安全感是在多次合作行为中逐渐产生的，特别是在建立有规约效应的相关制度之后双方都能够在相对透明的环境下把握对方的动向，罗伯特·基欧汉指出，"制度的存在……可以减少不确定性，并能限制信息的不对称性"[1]，国际制度通过禁制（injunctions）的功能，限定着行为体特定的行为而禁止其他的行为，制度通过禁制的限定作用，使行为体逐渐产生自律和互信，逐步倾向于合作而非冲突性的行为模式，海陆国家的合作与互信通过有效的途径还是可以实现的。

第三节　全球化时代地缘政治合作类型的重塑

全球化时代，冲突性地缘政治观念已经不符合时代特征，追求控制力的地缘政治目标也很难实现，运用地理禀赋进行各种不同类型的合作逐渐成为共识，联合性的地缘政治观念影响了理论的发展，国家间如何合作成为地缘政治新的理论目标。基于地理环境和空间关系的合作已经成为共识，但是合作模式的探讨刚刚起步，什么样的合作是稳定的、长期的？什么样的合作能

---

[1]〔美〕罗伯特·基欧汉：《霸权之后——世界政治经济中的合作与纷争》，苏长和等译，上海人民出版社，2001，第13页。

够做到互利共赢、共同发展？联合性地缘政治观念、海陆联合的地缘政治结构，最后塑造的是平等互利的合作模式。

一 对传统理论大国中心主义的反思

批判地缘政治学指出，现代地缘政治学的一个重要特点是对大国的关注和对弱国的忽视，几乎所有的理论都体现大国的权力诉求，预测的关系也是大国之间结盟或敌对的关系，几乎没有哪种理论对弱小国家如何维护权益、如何实现安全作出指引，地缘政治的思想史就是大国中心主义的演进史。几乎所有的经典理论都出自西方学者或政治家之手，所以大国中心主义其实也是西方中心主义的。

传统理论关于地缘政治的合作模式倾向于强强联合的均势模式，这和传统理论固守海陆两极对峙的世界结构模式直接相关。传统地缘政治理论虽然以冲突为主题，但是也并未从根本上否定合作的可能性，契伦在国际体系变化和感知到俄罗斯威胁的时候就呼吁强大的德国建立庞大的欧洲中央帝国来作为西欧的屏障，豪斯霍弗更是多次建议德国与苏联应该建立起陆权国家的联盟，共享心脏地带的资源并共同应对海权国家的威胁，他劝告德国"不要因为思想意识的不同而再次危及两国协调的空间生存的地缘政治基础了"[1]。作为英国的政治精英，麦金德从地缘政治的角度提醒英帝国的统治者，英国的霸权并不稳定，陆权威胁一直存在。麦金德将占据"心脏地带"的俄罗斯视为安全的最大威胁，为了渲染这种威胁，他将东欧和心脏地带视为空间争夺的关键节点，并呼吁英国政府要防止德俄结盟去控制这一地区。斯皮克曼则将欧亚大陆的边缘视为世界权力的根源，认为美国应该防止心脏地带的国家去控制边缘地带，否则

---

[1] K. 豪斯霍弗：《关于印度洋太平洋空间的报告》，《地缘政治学刊》1939年第16期。转引自〔英〕杰弗里·帕克《20世纪的西方地理政治思想》，李亦鸣等译，解放军出版社，1992，第7页。

其会在美国东西海岸威慑美国的国家安全,美国应该在边缘地带建立某种形式的合作联盟防止这一情况的出现,乔治·凯南的遏制战略是基于这一理论的。

20世纪70年代美国时任国务卿亨利·基辛格(Henry Kissinger)指出,苏联解体后,世界的力量不但没有集中于美国,反而更加分散化,俄罗斯、中国、日本、西欧,可能还会有印度,成为可以和美国抗衡的力量,多极化的世界未来的新秩序应该是平衡均势的,"在五六个大国以及许多小国参加在其中的国际体制上,就和过去数世纪一样,必须借由调和、均衡各自竞争的国家利益,去建立秩序"[1]。布热津斯基则认为美国是独一无二的世界帝国,为了维护美国的利益和世界的稳定,他认为美国应该设计一个全球体系[2],这个体系的一个支柱就是联盟的力量,在欧洲将法德树立为民主政治的桥头堡,在东亚处理好美中日三角关系,"日本应该是美国在处理世界事务新议程中的全球性伙伴,地区内举足轻重的中国则应该成为美国的远东之锚,由此促使欧亚大陆出现一种力量均势"[3]。亨廷顿认为世界的秩序就是以文明为基础的多极秩序,"在正在形成的全球政治中,主要文明的核心国家正取代冷战期间的两个超级大国,成为吸引和排斥其他国家的几个基本的极"[4],"极"代表了世界各种文明的核心国家,也是经济政治上最强大的国家,所以,文明的多极化仍然是一种大国势力均衡的政治秩序。

可见,传统理论并非否定合作的可能性,只是这些理论的提出者都是西方发达国家的政治精英,他们关注的对象是大国的霸权,合作的模式也是大国中心主义的。奥图泰尔指出,"地缘政治的视野从西方帝国的有利角度绘制

---

1 〔美〕亨利·基辛格:《大外交》,顾淑馨、林添贵译,海南出版社,1998,第779页。
2 〔美〕兹比格纽·布热津斯基:《大棋局——美国的首要地位及其地缘战略》,中国国际问题研究所译,上海人民出版社,1998,第33页。
3 〔美〕兹比格纽·布热津斯基:《大棋局——美国的首要地位及其地缘战略》,中国国际问题研究所译,上海人民出版社,1998,第251页。
4 〔美〕塞缪尔·亨廷顿:《文明的冲突和世界秩序的重建》,周琪等译,新华出版社,1998,第167页。

了世界政治地图，用西方的身份/差异的概念系统来衡量它、记录它，以便将其纳入西方想象的范围内"[1]。大国中心主义的合作模式有以下几个缺陷：

首先，合作缺乏稳定性与长久性。传统地缘政治学以大国为研究对象，冲突和合作行为的发生都与大国的国家利益和战略目标相关联，当大国认为力量不足以抗衡对手的时候，就会寻求盟友实现力量的制衡，这样的合作往往都是权宜之计而不能稳定和长久，尤其是获益不均的情况会加速联盟关系的破裂。

其次，大国中心主义的合作模式忽视了国际社会绝大多数成员的利益。无论是麦金德和豪斯霍弗的联盟模式、基辛格与索尔·科恩的均势模式，还是布热津斯基的文明多极化模式，都是少数国家的制度安排。这些安排维护的都是极少数霸权国家的利益，绝大多数国家的利益并没有被体现。而实际上在地缘政治的思想史上，几乎所有的理论都出自发达国家的政治精英，他们的理论都是为各自国家的利益服务的。国际社会绝大多数弱小国家的版图都被描绘、划分、分割为不同的势力范围内，成为大国权力争夺的空间和战场。几乎所有的地缘政治理论都没有触及弱小国家如何维护国家利益、如何界定国家战略的问题。在地缘政治上，将绝大多数成员排除在主体之外的合作模式无法满足国际社会的共同利益，因而这种合作并不符合全球化时代的治理精神。

约翰·阿格纽指出："在（西方）地缘政治家、学术精英和国务家的眼中，这个世界实际上被人为地'空间分割'，前者往往出于利己的动机将世界各个国家或地区统统贴上了重要或不重要的标签。"[2] 全球化时代地缘政治结构和地缘政治观念的重新确立，首先要摆脱大国中心主义和西方中心主义

---

[1] Gearóid Ó. Tuathail, *Critical Geopolitics: The Politics of Writing Global Space*, London: Routledge, 1996, p. 41.

[2] John Agnew, *Geopolitics: Re-Visioning World Politics*, p. 2.

的帝国主义思想，否则国际社会不能有真正意义的合作，也不能确立真正意义的海陆联合的地缘政治结构及联合性的地缘政治观念。

二 全球化时代的地缘政治：国际主义的跨国家合作

英国学派代表人物赫德利·布尔指出，"霍布斯主义、康德主义以及格劳秀斯主义传统分别表达了现代国际关系的三种要素：国家之间的战争与争斗；超越国家边界的跨国联合与冲突；国家之间的合作与有规范的交往"[1]，这几种要素在不同时期和地理区域内相互交织，并经常会有某一种要素处于主导地位，影响着国家决策和国际关系走向。"霍布斯主义或现实主义传统，它把国际政治视为战争状态；康德主义或世界主义传统，它认为有一个潜在的人类共同体在国际政治中发挥着作用；格劳秀斯主义或国际主义传统，它认为国际政治产生于一个国际社会中"[2]，霍布斯主义的要素宣扬一种冲突与战争的国际关系状态，这与海陆两极对峙的结构相一致而与海陆联合结构相背离。康德主义与格劳秀斯主义代表了国际合作的两种不同模式，康德主义或世界主义鼓励打碎国家系统，实现超国家的合作；而格劳秀斯主义或国际主义则主张受规则和制度约束的主权国家间的合作，可以认为，新型地缘政治结构的功能应该立足于格劳秀斯主义的体系要素之上，其功能定位应是在主权国家之间实现一种国际主义的合作与联合。

格劳秀斯主义所提倡的国际主义合作，是介于霍布斯主义和世界主义之间的一种折中传统。霍布斯主义强调国家利益相互排斥的特性，所以它认为国际追求自由和利益的无限性将导致冲突与战争成为典型的国际行为模式。康德主义则认为国际政治并不是利益排斥与零和博弈的游戏，而应该是合作

---

[1] 秦亚青：《西方国际关系理论经典导读》，北京大学出版社，2009，第81页。
[2] 秦亚青：《西方国际关系理论经典导读》，北京大学出版社，2009，第68页。

与非零和博弈，但是这种合作并不是或者仅仅表面上在国家之间进行，从根本上说这种合作存在于以人为主体的人类共同体之中，这个共同体既是潜在的特征，也是国际政治最高的道义目标。康德主义或者世界主义所提倡的合作并不是国家间的合作与共处，而是以人类共同体为基本单位的世界秩序的合作与联合。格劳秀斯主义或国际主义在承认国家而非个人是国际社会中主要行为体的同时，反对将国际政治视为国家之间竞技场的观点。它认为，"最典型的国际行为并不是国家间的战争，也不是超越国家边界的横向冲突，而是贸易，或者更笼统地说，是国家之间的经济和社会交往"[1]，国家之间的利益关系既存在排斥性又有一致性的特点，决定了国际政治不可能实现推翻国家体系的人类共同体，也不会处于永远的争斗之中，而应该是在国际社会的规则和道义原则约束下的共处与合作。

基于利益排斥与零和博弈的考虑，传统理论产生的前提就是相互防范，麦金德的心脏地带理论来自对俄罗斯领土扩张会危及海权世界的担忧，马汉的海权论也是为战胜陆权世界做部署，而斯皮克曼的边缘地带论更是防范和围堵陆权大国发展的理论。在当时的环境下产生的地缘政治理论体系反映了霍布斯主义的精神实质，在功能上更是推动了霍布斯主义的冲突与竞争的发展态势，结构与功能的关系决定了这种恶性循环是传统理论不能超越发展的根本原因。康德主义或世界主义对人类共同体的追求是一种理想主义的理念，在地缘政治理论中无论超越国家边界的联合还是冲突都是很难实现的。海权联盟与陆权联盟体现跨国家而不是超国家的合作与联合，而二者的对峙结构也是以国家为基本单位，海陆两极对峙是以主权国家为主体的不同国家联盟之间的排斥与竞争。这种跨国家的联合或冲突体现在海权联盟和陆权联盟自身结构的松散性上，在地缘政治思想史中没有出现

---

[1] 秦亚青：《西方国际关系理论经典导读》，北京大学出版社，2009，第70页。

过以共同道义原则和共同利益为基础的"海权共同体"与"陆权共同体"的发展趋势。所以说，康德主义要素无论在以往的地缘政治理论，还是新型地缘政治结构模式中都是很难实现的，世界主义所倡导的共同道义原则和共同利益不会出现在海权国家和陆权国家内部，更不会出现在海权国家与陆权国家之间。

在主权国家仍然是国际社会最主要行为体的现实环境中，国际主义的跨国家合作应该是新型地缘政治的合作模式。海权国家和陆权国家在天然要素、发展模式和民族性格等方面都存在着很大的差异，这种差异性决定了这两类国家间很难打碎国家边界实现世界主义的联合模式，地缘因素决定了它们在一定历史时期内只能实现国际主义的合作与联合。国际主义的合作模式建立在国家是国际社会最主要成员的判断之上，国家之间在法律与道义规则的约束下进行各种合作与共存的社会活动。赫德利·布尔认为，国际社会是世界政治中的秩序，无政府状态只意味着不存在政府或者统治，但并不否认秩序和规则的存在。格劳秀斯主义或者国际主义的合作来源于国际社会的要素，"国际社会的要素一直存在于现代国际体系之中……有关国家的共同利益、国家遵守的共同规则以及国家所创立的共同制定之观念一直都在起作用"[1]，所以，国际社会要素是国家之间共处的原则，在这些共处原则的范围内国家之间按照规范进行共处与合作。新的地缘政治理论体系构建的海陆联合的全球结构和合作性区域结构，能够在功能上实现国际主义合作的目标。国际社会因素可以通过道义或法律的规则保障国家之间不必通过推翻国家体系就可以实现合作与联合。海权国家与陆权国家虽然不具有人类共同体的潜质和共同利益需求，但是在共处原则的约束下可以相互尊重主权、共同创设国际制度等，特别是在地理空间和自然资源上可以互利共享（虽然这种共享可能是由

---

[1] 秦亚青：《西方国际关系理论经典导读》，北京大学出版社，2009，第81页。

于势均力敌所造成的无奈选择），前提是这种互利共享要在双方之间达成某种明示或暗示的协议，国际社会因素可以保障这些协议会得到海权与陆权国家的共同遵守。地缘政治学中的"距离磨损"理论证明了邻国之间的合作能比冲突带来更大的收益，而合作的最佳途径并不是打碎国家边界的理想主义构图，各种地区性盟约和协议的出现可以消除邻国间的不信任感，为它们走向区域性合作扫清障碍。

三 国家身份的重塑：由等级到平等

上文提出要建立国际主义的跨国家合作，这需要首先塑造成员之间的平等关系，国际主义和帝国主义的最大区别体现在成员之间身份的界定上，等级制的成员关系是帝国主义的特色，而国际主义的跨国家合作则以成员之间的平等互利为原则。

无论是合作还是冲突都是国家行为体维护自身利益的一种手段，在行为体预测合作可以带来更多收益的时候就能趋向采取合作的行为模式。但合作并不总是自愿的行为，在等级制的体系结构中，合作往往都是一种被迫接受的选项。

肯尼思·沃尔兹指出，体系结构的成员关系有两种：等级制的与平等的，等级制是国内政治结构的基本特征，而"国际政治结构的组成部分之间是同等的关系。在形式上，每一个国家与其他所有国家都是平等的"[1]。国际政治结构的平等关系也只是形式上的，实际上的国际体系成员很难做到真正的平等。实力不同的国家地位是不平等的，某些国家占据优位或绝对优位，而其他弱势国家则处于服从和被支配的地位。这种等级化的国家身份使合作往往

---

[1] 〔美〕肯尼思·沃尔兹：《国际政治理论》，胡少华、王红缨等译，中国人民公安大学出版社，1992，第104页。

是一种强弱行为体之间的互相作用的结果。[1] 霸权稳定论认为一个起绝对主导作用的霸权国家能够并愿意提供必要的公共物品，如安全保障、经济规范之类等，那么国际社会就会保持一定的秩序，成员也趋向于合作的模式；反之，如果没有霸权国家提供公共物品，国际体系就可能陷入混乱，成员也倾向于冲突的模式。霸权稳定论的合作模式以英国19世纪维持的世界和平为案例，霸权国依赖实力和国家威望制定霸权体系的基本原则和规范，其他国家在这些制度安排下进行各种合作，像吉尔平所说的那样，"领导或霸主有助于国际合作，并且通过利用间接开支（贿赂）、制裁和其它手段，可以防止有人违背机制规则"[2]。

等级制合作的另外一个模式是均势模式，均势模式的合作是势力均衡的国家为对付共同敌人进行的结盟与合作。这种合作并不是基于真正的共同利益，往往是权宜之计，一旦共同的敌人和安全威胁消失，合作就会终结，而合作的结束又往往伴随着猜忌与对抗，新的冲突可能会随即产生。更大的威胁在于，这种预设第三方假想敌的均势合作不但不利于长期的和平，还埋藏着冲突的潜在危险，因为它"主要用于向机制内的成员国提供安全来反对那些被以为是构成威胁的机制外的非成员国"[3]，所以这种合作从一开始就意味着新的对立，"均势的主要功能并不是保持和平，而是保持这个体系本身，因此当别无他法来阻止一个潜在的国家获得霸权时，均势就需要战争来实现这一点"[4]。

等级制模式在国际政治结构中强调国家之间的不平等地位，悬殊的力量对比和序位的差异塑造了国家之间"弱肉强食"的森林法则，等级制模式下国际政治充满了争夺控制权的竞争与冲突。全球化时代的地缘政治合作不能以等级

---

1 〔美〕普雷斯顿·詹姆斯：《地理学思想史》，李旭旦译，商务印书馆，1982，第543页。
2 〔美〕罗伯特·吉尔平：《全球政治经济学——解读国际经济秩序》，杨宇光译，上海人民出版社，2003，第103页。
3 Stephen Kransner ed., *International Regimes*, Cornell University Press, 1983, p.2.
4 Hedley Bull, "The Balance of Power and International Order", in *The Theory and Practice of International Relations* (5th. edition), p.108.

为内涵，需要构建新的平等的合作模式，这是国际主义跨国家合作的必要条件。约翰·鲁杰指出多边主义的合作着眼于国家之间的良性互动，是一种"依据普遍行为的原则，协调三个或三个以上国家的制度形式"。[1] 多边主义的逻辑是通过扩大互惠性的预期来达到实现共同利益和维持和平的目的。多边主义以平等的成员身份为基础，符合全球时代地缘政治合作的理论需求。

在梳理地缘政治思想史的过程中，可以发现，传统地缘政治理论中虽然以冲突为主流，但是仍然存在着关于联合与合作的理论构想，只是这些联合与合作的构想都是一种强强联合，或者强弱联合，实质都是等级制的合作模式。麦金德和斯皮克曼提出的海权联合，豪斯霍弗提出的陆权联合，索尔·科恩和基辛格提出的平衡均势本质都是强强联合的均势理论体系。而契伦的欧洲中央帝国的模式、布热津斯基的大棋局理论则强调帝国模式。无论是均势模式，还是帝国模式，都建立在等级制的国际结构假定之上，维护的都是大国的利益，本质上并不能维护所有成员的利益，也并不能真正实现全球化时代的地缘政治合作。

如果说霸权稳定模式以19世纪英国治下的和平为案例，均势模式以冷战后的大国关系为案例，中国的地缘政治实践则是多边主义的平等互利合作模式的典型案例。

中国当代的地缘政治合作模式，体现在中国与四邻的关系上。中国周边外交的基本方针是"与邻为善、以邻为伴，坚持睦邻、安邻、富邻，突出体现亲、诚、惠、容的理念"[2]。中国的周边外交政策与中国的地缘政治战略相关，地缘政治的核心是探讨地理与政治的关系，作为地理学的分支，地缘政治学具有强烈的地理性特色。《中国大百科全书》指出，地缘政治学根据各种地理要素和政治格局的地域形式，分析和预测世界地区范围内的战略形式

---

[1] 〔美〕约翰·鲁杰编：《多边主义》，苏长和等译，浙江人民出版社，2003，第12页。
[2] 《习近平谈治国理政》，外文出版社，2014，第297页。

和有关国家的政治行为。[1] 可见，一国的周边外交政策不可能回避地理区位、环境资源、生活方式等地理因素，周边外交实际上与地缘政治战略是一种问题的两种表述，中国周边外交政策的基本方针也是中国在地缘政治合作模式上的基本要求。

中国在"睦邻友好、互利合作"的原则下，与周边国家确立了一系列的合作机制，如上海合作组织（SCO）、亚太经合组织（APEC）、亚欧会议（ASEM）、亚信会议（CICA）、大湄公河次区域经济合作（GMS）、中亚区域经济合作（CAREC）等，还有各种区域、次区域的国际论坛，如博鳌亚洲论坛、中国—东盟博览会、"一带一路"国际合作高峰论坛等。在区域合作的框架内，中国维护了国家利益和地区稳定，实现了平等合作的地缘政治目标。

中国时任外交部长王毅在第77届联合国大会上的演讲中指出，为了构建人类命运共同体，中国主张：要和平，不要战乱；要发展，不要贫困；要开放，不要封闭；要合作，不要对抗；要团结，不要分裂；要公平，不要霸凌。其中针对开放与封闭的问题，明确阐明了中国的立场："习近平主席指出，开放是人类社会繁荣进步的必由之路。搞保护主义只会作茧自缚，断链脱钩必将损人害己。我们要倡导开放包容，拆除阻碍生产要素自由流动的藩篱壁垒，维护以世界贸易组织为核心的多边贸易体制，推动构建开放型世界经济。"[2] 构建人类命运共同体是中国长久的价值追求和全球的战略目标，开放与包容、公平与公正、和平与合作这些思想精髓与传统地缘政治理论截然不同。

---

[1] 倪世雄编：《我国的地缘政治及其战略研究》，经济科学出版社，2015，第23页。
[2] 《为和平发展尽力 为团结进步担当——王毅在第77届联合国大会一般性辩论上的演讲》，新华网，http://news.china.com.cn/2022-09/26/content_ 78437434. htm。

第五章
全球化时代地缘政治理论建构的路径分析

全球化时代的地缘政治理论需要将全球化的概念引入到地缘政治的研究范畴中,通过分析全球化对地缘政治的挑战与塑造、地缘政治对全球化的反制,来寻找两者的结合点。传统理论的基本观点是国家中心主义的,研究内容是实力强大的国家如何扩大国家利益、维护国家安全,对于区域化、跨区域化、全球化问题很少涉猎,随着全球化时代的到来,国家中心主义的潮流变成地缘政治学无法创新理论的桎梏。所以,全球化时代地缘政治学要充实研究层次,从微观到中观再到宏观,即从国家到区域、跨区域,最后到全球体系的研究。内容上,要丰富传统理论的内涵,地缘政治的概念发起于政治但不能止于政治,要将经济的因素纳入地缘政治概念和理论体系中,在地缘政治经济学中寻求新的观点和方法。

第一节 研究领域的交叉: 全球化概念引入地缘政治分析路径

全球化的历史进程,可以对地缘政治的发展脉络进行很好的解释。全球化的发展,使得生产要素的全球流动、全球市场逐步形成,给予某些地理环境优越的国家以先发优势,并增加了其所在区域的经济政治价值;也正是经济全球化带来的收益及预期,使得西方列强的地理扩张最终形成了一个全球性地缘政治结构。这种地缘政治结构是一个封闭的空间系统,"我们不再可能相互孤立地处理争夺空间的各种斗争,因为所有这些斗争都是一个单一的全球封闭空间系统的一部分。国际互动的世界现在是全球性的"[1]。全球化的这种历史进程对地缘政治的发展脉络进行了很好的解释。早期地缘政治学者把全球化所带来的这种政治效应,概括为"对地球的探索阶段"和探索后"冲突加剧的阶段"。[2] 今天,全球化的深入发展还将促使地缘政治作出新的调整。将全球化与世界地缘政治版图的发展相对照,可以发现二者存在着巨大的交集,这意味着地缘政治的发展可能无法摆脱全球化这一最基本的时代背景,并与全球化的发展存在着极为密切的联系。

一 全球化对地缘政治的塑造

全球化究竟是什么?这本身就是一个极具争议的问题。当整个世界都身处全球化的旋涡之时,人们对全球化的评价和认识仍然极为矛盾。对于罗伯特·科克斯这样的学者而言,全球化并不必然是进步的,其继续发展的势头也"绝不是不可避免的"[3],而像马歇尔·麦克卢汉这样的乐观主义者,则认为全球化塑造了"全球村庄",使世界共同体得以建立(也有人认为是恢复)[4]。无论是乐观者还是悲观者,对全球化的巨大影响都是没有疑问的,他们的差别仅仅在于如何认识和应对这种影响。

即便我们抛除有关全球化发展前景的分歧,把全球化仅仅理解为一个中

---

[1] Gearóid Ó. Tuathail, *Critical Geopolitics: The Politics of Writing Global Space*, London: Routledge, 1996, p. 45.

[2] 布赖斯、布劳戴尔等学者都认为地理大发现的结束和全球列强殖民版图的划定导致了对现有资源争夺的加剧。参见〔英〕杰弗里·帕克《地缘政治学:过去、现在和未来》,刘从德译,新华出版社,2003,第19页。

[3] Robert Cox Production, *Power, and World Order: Social Forces in the Making of History*, Columbia University Press, 1987, p. 253.

[4] 〔德〕乌尔里希·贝克:《全球化与全球治理》,张世鹏等译,中国国际广播出版社,2004,第11页。

性的充满悖论和矛盾的过程，全球化的历史进程与地缘政治的交叉依然在多个向度上对国际关系产生了巨大的影响。基欧汉和奈用"全球主义"指涉一种"各大洲形成相互依赖网络"的状态，全球化或去全球化都是全球主义的增减程度。[1] 在基欧汉和奈看来，全球化始于人类的迁徙活动，流动的过程决定了人类社会资源分配的基本状态。在人类以各种单位（包括国家、民族、跨国公司、非政府组织）进行的流动活动里，合作与冲突并存，即便是对全球化的抵制和抗议，也在客观上加深了不同行为者之间的联系程度。地理环境在人类的迁徙过程中最初就是以抵制性因素的面目出现的，大川、海洋、山脉、丛林，大量的地貌与地理因素对生产力低下的早期人类而言是难以征服的障碍，也是人类迁徙活动所要面对的第一个对手。面对地理因素造成的麻烦，人类只有选择组织起来才能提高自身改变自然环境、拓展生存空间的能力，早期地缘政治的人境关系思想也就是在这一过程中才产生的。可以说，是以国家、部族等为单位的人类迁徙活动，不断突破自然地理因素的束缚、打破地理区域之间的隔绝状态，并使一个全球意义的地缘政治空间逐渐成为可能。流动与迁徙过程中形成的人境关系的紧张状态，赋予了地缘政治以现实价值和研究意义。

随着国家成为国际关系的主要行为体，国家对地理空间的攫取成为人境关系冲突性的主要内容。地理区域、环境与资源等具体地理要素的价值在国家的不同发展阶段有着不同的意义，但毫无疑问的是，国家对地缘环境的需求是不断扩张的。拉采尔用"生物有机体"的成长概括了国家欲望和需要的逐步拓展。国家在越来越大的空间内寻求自身利益，并认识到遥远的地方所发生的事情可能对本民族或本国利益产生巨大影响。全球化的成果和前景给予了国家更多的资源、手段实现自己的意愿，也给予了国家更多的激励进行

---

[1] 〔美〕罗伯特·基欧汉、约瑟夫·奈：《权力、相互依赖与全球主义》，门洪华译，《战略与管理》2002年第4期，第62页。

扩张。这种国家本位的扩张反过来又成了全球化的微观基础之一,它不仅形成了一个切实联系的全球体系,也为维系和加强全球联系提供了道义上的合理性。如果没有全球化形成的民族间、国家间和地区间的密切相互依赖状态,国家是很难说服自己的人民同意有时采取成本巨大的跨国行动的。正是全球化发展程度、状态的差异,使某些地区处于全球化核心空间,而另一些地区疏离于全球化之外,使得处于全球化核心空间的地区具有特别的战略意义,诸多世界大国对其争夺日益激烈。如果我们回顾全球化与地缘政治结构的发展曲线,会发现它们之间的重合性是惊人的。以贸易全球化向生产全球化的转化为例,这一历史进程恰恰与斯皮克曼关注的海权影响力向"边缘地带"转移的过程相吻合,这说明全球化的"变"与地理因素的"不变",一定存在着复杂的相互关系。

全球化的发展为地缘政治理论与实践提出了新的核心议题,即:国家如何在一个联系日益密切的世界获得并扩大自己的权力?地缘政治理论从自己的角度给出了回答。首先,地缘政治承认一个相互依赖的全球体系的存在,其代表学说基本上都是体系主义倾向的。尤其在殖民主义完成了对世界的分割以后,西方列强的统治精英形成了共识,即一个强国需要在全球范围内实现国家利益。如英国与德国在东方问题上的争夺、英俄之间在阿富汗以及波斯地区的纠纷,都带有典型的全球性地缘政治考虑。彼时大国之所以在这些地区大动干戈,并非基于对海湾和中亚地区资源储量、经济潜力的过多关注,而是认为这些地区对于维系一个大国的全球存在具有地理上不可替代的枢纽作用。尽管殖民主义列强已经预见到了市场和生产的全球化所能带来的巨大利益,但权力政治和文明输出的考虑在那个时代仍然更加重要。其次,在认识到世界已经结束了相互隔绝状态之后,地缘政治进一步指出了世界的分裂和冲突依然存在。全球化本就是由社会转型、人群流动和国家竞争等多种因素形成的"大杂烩",因此其内涵具有多个向度和多个侧面,各国介入全球化的方式、程度及受到的影响都差异很大。因此，全球化从某种意义上不但没有消弭各国的矛盾，反倒使这种矛盾更加直接化、复杂化和尖锐化了。早期地缘政治学者虽然没有对全球化与地缘政治的关系做出很细致的研究，但是他们明显都看到了全球化在地缘角度分布的不均衡，意识到了这种不均衡可能带来的治权纷争。

以全球化与海权之间的关系为例，在马汉海权论的基础上，乔治·莫德尔斯基（George Modelski）对海权与国际政治之间的关系进行了更细致的探讨，两位海权论学者都认为海权是通向世界权力的必要条件，并从军事学的角度指出海洋的机动性能有效形成全球性的联系，国际政治的权力来自一支"不仅能够保卫海上交通线，还能保持过去通过战争而确立的优势地位"的海军[1]。莫德尔斯基更是进一步提出了基于海权的霸权长周期的存在。[2] 但是海权论者没有注意到或者说忽视了在海权帝国更替背后，贸易全球化和第一次工业革命深入发展所起到的作用。葡萄牙和西班牙在利用其海上技术优势控制了初步形成的全球航路后，那些工业基础更为雄厚、蒸汽机技术发展更为成熟的国家很快承担起扩大全球化地理范畴的重任。海权国家在全球化时代初期的绝对优势地位可以说完全是由自由贸易对海上运输的巨大需求决定的。一旦全球化的影响开始渗透到欧亚大陆的边缘地区或者内陆，那些靠近海洋，同时具有良好工业基础、生产力水平的国家渐渐熟悉海洋，边缘地带国家或陆权国家就开始对海权国家形成巨大挑战。在地缘政治这个全球大棋盘上，不同国家融入全球化的程度和方式都是不一致的，因此比较它们在全球化进程中的作用和地位比较困难。但无论如何，就进入全球化进程的先后而言，陆权国家或边缘地带国家相对于海权国家仍属后发国家，它们对在全

---

[1] 〔美〕詹姆斯·多尔蒂、小罗伯特·普法尔茨格拉夫：《争论中的国际关系理论》（第五版），阎学通、陈寒溪等译，世界知识出版社，2003，第170页。

[2] 〔美〕查尔斯·P. 金德尔伯格：《世界经济霸权1500—1990》，高祖贵译，商务印书馆，2003，第76页。

球化浪潮中率先强大起来的海权国家的挑战注定是困难的。麦金德把"白熊与鲸"的战争视为核心命题；德国地理学派强调德国要做海权与陆权的中间力量，利用海陆双重边界带来双重潜力和优势。因为无论是陆权国家还是边缘地带国家，都曾经和海权国家存在着激烈的竞争。所以，谁是海权最有力的挑战者，成为地缘政治学争论的中心。如果引入全球化这一标准，那么海权的竞争对手就有了一个相对明确的选择标准：是边缘地带还是大陆的心脏地带更能适应全球化发展的需要？或者说哪个区域会在全球化进程中表现出更多的潜力和实力？以麦金德的"心脏地带说"为例，麦金德关于谁控制心脏地带谁就控制世界的三段论之所以被两次世界大战否定，其重要原因就是他过分高估了心脏地带在把资源、人力等优势转化为国家权力方面的潜能，事实上由于全球化的发展受到限制，麦金德所担心的俄罗斯挑战受制于俄罗斯闭塞落后的经济、社会结构，在他所生活的那个时代并没有成为现实。

传统地缘政治理论没有在全球化与地缘政治之间建立一个周延的因果关系，这使地缘政治理论的解释力和预见性大打折扣。随着生产力发展和全球化的推进，国际政治的主题、基本变量以及作用方式都发生了巨大的变化。除了传统地缘政治关注的地缘角逐外，新的全球性问题和区域性问题都与人类命运息息相关并亟待解决。当曾经的地缘政治对手存在着密切的相互依赖关系以后，当全球结构越来越依赖于地区内和地区间平衡时，当地理与区位因素不再为谋取强权服务而成为"共同体"的条件时，地缘政治的现实和理论都无法对外部环境的变化视而不见。全球化作为最基本的体系背景和干预因素，把相互隔离的地区联系起来，并构成了国家间相互关系的基本环境与模式。从这一意义上讲，全球化塑造了地缘政治发展的历史过程和现实形态。

二 地缘政治对全球化局限性的反制

自地理大发现以来，快速发展的全球化已经深刻改变了我们生活世界的面貌，冷战后一段时间内快速发展的全球化浪潮更是成为当代国际关系无法回避的重要背景，但是全球化或者说广义的全球主义的发展既不是均衡的，也不是全面的。目前生产要素与生产过程的全球化已经是一个不争的事实，但全球化在政治和社会层面的影响还处于初级阶段。可以说，经济全球化与国际社会和国际政治领域的不协调性已经变成一个世界性的重要问题。首先，就社会层次而言，经济全球化对旧的社会规范、组织形式产生了巨大冲击，而新社会形式的建构却还处于探索阶段，社会失范已经变成了一个带有普遍性的问题。在规模宏大且不断扩张的人口流动过程中，传统的社会结构渐趋瓦解，不同社会规范发生了激烈的碰撞，尤其是在经济全球化中，不同阶层、不同职业以及不同类属的人群的福利来源开始多元化，既有社会分配机制和利益调节机制面对跨国交往很难再发挥足够的作用。在面对全球化带来的社会分化时传统社会的无能为力，极大地动摇了传统社会的凝聚力，新的跨国忠诚开始形成。全球化对国际社会造成了一种重组效应，但是这种重组目前并没有走向有序，新的社会因素与传统的社会结构的矛盾也没有找到一个合适的解决办法。这种社会矛盾的长期积累就造成了庞大的社会性问题，文明冲突、非法移民、族群解体等都位列其中。

经济全球化的蓬勃发展与社会性矛盾的累积使国际管理的迫切性日渐增加，使得传统的主权体制受到巨大冲击，全球化加剧了国际竞争和国际分配的不公平状态，在发展中世界造成了规模庞大的贫困人群和大量的"失败政府"。被削弱的民族国家体制越来越难以起到全球化浪潮的"防波堤"作用，这又加剧了各国社会弱势群体在面对全球化时的愤怒情绪和无助感。全球化同时产生了相应的反全球化以及社会抗议运动，而传统的主权管理体制又遭到削弱，全球化中的无政府状态困境变得更加严重。一个飞速发展的但缺乏管理的全球化进程本身就意味着风险，在全球化进程中获得优势的国家也更容易受到霸权的诱惑而充当秩序提供者的角色，全球化因此并没有改变传统国际政治中的权力政治现象。为了保证发展不均衡和无序的全球化不危及国际体系的存在，政治上的制约因素变得必不可少。

　　面对全球化的消极效应，各国除了在国内进行种种尝试、对政治与社会结构进行相应改革，更试图通过国际合作与国际机制等方式寻找制衡全球化的途径。相对于这些积极的举措，地理因素和地缘政治起到了一个虽然较为被动但是也更为稳定的制衡作用。简而言之，地缘政治是通过地理战略性地区（Geo-strategic Regions）或地理政治性地区（Geopolitical Regions）[1]的分离效应制衡着全球化对各地区狂飙突进式的整合速度和力度。地缘政治地图中所蕴含的政治平衡，限制了某些国家和地区对全球化的强制性推广。

　　地理因素作为一种天然屏障究竟在多大程度上是不可逾越的，全球化的发展需要回答这一问题。陆权论的早期代表人物麦金德在阐述"海员对抗大陆人"的观点时表现了一种极具代表性的矛盾思想。一方面他认为陆权国之所以能够对海权国形成挑战，其原因在于铁路技术的发展使陆权国拥有了与海权国类似的机动性。[2] 另一方面他又认为陆权国的优势在于"枢纽地带"的固若金汤的地理特点使海权国的机动性碰到了难以逾越的障碍。对生产力、交通技术的发展既充满希望，又心怀疑虑，这种思想不仅在几乎所有地缘政治学者身上都时有体现，也深刻影响着西方世界扩张主义的具体实践。尽管西方列强在殖民主义时代曾经迅速完成了对世界的征服，但殖民主义在第二次世界大战后的彻底崩溃证明了它们的生产力优势并没有转化为持续的统治能力。只要民族解放运动表现出顽强的战斗意志、优良的组织性以及坚持不懈的斗争，那么经济技术更为发达的宗主国也难以维持耗资不菲且远隔万里的征服。地理距离增加了霸权的成本，政治上的非西方化对西方式的全球化

---

[1] 地理战略性地区（Geo-strategic Regions）和地理政治性地区（Geopolitical Regions）也可以表述为地缘战略区和地缘政治区，其差别仅在于不同学者使用的习惯不同。

[2] 〔英〕哈尔福德·麦金德：《历史的地理枢纽》，林尔蔚、陈江等译，商务印书馆，1985，第10页。

形成了巨大的反制，一个地区地理特征、文化宗教和政治传统的沉淀成为该地区国际影响力的重要组成部分，依靠地区的独立性和地区间的疏离性，世界形成了"吸引和排斥其他国家的几个基本的极"[1]。围绕着地区内的某些核心国家，各地区形成了一种强弱不等的区域化态势。这种区域化与全球化本质上不是对立的，它是全球化的区域性表现。[2] 但它与全球化又是相互制约的，区域内的相互依赖增强了一个地区面对全球化冲击时的能力。科恩用地理战略性地区表达了对海权和陆权的区分，但他指出在大的地理战略性地区之内，其实还存在着很多地区性结构（也就是地理政治性地区）。这些地区性结构既有海权或陆权的总体特征，但又受本地区具体地缘环境的影响，与其他地区的差异性为它们区域内的交往密度大于区域外的交往密度提供了可能。在全球化打碎了一个国家的主权体制和社会结构时，地区成为一个具有凝聚力的整体，可以对抗和弱化全球化所能造成的种种影响，提高国家的抗风险能力，也可以使一个国家能在相对熟悉的环境里慢慢适应外界剧烈的变化。科恩就坚信，"全球政治体系在各等级之间（estates）和较大区域之间的关系特征上具有一种类似生态学的动态平衡"[3]。

我们很难将许多国家和地区对全球化的警惕态度盲目地称为反全球化，它们所反对的不是全球化本身，而是经济全球化带来的霸权主义、不确定性以及国家管理能力下降等附带效应。在全球化袭来时，国际体系中已经没有能够与之隔绝的"孤岛"。地理因素和各国的地缘政治战略最终的目标不是抵制全球化，而是建立一个平衡系统使全球化变得可以预期和可以控制。优势国家经常利用全球化形成的风险，使之成为其扩张的工具和借口。地缘政

---

[1] 〔美〕塞缪尔·亨廷顿：《文明的冲突和世界秩序的重建》，周琪等译，新华出版社，1998，第167页。

[2] P. Knox and J. Agnew, *The Geography of the World Economy* (2nd edition), London Edqard Arnold, 1994, p.141.

[3] 〔英〕杰弗里·帕克：《20世纪的西方地理政治思想》，李亦鸣等译，解放军出版社，1992，第154页。

治也无法回避这一疑问,即:全球化将使哪种地缘类型的国家在扩张方面更具优势?海权国家因为控制了世界的绝大部分重要交通路径,具有先发优势;边缘地带国家则把海洋带来的交通便利和陆地的工农业优势、资源禀赋及市场规模结合起来;陆权国家在未来全球化发展中拥有巨大的潜力。但是关于哪种类型的国家可能成为世界霸权,地缘政治没有得出统一的结论,地缘政治为任何一种霸权的实现都设置了先天的和难以克服的障碍。

地理因素不仅通过自然障碍、距离磨损为某一类型国家实现霸权的企图制造麻烦,地理类型的差异更为国家的独立意识与均势战略奠定了基础。不同地理类型的国家在全球化过程中扮演了不同的角色,在全球生产链条中偏重不同的环节,"文明……在一定的地理空间上获得表达"[1],全球化渗透到地理区域内,但没有改变这些地区长期以来形成的独特性,反而促使这些地区在新的共同环境中展开竞争。在全球化初步展开的时期,海权国家曾经获得过绝对的优势,但随着全球化的深入,不同地理政治区域之间被打破的平衡正在慢慢恢复。从地理大发现时期的殖民征服,到后冷战时代的和平发展,地理战略性地区和政治性地区之间的均势结构逐渐稳定下来。在全球化的历史进程中获得先发优势的地缘政治大国也必须看到,地理屏障的缓冲作用依然存在。尽管生产力与科学技术的发展已经极大地缩短了国家力量的投放时间,但地理距离与地理障碍并没有被科技彻底征服。在伊拉克战争中美国人已经在海湾地区建立了大量基地的情况下,跨越大洲的远征依然带来了美国国内经济不能承受的成本。

综上所述,霸权国力量投送与本国距离的远近依然是衡量其干预能力大小的重要依据。同时,全球化可能使某些国家获得了格外突出的红利,但全球化从未被某种文明、某些地缘类型或某个人种所垄断。通过不断的社会习

---

[1] H.J.de Blij, *Human Geography: Society and Space*, John Wiley & Sons, Inc., 1996, p.217. 转引自李义虎《地缘政治学:二分论及其超越》,北京大学出版社,2007,第178页。

得与效仿，欧亚大陆的"边缘地带"和"心脏地带"把潜力化为实力的能力都在提高。海陆之争、海陆国家与边缘地带国家的联盟和斗争，在新的条件下依然按照旧的逻辑进行。不同类型的地缘政治国家相互作用，互为缓冲，为全球化的深入进行提供了必要的政治稳定与秩序，也防止了权力不均衡带来的冲突延缓甚至全球化进程终止。

三 海陆对峙到空间共享：全球化时代地缘政治的新思路

地缘政治理论诞生之初就弥漫着恐慌和悲观情绪。19世纪90年代的欧洲已经把非西方世界瓜分殆尽，"西方主要大国对空间的争夺已经基本结束，在相互竞争的帝国制度之间，争夺相对效率、战略地位和军事力量的斗争进入了一个新的阶段"[1]，欧洲被一种山雨欲来的末世氛围笼罩。早期地缘政治学者把战争即将到来归咎于大国的地理疆界彼此相接，再无缓冲余地。很多人认为，在殖民地分配结束后，列强间的控制权之争就变成了一场胜者通吃的零和游戏。冲突性思维的盛行使地缘政治与权力政治、极端扩张主义画上等号，德国地理学派与纳粹主义的结合甚至差点终结了地缘政治理论。考察地缘政治实践和理论的历史脉络，地缘政治必须为国家影响力的空间扩张与和平发展寻找到一条可行的道路，才能在新的时代条件下不致遭到被摒弃的命运。而全球化的发展为新地缘政治理论与实践提供了新的发展空间。

在全球化已经成为当代最重要的体系现实的情况下，一个符合全球化时代要求的新地缘政治研究框架必须围绕全球化设计研究思路，新的框架要求拓宽研究范畴，进入21世纪以来，从英美主流地缘政治学研究成果来看，研

---

[1] Gearóid Ó. Tuathail, *Critical Geopolitics: The Politics of Writing Global Space*, London: Routledge, 1996, p. 19.

究对象呈现多元化的倾向,"主要体现在政治地理学对非国家组织、全球化、边界、文化身份、社会运动、选举地理、生态政治和批判地缘政治等议题的关注"[1]。前文已经指出,全球化虽塑造了全球地缘政治结构,但其发展又受到了地缘政治因素的影响与制约。在全球化所造成的全球剧变当中,地理因素的静态性和稳定性是遏制全球化浪潮冲击的优先选择。反之,只有全球化的深刻发展,全球联系的不断加强,才能改变全球地理环境的疏离状态,使不同民族、不同国家和不同族群、阶层的人们在共同的政治经济生活中谋求更大的发展。全球化与地缘政治的相互制约和相互作用将成为地缘政治的首要命题之一。全球化与地缘政治的理想关系,应该同时满足全球化有序和公正发展以及地缘政治格局稳定这两个要求。

围绕着全球化,新的地缘政治研究框架所研究的内容应该是什么?这些内容与传统地缘政治理论要有怎样的区分?

新地缘政治研究首先要审视古典海陆两极对峙命题的时代合理性。地缘政治理论用各种方式划分了世界地缘政治结构、解释基于地缘因素和国家权力考虑而产生的种种冲突现象,但其核心没有脱离海陆两极对峙这一主线。从马汉明确区分海权与陆权以来,无论是帝国主义时期的英美学派、德国学派,还是冷战时期的遏制理论、多米诺骨牌理论等,都是海陆对立的某种时代变形。这些理论用两极对峙去解释历史现状、分析现实并预测未来,使两极对峙变成地缘政治学的桎梏,例如,"麦金德在陆地力量和海洋力量之间以及东西方之间的永恒斗争中解释了第一次世界大战"[2]。但是两极格局的和平解体以及全球化在后冷战时代的深入发展,使海陆两极对立命题出现了转化的契机。

---

[1] 安宁、钱俊希等:《国际上的政治地理学研究进展与启示》,《地理学报》2016年第2期,第218页。
[2] Gearóid Ó. Tuathail, *Critical Geopolitics: The Politics of Writing Global Space*, London: Routledge, 1996, p. 42.

首先，随着全球化的深入发展和欧亚大陆"心脏地带"经济潜力的逐渐释放，麦金德所预测的陆权强盛时代是否会变成迫在眉睫的现实？其次，随着全球化由海权向边缘地带乃至大陆心脏地带的逐渐转移，同质化、相互依赖是否会彻底突破海陆界限？

按照地缘政治学诞生之初的传统思维，如果世界政治权力随着全球化的发展轨迹发生转移，那么不愿放弃霸权企图的海权和陆权就必然会发生战争。全球化可能无法改变各国的权力欲望，但是全球化深刻改变了世界经济的运行模式和社会的组织形式。在一个各大国都从中获益的全球经济链条中，国家获得了支撑其行动的种种资源，在一个被全球化重组了的国际社会中，各国民众会跨越国界形成新的认同和忠诚。在这种情势下，海陆对峙的本质也许不会发生改变，但是其对峙的形式和工具则不可能不发生改变。一个围绕着全球化展开的海陆对峙政治结构，使海权与陆权的对峙可能无须再以对某些关键地区的直接控制和占领为目标。海陆竞争演变为"开发竞争"的前景在冷战后的国际关系中已经有所体现。对于有着强烈领导欲望的海陆国家而言，它们的竞争首先是发展模式的竞争，能否寻找出一种适应全球化需求又符合本地区特殊地理政治环境的发展模式，对其国际影响力具有很大意义。现实中，海陆竞争会表现为"承诺的竞争"。海权和陆权都需要在广大缓冲地带做出某种开发承诺，以此增强自己对这些地区的影响力和吸引力。尤其对于欧亚大陆腹地而言，这些国家更需要证明不利于全球化发展的交通、信息、基础设施等硬约束和制度、文化等软约束已经消失。否则，被证明与全球化疏离的区域将很大程度上丧失其谋求全球战略的资格。

在海陆两极对峙的形式与内容发生了很多变化的情况下，地缘政治的核心矛盾——地理空间的控制，也可能发生新的变化。麦金德在论述陆权优势的时候，曾经认为心脏地带是一个海权无法到达的巨大天然堡垒，陆权国家可以依据众多的地理屏障保持对海权的压力而无须担心海权的反击。海权说也用类似逻辑阐述海权的优势。海陆竞争成为一个抢占优势地理位置、挤压对手空间的游戏。

如今，地理空间在军事政治等高级政治领域的意义依然存在，但是所谓的堡垒在社会经济等低级政治领域已经遭到了全球化的持续渗透，已经不再具有那种隔绝不同地理类型国家的能力了。地理空间由国家的控制转向共享，能否成为一种普遍的趋势还存在着很多争议。但是第二次世界大战后欧洲的煤钢联盟和北美自贸区等地区主义实践都在空间共享方面做出了积极的尝试。传统的军事政治联盟逐渐被开放性的国际机制替代，佐证了泾渭分明的海陆格局日渐式微。

早期地缘政治学者莱德曾经设想，理想的边界是具有和平交往的地理特征而非阻止或妨碍交往。[1] 在传统地缘政治时代，一个国家获得有利于防守的天然边界，往往意味着邻国的安全处于不利状态，因为"享有共同边界的国家之间比不相邻的国家之间更容易爆发冲突"[2]。因此除了少数具有"敌我共险"地理特征的国界外，各国的边界矛盾十分突出。现时代，共享性的空间哲学为理想边界的实现提供了条件。全球化与工业化、信息化相伴而行，土地能够带来的收益越来越小，市场与生产的全球配置造成了一个实质上的共同空间，这一切都促使国家降低了在边界安全方面的敏感，对边界的开放性和适于交往更加关注。在传统地缘政治中十分危险的大国冲突现象已经无须以建立缓冲地带的形式加以解决。相互依赖与共同的发展平台，可以起到与缓冲地带类似的作用。

当然，空间的共享只是相对于以往的绝对控制而言，并非要泯灭国家间

---

[1]〔英〕杰弗里·帕克：《地缘政治学：过去、现在和未来》，刘从德译，新华出版社，2003，第154页。

[2]〔美〕詹姆斯·多尔蒂、小罗伯特·普法尔茨格拉夫：《争论中的国际关系理论》（第五版），阎学通、陈寒溪等译，世界知识出版社，2003，第185页。

的地理界限。有时候共享更多代表着全面接触，它可能促进合作，也可能造成新的冲突。只是在一个全球化的语境下，边界的政治意义发生变化是不争的事实。德芒戎曾经提到，"一国的边界摇摆不定、不停消长……国境只是一条政治等压线"。[1] 全球化并不能起到消灭政治压力的神奇功效，在某种意义上它甚至增加了国家间全面竞争的深度和广度。但恰恰是全球化造成了不同国家间政治经济社会的全面接触，地理边界在政治竞争和对抗中的作用反而被弱化了。

在一个基于共享原则的地理空间内，困扰地缘政治的地理价值问题也有了新的衡量标准。从契伦、拉采尔到马汉、阿尔伯特·德芒戎，不同的地缘政治学者都在预测和判断哪种地理类型的国家更具威胁，哪片区域更具潜力。从 19 世纪 90 年代到冷战后，对某地区某国家地缘价值的判断标准从未统一过。造成标准分歧的一个重要原因就在于地理环境千差万别，不同区域在国际关系中的作用也在不断变化之中。如今，随着全球化发展程度的加深，几乎没有哪个地区没有被全球化嵌入，也没有哪个地区没有受到全球化的巨大影响，全球化与地区开发间的互动程度成为衡量一个地区活力与战略价值的重要标准。新马克思主义用"核心—半边缘—边缘"模式及非正式帝国主义模式[2]对变化中的世界经济进行了概括，其是一种把地理因素与全球化相结合的尝试。由于全球化具有共同的本质和特性，因此以全球化的嵌入程度衡量地区价值就可以作为一个普遍性的标准，使我们对全球地缘政治的历史性演进有一个总体的了解。

---

1 〔英〕杰弗里·帕克：《20 世纪的西方地理政治思想》，李亦鸣等译，解放军出版社，1992，第 68—69 页。
2 〔美〕科林·弗林特、〔英〕皮特·泰勒：《政治地理学》，刘云刚译，商务印书馆，2016，第 132 页。

第二节 研究层次的充实: 地缘政治研究
体系层次与中观层次的综合

在全球化带来积聚效应的同时,政治家们仍然相信某些区域具有比其他区域更为重要的地理和政治价值,这些价值必须列入国家外交战略的考虑范畴。这说明地缘政治无论作为一种学说还是一种方法,依然活跃在国际关系的整个过程当中。但与地缘政治所蕴含的巨大吸引力相比,地缘政治理论的发展却异常缓慢,与国际关系理论在20世纪70年代以后经历了的科学化、社会化改造而蓬勃发展相比,地缘政治学在同时期几乎刚刚兴起,"美国前国务卿亨利·基辛格在20世纪70年代作为全球政治地图的同义词,作为权力平衡政治的同义词,帮助恢复了这个词"[1]。地缘政治学在政治家和学者的嘴里频繁出现,却没有实现理论上的革新与进步,后现代主义对地缘政治学进行了去地理化的分析,确实还原了地缘政治学的一些理论本质,但是去地理化之后的地缘政治学究竟应该何去何从却没有结论。全球化的背景使我们必须在一个全新的时代下探讨传统的地缘政治理论问题。地缘政治学说只有在理论上进行新的探索才能对国际关系发生的一系列变化做出有说服力的解释。

一 海陆两极对峙的体系主义论的解释力缺陷

无论是海权论、陆权论还是空权论,地缘政治学者都试图把地理因素嵌入大国的全球政治战略当中,大国要么被地理特征赋予模式性的行为特

---

[1] Gearóid Ó. Tuathail, Simon Dalby, *The Geopolitics Reader*, Psychology Press, 1998, p. 1.

征，要么围绕着具有全球价值的区域展开争夺，地缘政治学也因此找到了区别于其他理论的独特价值。传统地缘政治理论无论是英美学派（海权论、陆权论等）还是德国地缘政治学派，都建立在海陆冲突的论断之上，海陆对峙的二分法对历史规律与国家关系进行了不恰当的简化，把极其复杂的全球体系归结为海陆两极的结构，并且悲观地指出"海员"与"大陆人"的冲突是国际关系不可避免的悲剧宿命，正如乔治·利斯卡指出，"大陆国家与海洋国家的冲突是一种反复出现的现象"[1]。但是，全球体系并非只有海陆对峙这样一种结构，国际关系史上经常出现陆权国家间以及海权国家间的冲突，甚至是海陆结盟来共同对付边缘地带的某个国家（第二次世界大战的反法西斯同盟）。海权国家与陆权国家的竞争是存在的，但是"在高度冲突化的古代和近现代国际体系中，联盟与对抗的逻辑是复杂的，海权和陆权并非最重要和唯一的干预变量，有时甚至不起重要作用"[2]。

但基于体系主义和全球主义的地缘政治在解释力上存在着巨大的空白。因为地缘政治学普遍强调的海陆两极结构实质上是一个因为全球层次交往异常密切而实现了"平滑化"的世界。[3] 在地缘政治理论的描述中，世界性的海权和陆权大国要么合作要么冲突，这些行为的发生是无障碍的，海陆两极权力的交集可能存在于全球任何具有战略意义的土地上，而无须顾及空间局限、地理或政治经济环境带来的制约性因素。无论是麦金德的世界岛说还是斯皮克曼的边缘地带学说，都将广阔的地理空间设定为海陆权国家斗争的舞台，其中暗含的假定就是大国为实现自己的世界战略将其权

---

[1] 〔美〕詹姆斯·多尔蒂、小罗伯特·普法尔茨格拉夫：《争论中的国际关系理论》（第五版），阎学通、陈寒溪等译，世界知识出版社，2003，第183页。
[2] 于海洋、张微微：《传统地缘政治理论的批判及中立性地缘议程建构的可能》，《社会科学》2021年第11期，第18页。
[3] Lake David A. and Patrick M. Morgen, *Regional Orders: Building Security in the New World*, University Park: Penn State University Press, 1997, pp. 61-62.

力投放在各个地理区域,其代价是均等的或者说是可以忽略不计的。另外,海陆两极理论还特别强调对世界范围内的重要地理区域的控制,这些地理区域往往远离海陆大国的本土,但它们却对海陆大国具有不逊于邻近地区的重要意义。这种看似正常的假设其实意味着地缘政治理论所假定的海陆大国应该与全球各地区都普遍存在着密切的利益联系,地理间隔已经不构成减弱利益联系的有效阻力。而从全球化时代开启以来,符合这样条件的大国屈指可数。

从地理大发现开启全球化时代以来,不仅具有全球利益、保持全球存在的海陆大国数量稀少,而且能够摆脱地理束缚实现海陆两极对抗或合作的案例也甚为罕见,这意味着地缘政治理论只能解释极少数国家的极少数活动。大多数国家的冲突或联合,要么发生空间不是全球范围的,要么影响力不是全球性的。也就是说,绝大多数国家无法摆脱奥沙利文的距离磨损效应的影响。地缘政治理论作为一门强调地理因素对国际政治影响力的理论,现代化生产力与交通技术的发展还没有彻底突破地理因素的限制使各国进行无障碍沟通,因此,国际政治中所关心的权力和安全问题都需要在具体的地理环境内加以理解和解决。对于全球地缘政治体系内的绝大多数国家而言,它们既不存在实质性的全球利益,也缺乏对一定区域外发生事件的干预能力,因此它们视野内的国际体系不是平滑的,国家间的交往密度和利益分布不是平均化的,外交战略的构建会依据国家影响力的地理限度有所侧重和放弃。事实上,在近现代国际关系史中,因为对地缘磨损效应和国家权力的地缘限度缺乏正确认识造成重大损失的例子不胜枚举。第一次世界大战前的德国,在俾斯麦执政后期与威廉二世时代的初期,国家实力和国际环境变化不大,但是两人对地缘政治的理解完全不同,俾斯麦将德国定位于一个中欧强国,威廉二世却相信德国应该有一个全球战略,并试图将国家利益的地理范围扩张到世界范围。可以说,正是这种全球主义和海陆兼顾国家身份的再定义让德国发动了第一次世界大战。

因此，重新审视奥沙利文的距离磨损理论，并把这一原理视为地缘政治理论的基础，那么任何地缘政治的全球主义思考就必须接受地理因素的严格限制：全球地缘政治的棋盘会因为地理条件的差别形成不同的阻力区，甚至全球大国影响力的辐射也会随着地理距离和地理限制逐渐削弱，海权和陆权国家影响力的比较往往受制于其所在区域的地理条件和自然潜力。国家在制定国际战略时需要把政治地理状况与国家交往的社会性后果结合起来考虑。[1] 这意味着具有国际影响力的国家也必须明确地区分其全球利益和区域利益，而不能将二者混为一谈。由于干预能力的迅速磨损，大多数国家在安全问题上考虑的不是海陆两极的全球对抗问题，而是与周边地理毗邻地区的陆陆冲突或者海海冲突，国家间更多的是在近似地理条件及其带来的一系列客观限制中寻求政治和安全问题的解决。可以说，包括强国在内的绝大多数国家只能保持在一定区域内的影响力，在所谓的地理极性下，不同地理区域之间疏离性很强，多极化优先考虑的不是极与极之间的密切合作而是它们的相互隔离。马汉与麦金德理念中的全球海陆两极结构更准确的表述不是海权国家对陆权国家具有优势，而是海权国家在分割和隔离各地理政治区方面更加便利，占有优势。

二　地区主义：地缘政治解释力的新来源

地缘政治的全球主义框架给我们描述了一个使各国都受到普遍限制的整体环境。正如前文所述，单纯的体系主义地缘政治理论不能解释大多数国家大多数情况下需要面对的实际状况。如果没有地区这个中观分析层次，地缘

---

[1] Paul F. Diehl, "Geography and War: A Review and Assessment of Emperical Literature", *International Interactions*, 1991 (1), pp. 11–27.

政治理论的解释力会大打折扣。因为全球性国际关系是由国家的跨区域互动、区域内国家间关系和区域之间互动这三组变量的不均衡分布组成。这其中区域内的国家间关系既占到国家间关系的最大部分，也是国际体系结构的中观基础。如果没有地区的存在，也就没有了全球国际体系的存在，正如彼得·卡赞斯坦所说，"我们的世界是一个地区组成的世界"[1]。随着地区主义的发展，把地区或区域的概念引入国际关系的分析已经成为常态。这为地缘政治理论地区分析的发展提供了一个很好的借鉴。但区域主义对区域问题的分析大多数情况下并不沿用地缘政治的方式方法，因此，地缘政治理论迫切需要建立自己的地区分析框架。

目前，具有较高学术影响力的区域主义理论包括区域化理论和地区安全理论两大方向。地区安全复合体理论的代表人物巴里·布赞和奥利·维夫认为："地区，几乎不论如何界定，都必须包括地理上聚集在一起的这类单位的集体，而且这些群体必须内嵌于更大的国际体系。"[2] 区域化理论则认为区域"指地理位置毗邻、人文传统相近和历史上交往密切的国家所构成的自然地区，但也可以指由某一地理界线划定的地区；有时，政治或军事结盟也可以形成国家的区域观念"[3]。从定义中可以看出，二者对区域所包含的地理相邻性都予以承认，但是在区域主义的研究中，区域的社会建构色彩更强。区域化理论是在假定区域共同体可以实现的前提下，研究区域成员如何走向共同体的问题。无论是功能主义、新功能主义还是联邦主义、经合主义，区域主义的视角基本是内向化的，对区域与国际体系的关系涉及不多。在他们看来，

---

[1] 〔美〕彼得·卡赞斯坦：《地区构成的世界：美国帝权中的亚洲和欧洲》，秦亚青、魏玲译，北京大学出版社，2007，第1页。转引自姚全、郑先武《区域治理与全球治理互动中的大国角色》，《探索与争鸣》2021年第11期，第59页。

[2] 〔英〕巴里·布赞、〔丹〕奥利·维夫：《地区安全复合体与国际安全结构》，潘忠岐等译，上海世纪出版集团，2010，第26页。

[3] Bruce M. Russett, "International Region and International System", in Richard A. Falk and Saul H Mendlovitz, eds, *Regional Politcs and World Order*, San Francisco W. H. Freeman and Company, 1973, pp. 181-187. 转引自朱锋《关于区域主义与全球主义》，《现代国际关系》1997年第9期，第41—46页。

区域是一个比全球更容易实现良好治理的舞台，因此区域化理论本质上说是一种国际治理理论。区域安全理论相较于区域化理论而言，一是对区域差别和独特性更加重视，对区域治理经验在其他区域的复制持极为谨慎的态度；二是它更强调区域与全球体系的关联性，因此在许多方面都与地缘政治的学术传统表现出相似性，但是地区安全理论是以安全的获得与保障为核心组织自己的研究的，就像奥利·维夫指出的，"安全化的指涉对象既有地缘政治上的对象，又很大程度上有价值和原则"。[1] 对不同地区的地理差异及由此带来的权力现象、权力关系及国家战略选择等一系列问题，并没有进行专门的研究。

地缘政治理论如若提出更符合自身理论特点的地区理论，需要按照地缘政治的学理要求对地区进行概念界定，因为区域主义在整体上对地区间如何划分的问题采取了模糊的态度，或者说它们按照所研究问题对地区进行划分。以欧盟的边界为例，土耳其究竟是不是欧洲的一部分至今无法得出定论，因为历史上近东问题在各种场合时而成为欧洲问题的一部分，时而成为伊斯兰世界与基督教世界之间的问题。这种对地区界限划分的模糊性经常会导致各国战略意图的对立和国际冲突的发生，各国都愿意最大化理解自己有影响力的区域，并且这种理解在历史与文化考证中又往往是说得通的。地缘政治理论作为研究人境关系和国家战略选择的一门科学，有必要在全球各地缘政治区域的划分上采取更清晰的态度。米尔斯海默在阐述离岸平衡手战略时笼统地把英美两国的对手指定为欧亚大陆上任何有威胁的大国，[2] 这种思维继承了马汉和麦金德的衣钵，但却因为不顾欧亚大陆内部各地区的巨大差异而缺

---

[1] 〔英〕巴里·布赞、〔丹〕奥利·维夫：《地区安全复合体与国际安全结构》，潘忠岐等译，上海世纪出版集团，2010，第271页。

[2] John J. Mearsheimer, "Power and Fear in Great Power Politics", in G. O. Mazur, ed., *One Hundred Year Commemoration to the Life of Hans Morgenthau (1904–2004)*, New York: Semenenko Foundation, 2004, pp. 184–196.

乏针对性。因此，地缘政治意义上的区域在划分上必须考虑两个要素：

第一个要素就是大国影响力的实际界限。地缘政治中的地区与自然地理中的地区，在划分上最大的区别是地缘政治坚持国家主义的研究视角，它立足于国家在地缘环境中的处境和选择进行研究，因此对于地缘政治而言，任何有效的可以用来分析的地理区域都是围绕着地区性大国划分的。这些国家会按照其影响力所能到达的界限制定战略目标，促进目标的实现；同时，它们也会因为其他区域大国的竞争调整自己的影响力范围。妥协的结果往往是区域内的地理屏障成为大国间实际的影响力界限，克什米尔地区就因为其特殊地形而在印巴之间充当了这种天然边界的角色。除了那些因为地理隔绝只有单一大国的特殊地区外，任何地缘政治地区都会因为两个或两个以上的大国存在，而存在一定程度的紧张状态。特定的自然屏障存在意味着，在某种地理条件难以抗拒的影响下，它会被动地起到国家间竞争均衡器的作用，因此天然边界的位置及其位移就成为考察区域国际关系的重要指标，通常在权力竞争中处于弱势地位的国家会更加重视对地理界限的保护，而缺乏天然边界的地区安全形势会经常呈现出更为复杂和严峻的态势。在欧洲历史上，德国的安全忧虑远大于其邻国的原因中很重要的一条就是东中欧大平原使德国无法获得地理屏障的保护。[1]

第二个要素则为地区间的地理疏离性。鉴于政治大国的影响力并没有达到完全超越或无视地理界限的程度，依靠海洋、山脉、高原、沙漠等大量存在的地理屏障，各个地区被隔离起来。这种隔离在彼此不直接相邻的区域间更为明显。鉴于每个地区与外界的隔离程度并不相同，隔离程度较低的地区在开放程度上相较于其他地区往往更高，但跨区政治互动又会使区域的独立性和稳定性成为重要问题，斯皮克曼所阐述的边缘地带就属于这种类型的地

---

[1] 刘靖华：《霸权的兴衰》，中国经济出版社，1997，第153—154页。

区。正如亚里士多德、孟德斯鸠、让·布丹反复指出的，相互疏离的地理环境事实上使每个地区之间出现了巨大而全面的差异性，这也是各个地区凝聚力的来源之一。同时，地理疏离使区域内和区域间的相互依赖在成本上存在差异，从长远看，这种差异会鼓励地区一体化的发展。

根据影响力的距离磨损程度和地理环境的自然疏离，世界被分割成相互区别的地缘政治区域，而各国也划定了基本的活动范围。地缘政治区的存在，使我们从人境结合的视角对国际体系的复杂性和各国战略的差异性有了更为清晰的认识。正是在差异性的基础上，不同地区的不同发展道路才有了比较和借鉴的可能。从传统地缘政治理论的角度出发，简单的海陆两极划分往往无法涵盖国际政治中的复杂内容。在地缘政治区这一分析层次引入后，我们就可以依据不同地区天然边界的具体差异和国力磨损的现实情况，将海权与陆权国家的战略诉求和行为模式进一步细分。例如，同样是海洋国家，日本在两次世界大战期间奉行的政策却与英国和美国截然对立，这种更倾向陆地扩张的黩武政策由很多因素造成，日本在东亚和东南亚大陆地区面临的磨损效应远小于控制南太平洋是一个很重要的理由。[1] 也就是说，通过对国家的地缘位置、区域内国家力量对比和大国间天然屏障的分布状况的综合研究，我们可以对地区及国家间关系的历史模式、稳定程度和发展方向有一个大概的认识。这种基于"人—境"关系的分析可以重新界定地缘政治与其他国际关系分析模式业已模糊的分野。

三　地区间：争议中的分析层次

在古代区域性国际体系当中，区域间的互动从未上升到形成全球体系的

---

[1]〔美〕入江昭、孔华润：《巨大的转变：美国与东亚（1931—1949）》，复旦大学出版社，1997，第2页。

程度。从地理大发现和欧洲扩张开始，相互隔绝的地理区域才被工业革命和殖民主义的浪潮打破。不同大陆之间的沟通随着全球化的发展在逐步走向紧密化，但这不意味着地区间互动在全球结构中能够发挥重要作用。虽然生产力的发展促进了国家和非国家行为体的相互交往，但区域还没有变成具有独立利益诉求的行为体。即便是欧盟这样发达的地区共同体，也没有发生全面的"忠诚转移"现象。因此，地区间如果想成为一个有价值的分析层次，那么首先需要地区的发展达到实现高度机制化或共同体的程度。在当前区域主义研究中，虽然有部分学者认为国家、地区、地区间和体系构成了国际问题研究的四个层次，但毫无疑问地区间层次的现实价值是最为薄弱的。地区间层次的研究尽管存在着空洞化的非议，但这并不意味着地区间层次可以被忽略。当前，国际关系领域的地区间研究（interreigionalism）主要研究以下几个方面的问题：全球化把地区间交往视为经济全球化发展的自然结果，认为地区间交往是人类社会、市场与国家间关系全面重塑过程的一部分；区域主义研究地区间的共同发展，认为地区间交往是地区一体化过程的自然延伸。研究全球治理的学者还从治理方式的角度把地区间交往视为美国单边主义和全球多边主义之间的一种治理状态。[1] 由于理论架构的差别，地缘政治理论对区域间层次的研究应该基于不同的视角：地缘政治区强调地区之间的疏离性和差异性，也正是地区间疏离程度的不同造就了不同地区间交往程度的差异，并由此引发了一系列国际关系的变化。地理距离的远近、交通条件的便利与否，使各地区间关系要么冲突要么合作。在现有情况下，有哪些带有典型的地缘政治特征的现象应该被纳入地缘政治研究议程当中呢？

首先，地区间的相邻地带应该被纳入地缘政治的研究议程当中。斯皮克

---

[1] Mathew Doidge, "Joined at the Hip: Regionalism and Interregionalism", *Journal of European Integration*, Volume 29, Issue, 2 May 2007, pp. 229-248.

曼把海陆两极相邻的边缘地带视为全球地缘政治环境中最重要的部分[1]，但除了海陆两极之外，任何地区间的边缘地带都会因为地区的差异性而带来某种关系的紧张状态。这些边缘地带有时表现为前文所提的自然界限，有时没有特别的地理特征，但是这些边缘地带经常同时受到两个地区的影响，随着地区间政治经济发展的不平衡状态而不停地向某个方面倾斜。这些地区的安全状态与权力分配因为涉及不同地区的多个国家，不属于区域关系；其往往无法对国际格局造成重要影响，也不属于体系层次的问题，但它却构成了地缘政治中颇为引人注目的区域间议题。如在奥斯曼土耳其帝国瓦解后，土耳其和希腊在塞浦路斯问题上的摩擦，俄罗斯、美国和加拿大对北极圈内领土主权的矛盾，都可以划归到区域间层次上加以考察。

其次，地缘政治理论一直有大国政治的研究传统，因为，"大国的领导作用，大国之间的合作而非对抗，是区域治理、全球治理的理想变成现实的关键所在"[2]。可见，区域间问题往往被一些学者简化为大国之间的问题：布热津斯基用地缘政治棋手来概括全球重要的战略区域就集中体现了这种倾向。地区性大国在一个固定区域内如何发挥影响力、全球性大国在区域间如何发挥控制和影响作用，这些问题在理论上已经进行了充分地研究。区域间层次的地缘政治问题必然涉及区域性大国如何跨区行使政治权力的问题。如果坚持地理磨损原理的基础性地位，那么一个大国的影响力必然是有限的并且随着与本土距离的拉长逐渐减弱。但地理条件的限制作用会受到科技发展、地貌环境等因素的变化而出现波动，地区性大国的影响力也会因此不同。例如海洋国家影响力所能达到的距离通常就会比陆上国家更长，因为海洋国家克服自然条件限制更为容易、成本也更为低廉。一方面，地区大国跨区活动能

---

[1]〔美〕尼古拉斯·斯皮克曼：《和平地理学》，刘愈之译，商务印书馆，1965，第78页。
[2] 王义桅：《超越均势：全球治理与大国合作》，上海三联书店，2008，第231页。转引自姚全、郑先武《区域治理与全球治理互动中的大国角色》，《探索与争鸣》2021年第11期，第60页。

力是不同的，它们在全球地缘政治结构中的角色也会相应有所差别；另一方面，它们之间是否会形成一个都能施加影响的共同区域也是影响跨区关系稳定的重要因素。

最后，无论是区域间的边缘地带还是大国的跨区域交往，都会随着生产力的发展而发展。全球化带来的深刻影响推动了区域间互动的深入，并由此带来了地区开放性与封闭性问题。区域主义往往以区域化和全球化互动的程度来判断一个区域是否是开放的。对于地缘政治理论而言，一方面地理条件的限制对地区开放会造成一定程度的影响，另一方面这种影响不是绝对的。开放还是封闭对评估一个地区的战略价值十分重要，而判断开放性的标准应当定义在区域大国突破地区界限的难易程度上。

四 从中观到体系：地缘政治进程研究的发展

任何体系层面的变化，都是由微观和中观层次的具体变化逐渐发展演变而成的。强调地区和地区间两个分析层次的价值，并非要否定体系主义和全球主义地缘政治学的学术价值和现实意义，而是希望寻找从地区走向全球地缘政治格局的完整逻辑链条和分析模式。只有能够解释各个主要地理区域的现实状况，有关国际体系的分析才是可信的。因此，地区和地区间层次的地缘政治研究是丰富和发展地缘政治系统理论的必由之路。

传统的地缘政治理论把国际体系概括为海陆两极的历史性对抗，乔治·里卡斯在总结地缘政治冲突的现实基础时指出，"海上强国和陆上强国在性质上殊异，无论是相互竞争还是彼此交往都不能消除彼此的差别"。[1] 无论是心脏地带、边缘地带还是内新月地带、外新月地带，不同学者观点的交锋可以

---

1 Gaddies Smith, "Quest for Equilibrium: America and the Balance of Power on Land and Sea", *Foreign Affairs*, Vol. 4, 1978, p. 4.

聚焦为海洋大国和陆地大国对抗的战场在哪里的问题。海陆两极的对抗，不仅是海权霸主和陆权霸主之间的两国对决，而且是海权和陆权两种地理和文化类型的国家之间的总体对抗。这些国家为什么会依附在具有领导力的霸权国家身边，投入全球范围的两极对抗？它们中的大部分不仅地理位置远离斗争的焦点地区，影响力是否也会像霸权国那样有能力跨地区投送？大部分国家参与两极对立地缘结构的理由无法在传统的地缘理论框架内解决。这就要求区域理论为这些国家投入某一极的联盟行为作出解释。依据我们前文的分析，地区大国的影响力受到距离磨损效应影响，这会限制它们的跨区影响力。但在一定区域内，地区大国影响力距离发生重叠是很常见的情形，而这种处于两国影响力交集的地区一旦缺乏公认的地理界限或两国的默契，就会成为地区冲突爆发的热点区域。区域冲突，尤其是区域内具有海陆不同性质的国家间的冲突为全球性海陆大国的干预提供了条件。它们的干预往往可以改变权力均衡的天平，也会在客观上导致海权、陆权国家的全球联盟的产生。没有了地区性冲突的中观基础，全球海陆对抗格局就缺乏普遍的验证。

地区分析的价值不仅在于证实海陆两极对抗结构的合理性，它也为地缘政治合作与联合进程的发展提供了依据。后冷战时代经济全球化深入发展，国际社会的主题转向和平与发展。这些国际体系宏观环境的变化如何影响地缘政治全球结构呢？由于地理环境和一个国家的海陆属性具有不变性，地缘政治相较于其他类型的国际关系也具有更加顽固的特性，只有从国家间关系和地区形势的具体变化出发，我们才能对全球地缘政治结构的变化做出令人信服的判断。从全球各地区的区域化进程着眼，地区大国的影响力距离确实有很大的交集，这种交集不仅会带来冲突和对抗，还会影响地区一体化进程的发展。第一，很多地区普遍存在着极大限制人类活动的天然界限，这些诸如难以逾越的高山大河之类的天然屏障往往限制了国与国之间冲突的程度，削弱大国间对抗的烈度，最终使地区内部的国家间关系趋于稳定。第二，各国影响力距离交集地区的长期存在，客观上使地区大国之间建立了密度更高的相互联系。由于密集的互动是社会性共识与合作行为产生的必要条件，这意味着大国影响力交集的扩大和长期存在有利于地区一体化进程的发展。

在地区间层次，自然界限的作用更为明显。各地区大国影响力距离的有限性，使不同地区大国之间会出现双方力量达不到的空白地区，这些空白地区客观上成为隔离地区大国的自然界限。由于大国彼此的权力缺乏直接接触，大国之间海陆性质的差异也不易变成难以化解的冲突形势。从这个意义上讲，地理因素给大国关系带来的不只是冲突和敌对，还会给合作带来可能性。在此情况下，全球化带来的国家间密切经济关联会改变两极对抗的心理基础，各国可以根据区域化进程和全球化进程的发展程度选择和其他国家相处的模式。

人类从相互隔离的地区性国际体系，走向全球性的世界体系，是历史发展的必然趋势。在这一过程中，地理条件带来的障碍和便利同时存在，生产力的发展、国家实力的变化、地理条件的共同作用、疏离性的差异便构成了影响各国关系亲疏远近的重要变量。地区为区域成员提供了一个相对固定的使地理疏离性逐渐消解的舞台。在研究地区层次、地区间层次和全球层次地缘政治结构的相互作用时，可以从不同国家影响力距离之间的交叉和偏离这个视角来解释究竟是影响力交集区容易产生国际冲突，还是影响力的空白区容易产生国际冲突，它们的冲突与海陆两极结构的关系是怎样的？对这些问题的回答可以从国际关系历史上找出不同的经验材料加以解读，而地缘政治地区理论的中观化发展可以为理论概括提供一个更为明晰的视角和框架。

第三节 研究内容的拓展：从地缘政治到地缘经济

冷战的结束与全球化进程的飞速发展，使 20 世纪 90 年代的国际关系展现出一个最基本的特征，即：美国领导下的西方世界在政治、经济、文化领域取得了看似无法逾越的全面优势。弗朗西斯·福山甚至用"历史的终结"来表达这种乐观情绪。但在短短的三十年间，西方世界的优势迅速消解，不仅区域大国及由此产生的区域性经济政治联盟成为后冷战时代国际关系的最大特征，甚至部分新兴国家在全球事务上对美国的领导地位形成了越来越明显的反制。地理意义上的世界究竟是走向一体化还是碎片化？将整个世界联系在一起的纽带是什么？不同学科的理论家们都需要对这个问题作出回应。应该说，地缘政治理论注意到了国际格局中地区主义与全球化并存的新趋势，并给出了相应的解释，但怎样将经济全球化、国际格局变化和国家自身发展结合起来，地缘政治学者们的探寻还比较初步。为解决地缘政治理论在这方面的劣势，地缘经济概念应运而生。

一 地缘经济研究的现状

地缘经济（Geo-economics）由法国学者家雅克·布德维尔首次提出，他将区域经济合作称为地缘经济[1]，1990年爱德华·卢特沃克（Edward N. Luttwak）在《从地缘政治到地缘经济：冲突的逻辑、贸易法则》中使用了"地缘经济"这一术语，他认为地缘经济的发展最终会使传统形式的政治冲突丧失意义[2]。虽然卢特沃克并未在学术意义上阐明这一概念的内涵，但由于地缘因素与经济发展之间的关系本身具有高度的研究价值，因此地缘经济还是频繁地被不同学者按照自己的理解加以使用。由于概念使用的混乱性，地缘经济的具体含义也存在争议，B. 德尔加乔夫在其专著《地缘经济学》中将学界对地缘经济的定义归纳为三个方面，即"世界经济的新组织体系""占领

---

[1] Boudeville J., *Problems of Regional Economic Planning*, Edinburgh: Edinburgh UP, 1966. 转引自杨文龙、史文天《中西方地缘经济研究的进展与展望》，《世界地理研究》2022年第5期，第905页。

[2] 丁利荣、陈明婧：《论地缘经济学的生成及其学术流派》，《求索》2009年第4期，第5页。

世界经济空间的机制和战略",还有"关于国家发展战略、优先通过经济途径实现世界或地区强国战略的科学"。[1]

有学者指出,"地缘经济应侧重区域经济合作,广义上是从地理位置和经济关系角度认识和处理国际关系;狭义上是研究两个或两个以上位置毗邻、空间相连的地域单元"[2],也有学者把迄今为止的地缘经济研究归纳为三个学派:美国学派、俄罗斯学派以及意大利学派[3],但三个学派在研究形式和研究方法等方面的区别不大,研究思路雷同,这也从一个侧面印证了地缘经济作为一门规范理论的稚嫩和不成熟。按照德尔加乔夫的理解和概括,地缘经济目前所产生的成果大概可以分为三个方面:

首先,针对"世界经济的新组织体系",地缘经济的研究将区域化的发展视为冷战后国际经济最显著的变化。赫特和索德伯姆认为,虽然全球化的发展一直试图超越地理的制约,弱化地缘因素的影响,但是国家间经济合作的首要条件之一仍然是地理的接近,"尽管不应夸大地理相邻的重要性,但新地区主义理论是建立在这一事实基础上的:发挥作用的共同体离开了领土不可能存在"[4],生活在同一片地理区域的群体之间具有长期互动实践方面的经验,在种族、宗教、文化等方面相似性也较多,它们间的合作关系既能实现成本的降低,也容易培养长期经济合作所必需的信任感和共同体观念。地区主义与全球化的伴生关系,使实现了经济一体化的地区成为地缘经济研究最有效和最现实的单位。

其次,针对"占领世界经济空间的机制和战略",地缘经济将国际机制、跨国公司合作、国家联盟及政府间合作三者间的关系视为研究重点。美国兰德

---

1 李敦瑞、李新:《地缘经济学研究综述》,《国外社会科学》2009年第1期,第45页。
2 张丽君:《地缘经济时代》,中央民族大学出版社,2006。转引自杨文龙、史文天《中西方地缘经济研究的进展与展望》,《世界地理研究》2022年第9期,第906页。
3 李敦瑞、李新:《地缘经济学研究综述》,《国外社会科学》2009年第1期,第42页。
4 〔瑞典〕赫特、索德伯姆:《地区主义崛起的理论阐释》,袁正清译,《世界经济与政治》2000年第1期,第67页。

公司政治研究部主任所罗门认为，抢先启动的区域性贸易集团将在21世纪的经济和贸易竞争中占据优势。[1] 意大利学者保罗·萨翁纳（Paul Savanna）认为随着财富的非物质化进程（即第三产业替代第一、第二产业），国家边界的意义趋向虚无，这促使跨国社会、经济与政治结构的创新成为地缘经济发展的关键。这种思想在美国和俄罗斯地缘经济学者当中也具有普遍性，学者们所争议的只是各国政府在一个新的空间管理机制中的作用大小及形式而已。

最后，在"国家发展战略"方面，各国学者因为所处立场不同，提出了很多具体意见。A. 涅克列萨（А. И. Неклесса）的六角模型说、卡尔罗·让（Carlo Jean）的区域合作模型以及美国学者普遍坚持的"领导与挑战"说，虽然所提出的政策工具和战略模型不尽相同，但他们在支持国家积极参与地缘经济事务、警惕经济对手的竞争方面意见是一致的。从这一意义上看，地缘经济与国际政治经济学的基本逻辑是一致的，他们都主张经济要为政治服务，国家权力应该介入区域与全球经济发展过程当中，以此实现国家利益。

回顾地缘经济研究的发展历程，可以看到地缘经济目前一共经历了两个大的历史阶段。第一个历史阶段是在冷战刚刚结束的十年内，这一时期俄国和美国的地缘经济学者更加重视全球与区域经济发展给国家安全造成的挑战，关注一个国家经济空间的拓展，强调国家权力向经济领域的倾斜；第二个历史阶段内各国学者对全球化和区域化的认识更趋深入，几乎所有学者都看到了全球化给人类经济社会组织形式造成的深刻变革，他们更强调如何在认识、适应和融入这一进程中理解经济版图的地理变化，并以此制定正确的战略和政策。

二　地缘经济范式的批判性解读

从地缘经济概念的提出，到其被广泛应用于国际政治和国际经济研究之

---

[1] 李敦瑞、李新：《地缘经济学研究综述》，《国外社会科学》2009年第1期，第43页。

中，作为一个描述跨国经济的地理性分布与运作的概念，地缘经济已经深入人心。归纳已有的研究成果，目前的研究不足以使我们对经济要素与地理要素的关系产生清晰的认识。地缘经济如果要想成为一个真正有价值的解释变量，还需解决自身存在的两个问题。

一是缺乏清晰的学科边界。如在全球化问题见解方面，地缘经济与国际政治经济学（IPE）相似，而其在区域化问题上的认识又借鉴了区域主义、新功能主义观点。同时，客观环境与国家实践之间的互动关系作为地缘经济最为核心的要素，在大多数地缘经济的研究中亦没有得到深入贯彻。地缘因素在很多学者的研究中已经沦为单纯的甚至可以忽略的背景性因素，他们更加关注资源或经济要素的全球配置对国家政治地位的影响，这些问题在国际经济学和国际政治经济学中已经有成熟的范式可以借鉴，而这种问题在俄罗斯学者的研究中体现得尤为明显。

二是缺乏完整的变量体系。无论是从全球结构还是国家战略意义层面来看，地缘经济应该是由大量变量相互作用而形成的。但现有研究成果在何种因素能够影响全球或区域地缘结构、何种力量对国家地缘经济战略的实施最具意义方面，缺乏基本的比较研究和理论共识。以全球经济结构为例，全球能源分布、土地、地理意义上的战略航路、产业的跨国分布，哪个因素会对地缘经济的结构形成重要影响，以及这些因素之间的关系，目前都有待深入研究。由于地缘经济研究中的核心变量不明确，意味着关于地缘经济的研究具有很强的随意性，致使系统研究和政策研究之间没有建立起完整的理论链条。

目前地缘经济理论发展的初步性不能掩盖其生命力和研究价值。全球化的发展引起了国际结构的调整，这种调整又不可避免地带有空间特征，地缘经济能够在多大程度上影响和干预全球化以及国家战略，始终是一个具有重大意义的理论与实践问题。因此，地缘经济议程的合理性也体现在以下两个方面。

首先，地缘经济作为地缘政治的发展和补充，具有价值层面的合理性。很多研究者认为地缘经济是新时期的地缘政治或是经济方面的地缘政治。众所周知，传统的地缘政治理论在本质上属于权力政治，它强调国家间关系的冲突性。地理环境作为一种先天性的和不可回避的外界约束构成了不同类型国家间冲突身份的建构条件。海权与陆权、边缘地带与核心—外围冲突，这些由地理条件带来的冲突关系又因为地理因素的持久性而难以消解，但地缘经济的诞生为解开国家间冲突循环开启了新的道路。在全球化和资源全球配置的大环境下，地理空间的隔绝性被摒弃，地缘类型相对的国家互为市场、充满敌意的邻国率先结成经济共同体，冲突价值被联合思想替代，成为政治哲学中的可能。杰弗里·帕克写道，"随着20世纪50年代第一个欧洲合作组织的建立，地缘政治学中有关'联合'的思想变成了现实"[1]。与其说地缘经济强调地理区域内和区域间的联合性，不如说它映射出全球化"联合性"的逻辑。欧盟、东盟及一系列区域经济合作在地理范围内的扩大，强有力地佐证了地缘经济空间内联合性观念地位的提升。地缘经济对地缘政治逻辑发展和转变的意义是十分明显的。

其次，地缘经济的进一步发展具有历史的合理性。如果从人类开始寻求跨边界经济交往开始算起，那么全球化的发轫远早于资本主义的诞生。纵观全球化的发展历史，地理空间的拓展、经济交往的线路以及经济合作的内容都与国家地理环境密不可分。从这一意义上讲，地缘经济既是全球化发展的地理环境，又是全球化对国际地理空间的改造结果。人类经济生活的历史赋予了地缘经济以时代意义和未来图景。按照阿尔文·托夫勒对人类文明三个阶段的划分（农业社会、工业社会和信息社会），地理环境的经济意义在各

---

[1] 〔英〕杰弗里·帕克：《地缘政治学：过去、现在和未来》，刘从德译，新华出版社，2003，第72—73页。

个阶段的价值不尽相同,在农业社会,土地及其所产出的农作物的数量和质量,成为各国评估地缘环境最重要的标准。地缘经济也主要围绕着这些农作物的生产和运输展开。在工业社会,地缘经济的重点转向了工业产品、重要能源的产地及其跨国贸易线路上。地缘经济不但在运作形式上更重视对航道和交通要道的控制权,在内容上也渐渐表现出区域和国际合作的特征。在信息社会,由于非物质性财富对于跨国经济意义更加巨大,国际经济的空间性特征出现了明显的淡化。但是知识和技术来源地的地理分布依然存在,受信息化改造的农业和工业也在全球范围内进行着资源配置,这个过程对于那些试图借此获得全球影响力的国家而言,其重要性不言而喻。

三　地缘经济研究的新议程与新内容

承接上文,地缘经济作为一个研究框架,具有无可置疑的学术和现实意义。但该概念的泛滥使用和内涵的含混,都影响了地缘经济研究的进一步发展。詹姆斯·多尔蒂和小罗伯特·普法尔茨格拉夫认为"世界地缘经济的地图是根据国际金融网络、投资形式、人口与观念的流动,以及大量的信息流绘制的……在地缘经济的世界里,衡量权力的尺度是通过高技术的研究和开发获得决定性技术优势以占领未来市场的能力"。[1] 这意味着"人—境"关系只能作为一个客观存在且对跨国经济运行不发生重要影响的载体。在当今关于地缘经济的研究中,这种忽视地缘要素进而把地缘经济转换为国际经济的做法带有某种普遍性,受具体问题影响,既有研究结果过于偏重应用层面,忽略了学科框架的总体归纳。从这一意义上讲,地缘经济面临的任务则是要用独特的研究方法,确立明晰的理论边界,进而建立一套完整的变量关系。

1　〔美〕詹姆斯·多尔蒂、小罗伯特·普法尔茨格拉夫:《争论中的国际关系理论》(第五版),阎学通、陈寒溪等译,世界知识出版社,2003,第165页。

总结并借鉴关于地缘经济的研究成果，成熟而明晰的地缘政治研究框架至少包括以下五个方面的内容。

一是地缘经济的主要变量及其相互关系。什么是地缘经济，这个问题很大程度上是由地缘经济的主要变量决定的。能源地理学者关注世界能源供应的地理结构以及由此形成的能源供求体系，智缘空间论者关注人类知识与生产力发展对传统地缘空间的消解作用，产业结构论者更关注产业结构的全球调整及由此带来的国际权力转移。地缘经济所要突出的就是这些经济要素与地理环境间的"同构"关系。[1] 毫无疑问，国际经济的构成和运行都要依赖它所存在的客观环境，这种客观环境又包含着各种经济集团及国家的努力。消极的不可变的地理限制和积极的实践共同塑造了国际经济的发展样式和界限。资源与能源的地理分布、现代工农业所需要的气候条件、自然环境以及国际运输所必需的地理条件，这些都属于地缘环境所能提供的难以改变的限制性约束；而地理大发现、产业结构升级以及人口规模、人口素质的提高等因素，则属于人类对地缘环境能动改造的产物。地缘经济需要解决的问题则是地理限制因素和人类能动实践之间相互作用的程度、方式等一系列问题，并回答在诸多变量作用下，国际经济的地理分布、区域性构成以及未来发展样式等问题。沙夫·舒吉亚在对未来国际经济发展的预测中，就沿用地缘经济的视角指出，"在未来的 50 到 100 年中，经济资源将由受过良好教育的人口、储量丰富的煤矿和铀矿、可耕地，以及世界上的海洋等部分构成，这些对未来经济集团的形成都将产生重要影响"。[2]

二是地缘经济的系统结构。由于地区本身是一个空间概念，同时地区性经济合作一定程度上改变了地缘政治冲突和竞争的局面，几乎所有地缘经济

---

[1] 郭树勇：《建构主义与国际政治》，长征出版社，2001，第 59 页。
[2] Sharif M. Shuja, "Coping with Globalisation", *Con-temporary Review*, Vol. 237, No. 1630, Nov. 2001, p. 257.

的研究者都看到了区域化进程对国际经济的巨大影响,并坚信区域化是地缘经济发展的最大成果之一。加特莱(Bob Catley)认为,"当超级大国所代表的意识形态领域的对抗缓解之后,国际政治中的区域化特征正在不断加强。发展问题、民主化问题,以及国家自身特征的界定问题已经构成了地缘政治中新的意识形态内容,区域化发展的趋势已不可逆转"。[1] 以区域化为研究基础的学者容易把全球地缘经济结构视为区域结构的累加。这种建立在区域化基础上的世界地缘经济结构分析代表了地缘经济的结构性研究最通常的思路,但是它的基本逻辑在某种程度上与全球化的发展历程是相悖的。西方工业化和殖民主义构成了近代全球化的基础,这种全球化在很长一段时间内是单向输出的,可以说,除西方以外的全球各地区最早的地缘经济关系更多的是跨地区的,区域内国家横向的经济联系并不密切。这也是近代以来海权论和边缘地带学说大行其道的原因,因为海权国家或海陆复合国家在工业化初始阶段具有实现跨地区经济联系的自然条件优势。分散化和区域化是自殖民主义瓦解以来,地区性大国对西方国家进行成功效仿以后的结果。回顾全球化的历史进程,可以发现全球性地缘经济结构在时间上早于区域性结构,它的历史进程对今天国际经济的现状和发展趋势发挥了更为重要的作用。

从全球性地缘经济结构的分析路径来讲,能源、产业、知识结构(表现为工业生产、服务业发展所需人力资源的人口分布)与国际交通物流航路的分布如同一张张幻灯片,其叠加后并不总是呈现出重合状态,这种地缘要素分布的不均衡会使国家、各种经济行为体以及区域集团产生经济压力或政策冲动。在此情况下,每个经济行为体都希望利用自己的优势促使地缘经济格局倾向于其所在地区。这种结构性的地缘经济要素分布不平衡及由此产生的战略冲动则是构成地缘经济独有的结构性内涵。

---

[1] Bob Catley, "The Bush Administrationand Changing Geopolitics in the Asia-Pacific Region", *Con-temporary Southeast Asia*, Vol. 23, No. 1, April 2001, p. 164.

三是地缘经济的研究方法。当前,在关于地缘经济以及区域化问题的研究中,学者们普遍应用新功能主义、边际效应等研究范式,格外关注"外溢"效应的发生,并从欧盟、东盟等区域性合作机制的扩展中佐证地缘经济的合作理念。毋庸置疑,区域合作制度安排的扩张的确是具有空间性的,但是"外溢理论"的引入一方面使地缘经济与地区主义或制度经济学之间出现了混淆,造成了地缘经济的空洞化,另一方面也割裂了地缘经济与地缘政治在研究方法上的关联性。事实上,地缘经济作为地缘政治思想在经济领域的应用,它可以借用地缘政治成熟的分析方式。如距离磨损原理对经济合作的地区性具有较强的解释能力,即使在科技条件较为发达的今天,地理因素仍然制约着国家之间的交往规模及交往强度。磨损效应会增加国家与遥远地区经济交往的成本,即便有些国家在科技水平、通信手段、海陆交通等方面拥有较大的优势,但是一个超级大国从邻国和从遥远国度进口同类商品的成本也是有着明显的差距的。"地理位置越靠近的国家往往更易于形成区域性的生产分工网络,北美、欧洲、东亚等地区都是典型的代表。即使技术进步已经大大降低了运输成本,但海麦斯的实证结果表明地理距离仍然是决定国际分工的一个关键因素。"[1] 地理磨损与成本上升,很长时间内将成为国际经济发展的一对基本矛盾。

随着生产力的发展、运输手段的进步和信息化的发展,国际物流的成本总体上呈下降趋势,但这不会导致地理环境对各国的限制消失,而是意味着地理环境会带来一个更为不平等的竞争环境。从人类开始跨国贸易以来,如何克服地缘环境造成的障碍是各国竞争的重要方面。少数国家率先实现技术或科技方面的创新会获得明显的比较优势。信息化时代的到来,各国在跨越地理障碍竞争方面的不平等关系面临着持久性和固化的局面。同时,从国际

---

[1] D. Hummels, *Towards a Geography of Trade Cost*, University of Chicago, mimeograph, 1999. 转引自徐康宁、王剑《要素禀赋、地理因素与新国际分工》,《中国社会科学》2006 年第 6 期,第 66 页。

经济产业结构升级的视角分析，能够化解地理磨损效应的产业要么是稀缺性的能源产业或具有垄断利润的高新科技产业，要么就是通过技术创新成功降低了运输成本的产业。因此，对地理磨损效应的反制，成为地缘经济识别国际经济发展的一个重要指标。磨损、降低成本与比较优势的获得，也因此成为地缘经济研究方法的主线。

四是地缘经济的价值取向。在地缘经济研究中并存着两种价值取向，一种为地缘经济否定了冲突性地缘政治观，另一种将地缘经济作为国家政策的替代选择。就前者而言，研究者认识到了国家间区域合作的经济价值和可行性，他们认识到地理上的相近性赋予了国际行为体之间共同的历史经验、文化渊源及交往便利，这些因素对区域性或全球性共同体的产生具有十分重要的意义。就合作而言，研究者看到了全球以及区域经济合作并没有改变国家的自利性格和竞争欲望，一个国家对全球和区域经济结构的解读仍旧以扩大本国地缘控制范围和力度为基础。在这些学者的分析中，地缘经济战略的执行并不意味着一定会带来合作，地缘政治的冲突性主流观念实际上仍然影响着地缘经济战略，虽然在方式上与地缘政治存在着明显不同，但是很难认定地缘经济一定会带来良好的价值取向。

五是地缘政治与地缘经济的关系。中国学者熊琛然、王礼茂、屈秋实等指出，作为地理学的研究方向，地缘政治与地缘经济存在学科之争，两者之间的关系是争斗还是融合决定着地理学的发展方向。学者们在梳理地缘政治学与地缘经济学的发展历史后指出：地缘经济学是对地缘政治学研究视角的一种丰富，是对地缘政治学价值立场的一种变换，是对地缘政治学学术功能的一种补充。[1]

地缘政治与地缘经济在理论核心上趋同，现代地缘政治学分析地缘因素

---

[1] 熊琛然等：《地理学之地缘政治学与地缘经济学：学科之争抑或学科融合？》，《世界地理研究》2020年第2期，第296页。

对国家间政治关系的塑造作用，而地缘经济则分析地缘因素对国家经济关系的影响，如经济民族主义、新重商主义的干扰，它也内蕴着冲突的基因。理论核心和研究方法的趋同有利于地缘政治与地缘经济的融合而不是对立，地缘经济已经极大地丰富了地缘政治的研究内容、方法和理念，这一切都有利于建构广义地缘政治理论。如今的全球化、区域合作以及相关理念的发展，还不足以彻底改造国家的功利主义文化，长期来看，地缘经济空间的开放性和联合性可能赋予地缘政治行为体以新的身份和文化，但这种趋势并不能等同于已经出现的现实。正如斯特劳普夫妇在否定环境决定论时指出的那样，"行为者对环境的认识，以及环境对人类行动的限制，共同构成了我们所认识的地缘政治"[1]。这种辩证的关系，既是广义地缘理论的魅力所在，也为我们预测地缘经济的发展提供了价值上的指导。

地缘政治的吸引力在于对国际冲突的预测和分析，而地缘经济则更多地关注经济权力，地缘经济学研究议题主要包括资本主义经济体系、社会福利制度、贸易对话与合作、市场和能源竞争等内容，"主张国家要制定自己的福利规则、寻找适合自己的发展道路、制定商业新规则、小国联合以求最大限度生存、发展区域性国际政治而非全球政治"[2]。在这一领域，马克思主义及新马克思主义有很多的研究成果，马克思将国际关系看作资本主义的阶级关系，"资产阶级的生产关系在世界市场这个最广大的场所，以最巨大的发展规模，作为生产国的关系而出现"[3]。这种世界范围的阶级关系是互补性的，优势国家垄断高价值的领域，其他国家则从事低价值的领域，这种思想后来被

---

1 〔美〕詹姆斯·多尔蒂、小罗伯特·普法尔茨格拉夫：《争论中的国际关系理论》，阎学通、陈寒溪等译，世界知识出版社，2003，第165页。

2 Global Agenda Councils, "Geo-economics Seven Challenges to Globalization", World Economic Forum, Jan. 2015. 转引自熊琛然等《地理学之地缘政治学与地缘经济学：学科之争抑或学科融合?》，《世界地理研究》2020年第2期，第302页。

3 〔加〕拉迪卡·德赛：《马克思的地缘政治经济学："生产国的关系"》，《政治经济学研究》2022年第3期，第48页。

沃勒斯坦进一步系统化为世界体系论。

可以看出，地缘经济研究的新议程包含五个方面的内涵，变量与结构、研究方法、价值取向、与地缘政治的融合等几个方面都是未来发展的方向。地缘经济的新议程和新内容为地缘政治的研究注入了更多的活力，是地缘政治研究拓宽视野的路径。

奥图泰尔指出，新地缘政治学需要关注更新的挑战，世界政治秩序应该由新的力量主导，如经济问题、全球化、文化冲突、环境问题等[1]，在面对空间关系产生的地缘政治问题的时候不能仅仅局限于"政治"因素本身，而应该多元化地建构地缘政治的研究领域。"马克思在《资本论》（第1卷第24章）（所谓原始积累）中提出，国家是一种有组织形式的暴力，暴力本身就是一种经济力。"[2] 新马克思主义继承了马克思将经济结构视为全球结构基础的体系视域，提出了依附理论、世界体系论和非正式帝国主义论，把地缘政治学传统的东西矛盾转化为南北矛盾，无论是海权论还是陆权论及很多在此基础上衍生出来的理论围绕的都是东西方的矛盾，"而沃勒斯坦从经济领域去研究世界体系，打破了这一传统，他把目光集中于经济发展不平衡的南北关系上，地球南部大部分都是边缘地带的不发达国家，它们贫困的原因在于北方国家的渗透和自身在体系中的边缘地位"[3]。地缘经济的兴起与新马克思主义以经济因素去解读空间与权力关系问题的思路是一致的，新的全球化时代的地缘政治学应该吸收地缘经济的研究成果。

1　Gearóid Ó. Tuathail, Simon Dalby, *The Geopolitics Reader*, Psychology Press, 1998, p. 2.
2　倪世雄编：《我国的地缘政治及其战略研究》，经济科学出版社，2015，第64页。
3　张微微：《对地缘政治观念的反思与重塑》，吉林大学出版社，2012，第79页。

第六章
全球化时代地缘政治现实的发展路径

地缘政治理论诞生以来,它逐渐成为国际关系中现实主义理论的支柱之一,它将全球地缘空间划分为海洋国家和陆地国家。这两种地缘类型的国家竞相控制海洋战略要道、"心脏地带"或"边缘地带"等地缘空间,以增强"海权""陆权"或"边缘地带"国家的权力,形成了"海陆二分"冲突式的主导观念。随着经济全球化的深入发展,它深深地改变了国家之间的"零和博弈"思维,增进了国家之间的共有利益,形成了"你中有我、我中有你"的地缘政治现实。传统地缘政治理论中的冲突内核逐渐不符合未来国际社会的发展趋势,地缘意义上的海陆国家的合作逐渐增多;地缘位置邻近的国家已经形成了区域合作的现实,有的区域合作已经呈现机制化发展道路;在事关人类整体生存、发展与安全的全球性问题面前,需要摒弃海陆二分的对抗性思维,用合作型地缘政治指导地缘政治现实,需要加强团结与合作,共同应对这些问题,以实现人类整体福祉。

第一节 超越两分论:海陆的联合

20世纪70年代以来,经济全球化已经成为不以人们意志为转移的客观发展趋势,尽管当前国际社会遭遇了全球化发展的逆流,世界经济低迷,保护主义、单边主义有所抬头,但国际社会不可能退回到主权国家自我封闭的孤岛，"你中有我、我中有你"的共有利益会长期存在，经济全球化虽有曲折，但会持续向前发展。经济全球化不仅对人类的经济生活产生了重要影响，也深刻影响了人类社会的政治发展进程，经济全球化不仅改变了国家间关系，也深刻塑造着地缘政治现实。从地缘政治理论中的海陆关系层面来讲，全球化促使国家利益出现了融合局面，科技的发展一定程度上降低了地理距离磨损带来的"成本"，地缘经济实现了长足发展并开始渗透到地缘政治领域，地理空间的占有让位于地缘经济市场的拓展。虽然当今世界局部和部分地区存在着冲突，但"这些冲突的性质和处理冲突的手段已经发生了意义深远的变化。各种问题和有组织地解决这些问题的努力所产生的全球相互依赖正在稳步发展"，[1] 全球化时代的地缘政治需要超越传统的海陆对抗关系。

一　全球化时代的新型海陆关系

全球化作为人类社会发展的一种现象，"是一个相互关联过程的综合体，而不是一种终极的状态……"[2] 它"主要体现为资本全球化、产品全球化和通讯全球化。这些现代的经济要素日益要求冲破民族国家的壁垒，使其能够在全球范围内最大限度地自由流动"[3]。这种自由流动打破了主权国家的地理边界，消解了海陆国家政治边界和经济边界的一致性，使得海洋国家和陆地国家之间的联系空前增多，建立了超越海陆国家之上的全球性流动空间，这就需要在海陆国家之间建立一种共同的规则、制度与合作框架，以增进共同价值和利益。这种规则、制度与合作框架，体现在海洋国家与陆地国家间关系上，则是海陆国家在一定框架内的新型合作关系并从理论和实践层面实现

---

[1]〔美〕威廉·内斯特：《国际关系：21世纪的政治与经济》，姚远、汪恒译，北京大学出版社，2005，第17页。

[2] 刘卫东等：《经济地理学思维》，科学出版社，2013，第171页。

[3] 俞可平：《经济全球化与治理的变迁》，《哲学研究》2000年第10期，第19页。

了对传统地缘政治理论的超越。

（一）全球化时代新型海陆关系的发展

自主权国家登上国际政治舞台以来，它一直是人类政治生活的核心，作为国家的有机组成部分，地理边界具有无法替代的重要作用。随着全球化的发展，流动的生产要素需要穿透国家的地理边界，这意味着国家的地理边界的"拦截"与全球化需要"屏蔽"国家地理边界出现了矛盾。随着全球经济活动空间的扩大，主权国家政治调控的空间也逐步加大，使得海洋国家与陆地国家调整以冲突为核心的海陆对抗思维成为可能，这为全球化时代新型海陆关系的建构提供了前提和基础。海陆关系在全球化的影响和作用下呈现新的内涵，主要表现在以下三方面。

一是海陆冲突让位于海陆合作。长期以来，囿于地理环境因素对地缘政治的决定或影响，形成了以控制和影响为基础的地缘政治权力结构、以排他性为首要的制度建构、以"零和博弈"为核心的战略观念，致使海陆冲突成为传统地缘政治理论的内核与主线。"全球化从根本上打破了旧的国际政治经济关系主导下的地缘政治关系的内在结构，较大地重塑了世界地缘政治形态，地缘政治结构的多元化趋势显现。"[1] 全球化模糊了国际和国内、内政与外交之间的界限，限制了主权国家行为的随意性，尤其是在面对跨国和全球性问题的时候，地缘政治权力在应对这些挑战时显得力不从心，国家利益的相互交融使得完全意义上的排他性的制度建构丧失了存在的基础，海陆国家逐渐寻求共赢的发展机会，一定意义上促进了不同地缘类型国家的合作，要求主权国家"以和平方式管理和利用好海洋国家和大陆国家之间的地缘关系，以促进本国、本地区和全球的持久和平、安全、发展与繁荣"。[2]

---

[1] 陆俊元:《全球化时代的地缘政治形态分析》,《世界地理研究》2007 年第 2 期, 第 85 页。
[2] 刘江永:《"海陆和合"中国地缘战略之本》,《环球时报》2006 年 4 月 12 日。

二是领土空间让位于经济空间。传统地缘政治理论从"人—境"关系理论出发，认为国家的地理、气候、资源等因素会影响甚至决定国家的对外行为，国家为了生存与发展会向外拓展空间或者占领有关空间，实现国家利益的最大化。全球化在一定意义上改变了地缘空间的内容，压缩了地缘空间的时空距离，拓展了国家边界的经济功能，减少了国家之间的交往障碍，使得生产要素呈现前所未有的流动状态，在此情势下，主权国家开始寻求经济收益，全球化时代的海陆关系由过去对领土空间的争夺转变为合作基础上的对经济空间的占有。

三是旧二元结构让位于新二元结构。长期以来，地缘政治理论在产生、发展过程中，始终存在着"二元思维"，在这种思维指导下，国际社会呈现典型的二元结构，其主要表现则为冷战的开始。冷战代表了海洋国家与陆地国家之间的对抗关系，西方与非西方国家之间存在着明晰的地缘政治分界线。冷战的结束，标志着东西方国家之间的对抗关系得以终结。随着全球化的发展，东西方国家关系在缓和的同时并未带来全球南北关系的改善，反而还有持续扩大的趋势，这种新的二元结构表现为全球南北国家之间存在的贫富鸿沟，国家间出现南北分化，形成了"中心—边缘"结构，这种新的二元结构在一定程度上重塑着海陆关系，其突出表现则为"谁占有世界财富，谁就控制了世界"。

（二）全球化时代新型海陆关系的特征

随着经济全球化的发展，国家间关系尤其是经济关系相互依赖程度逐步加深，地缘经济对地缘政治的塑造作用逐渐加强，国家间地缘冲突的概率逐渐降低，地缘合作逐渐增多，其特点反映在海陆关系上则是竞争性合作、多层次性和不对称性的出现。

一是竞争性合作。传统地缘政治理论认为，地缘政治发展的历史就是一部海权和陆权国家的斗争史,其理论的主旋律则为海陆二分下的冲突关系。全球化提升了国家间交往的频率,扩大了国家间共有利益,提升了相互依赖水平,加之共同应对全球性问题,海洋国家和陆地国家之间的合作成为常态。由于经济全球化对地缘政治的重塑,全球地缘政治空间得到前所未有的统一,但远远没有达到一体化的程度,主权国家仍是最重要的国际行为体,海陆国家间的竞争性合作仍是全球化时代海陆关系的常态。

二是多层次性。传统地缘政治理论将全球分为海洋空间和陆地空间,且海陆对抗是其地缘政治形态的基本特征,形成了帝国主义殖民战略与被殖民被占领之间的关系。全球化尤其是经济全球化的发展,为不同地区的地缘政治力量发展提供了机会,全球化时代的地缘政治逐渐呈现多元化趋势,从空间层面来讲,地缘空间由原来的二维结构,生成为陆、海、空、天、网等"五维"或"六维"空间,由原来的占领有形的领土空间转变为多维空间的竞合,形成了立体化网络化的多层地缘空间。从内容层面来看,支撑地缘政治形态的力量由原来的安全、军事、权力等发展为经济、政治、文化、情感、军事等多维层次。从主体层面来看,由原来单一的主权国家,拓展为主权国家、国际及区域政府间组织、非政府间组织、跨国公司等,这些地缘政治主体在全球地缘政治空间开展合作与互动。

三是不对称性。全球化在一定程度上提高了国际社会的相互依存度,在地缘政治中添加了合作内容,使得全球化时代的地缘政治形态呈现竞争与合作并存的局面,尤其是在应对诸如恐怖主义、气候变暖等全球性问题时,需要国家通力合作,地缘国家间关系由"零和博弈"模式转变为竞合并存模式。在此情况下,地缘政治中的海陆关系依然呈现不对称性发展局面,海强陆弱的格局短时间内难以完全改变。从地缘政治主体来看,尽管出现了地缘合作,但是由于各国际行为体力量的不对称,国家利益的不平衡,各行为体之间的不对称性将长期存在,相对较弱的行为体与相对较强的行为体在互动与合作时，较弱的行为体处于被动地位，导致在地缘合作中形成不均等的分配格局。

二 海陆关系理论层面的超越

正如麦金德所言，地理条件决定历史事件发生的地点，而创造历史的永远是人。空间是静态的，而生活在空间的人是动态的。[1] 如果仅考虑单一地理因素，在对全球地缘格局等问题的认识上，必然会陷入决定论的思维，甚至滑向"宿命论"的深渊。传统地缘政治理论将全球地缘关系归结为海陆二元的对抗关系，体现着明显的地理决定论思维。全球化的发展以及全球网络结构的出现，使传统地缘政治理论中地缘的内涵、外延以及逻辑出现了深刻的变化。从理论上认识全球化时代的海陆关系，我们需要跳出地理决定论的思维，跳出大国权力政治的窠臼，实现对传统地缘政治理论中海陆关系的超越。

从内涵方面来看，首先，地缘政治空间得到拓展，实现了对海洋和陆地空间的超越。20世纪五六十年代空间技术的发展使外层空间成为国家竞相争夺的地缘热点，90年代信息技术使地缘政治由现实空间向虚拟空间扩展。技术的进步，尤其是航空航天技术的进一步发展以及核动力工具的开发和研制，使地理空间的内涵发生重大变化：地球变得相对狭小，不同地域之间的距离大大缩短，太空离我们不再遥不可及。另外，通信技术的发展以及现代化交通工具的使用，为地缘政治开辟了新的领域。我们生活的星球越来越小，"地球村"时代真的到来了。其次，随着信息及网络技术的发展，传统权力概念出现"位移"。某种技术力量与地缘政治空间结合而形成的海权、陆权、空权使权力的概念扩大了。制信息权成为制海权、制空权、制天权之后出现的

---

[1] 〔英〕哈·麦金德：《历史的地理枢纽》，林尔蔚、陈江译，商务印书馆，2008，第44页。

另一种模式。有人甚至给出这样的公式:"掌握最前沿科技+控制关键地区=世界霸权。"[1]

从外延方面来看,主要体现为国家主权相对性与地理疆界模糊性之间一致性的增强。主权是国家的基本属性,它具有不可分割、不可让予的绝对性。随着全球化的发展,国家之间的联系日益紧密,很多国家利益需要在国际交往中才能实现。国家利益的复合交叉状态,需要国家让渡一部分主权给某些国际组织,以获取更多的国家利益,这就带来国家主权的相对性,它使得国家地理疆界的模糊性增强。在全球经济一体化和区域集团化发展的作用下,地缘政治渗透着强劲的经济因素,全球经济以及区域经济的进展塑造出多种地缘政治关系,国家之间不再彼此隔绝,使得海陆关系不再停留于对立层面上,形成一种新的互动以及相互依赖的空间关系。

从地缘政治发展的逻辑来看,全球化时代地缘政治理论的出发点出现了变化。尽管海陆国家之间的对抗与合作是相互交替进行的双向互动过程,海陆对抗并非始终处于主导地位,但传统地缘政治理论仍将海陆冲突与对抗视为逻辑起点,侧重于分析全球地缘空间的某一特定部分,主张考察空间、权力和两者之间的关系。全球化时代的地缘政治将世界作为一个整体,侧重于从全球视角考察"人—境"关系,在此基础上研究区域、问题及它们之间的关联性。[2] 从理论上来讲,在全球化时代,人类活动的空间范围得到扩大,国家间的相互交往不仅在规模上得以扩张,而且它们相互之间的联系具有了更强的"密度"。[3] 人员、资源的配置和流动同时在时间和空间上得以扩张。全球化突破了传统的国家的地理疆界,不同国家之间、国际组织之间、人与人之间交流更频繁,在相互交流中形成了"你中有我、我中有你"相互依赖

---

1 张妍:《信息时代的地缘政治与"科技权"》,《现代国际关系》2001年第7期,第19页。
2 〔美〕杰弗里·帕克:《地缘政治学:过去、现在和未来》,刘从德译,新华出版社,2003,第79页。
3 李义虎:《地缘政治学:二分论及其超越》,北京大学出版社,2007,第235页。

的态势。全球化既涉及国家之间的相互依赖，更涉及经济、政治、社会等不同领域的互相渗透和联系，尤其是经济联系更加深入、更加广泛。随着新的电子、通信技术的发展，人们可以更直接、更直观地参与到全球性事务中。吉登斯指出，全球化"是关于我们生活中的时空转换。距离遥远的地区所发生的各种事件，无论是否涉及经济方面，都比过去任何时候更为直接、更为迅即地对我们产生影响"。[1]

因此，必须从全球角度和整体地理空间的角度出发，重新审视海陆关系的新变化。海权时代的到来，凸显出海洋问题的重要性，除海洋战略要道之外，海上交通和航运技术的发展也不容小觑。今天，拥有陆权不再是为了掠夺和控制更多的领土、资源和人口，而是主要看能否扩大本国的国际影响力并使之超过本国范围。[2] 因此，全球化时代的地缘政治，必须超越历史、超越对抗，从传统的海陆两分的对抗思维向海陆联合的理念转变，这意味合作与和平成为海洋国家、陆地国家以及海陆国家之间的理性选择。我们有理由相信，随着全球化进程的加快，海陆地缘政治大国表现出的合作姿态将会越来越多。

三 海陆关系现实层面的超越

全球化打破了旧的国际政治关系主导下的地缘政治结构，以经济、科技为主要指标的综合国力的竞争成为国家兴衰的关键影响因素。在当前高度依赖科技发展的全球化时代，科学技术尤其是快速发展的交通通信技术成为影响和制约地缘政治发展的重要因素之一，它通过对国际政治经济关系的改变来影响地缘政治现实，或者通过改变地缘空间的政治意义或者性质来改变地

---

[1] 〔英〕安东尼·吉登斯：《第三条路——社会民主的更新》，联经出版事业公司，1999，第35—36页。

[2] 李义虎：《地缘政治学：二分论及其超越》，北京大学出版社，2007，第228页。

缘政治现实。[1] 它促使全球出现了多维地缘态势，使得地缘政治在有形空间和无形空间中自由切换，对转换地缘空间优势、缩短地缘空间距离、拓展空间维度起到了重要作用。作为提升国家在特定空间行动能力的重要力量，技术是改变地缘政治现实甚至改变地缘政治权力构成的关键因素之一，技术发展带来了生产工具的进化，使得生产关系出现重要变革，进而促使地缘政治现实出现新的变化，实现对以往海陆关系的超越，这种超越主要表现在两方面，一方面是科技的发展使得地缘政治内容出现新变化，另一方面是科技的发展改变了地缘空间的现实样态。

就科技的发展使得地缘政治内容出现新变化而言，科技的每一次进步都会促使国际关系出现新的变化，如国际分工的调整使得国家在国际经济中的位置出现调整，资本流动使得有的国家成为国际资本流入国、有的国家成为资本流出国，有的国家依靠丰富的自然资源储备在全球经济中占有重要地位等，这些使得地缘政治现实出现了新的形态，如科技地缘政治、能源地缘政治、地缘经济等多种形态。随着地缘政治现实的发展，国际政治、国际经济甚至国际文化都出现了新的变化，使得海陆对抗关系出现了调整。如以工业化发展为基础的第二次科技革命，空前提高了人类社会生产力，改变了原有的产业结构，重工业在国民经济中的重要性与日俱增，此时获取原材料和寻找销售市场就成为重要选择，致使很多国家沦为西方发达国家的殖民地半殖民地，此时的海陆关系呈现为典型的对抗性。与冷战结束并行的第三次科技革命，带来了交通和通信技术的迅猛发展，世界进入全球互联时代，国家间的交流与融合持续深入，世界的整体性与国际行为的互动性空前增强。以人工智能、大数据等技术为主要推动力的第四次工业革命已经来临，世界地缘空间的整体性、国际行为体之间的互动频率也超过以往，地缘政治关系出现

---

[1] 陆俊元：《论地缘政治中的技术因素》，《国际关系学院学报》2005年第6期，第8页。

深刻变动，极大地改变了海陆国家传统的对抗关系，使得具有全球化特征的地缘政治有别于以往任何时代的地缘政治关系，其主要表现为地缘合作的趋势日益明显。

就科技的发展改变了地缘空间现实样态而言，"从某种意义上讲，科技水平与人类活动范围是成正比的。每一次科技革命不仅扩大了人类的活动空间，而且也推动了地缘政治理论的发展"。[1] 从第一次科技革命到第三次科技革命，地缘政治现实都呈现出二维、三维以及多维发展态势，地缘政治中的海陆关系也随之出现重大变化与调整。

在第一次科技革命出现以前，尽管人们意识到开拓海洋和陆地的重要性，但也只能借助自然界原始动力革新生产工具，这些没有使人类摆脱自然地理条件的限制，进步较慢的科学技术也没有使世界增加过多的联系。"在落后的农业文明的制约下，国际社会成员彼此孤立地生活于地球的每个角落"[2]，海洋国家与陆地国家仅在殖民主义扩张的范围内有限交流。

在前两次科技革命爆发后，在科学技术的助力下，海洋和陆地的地理障碍逐渐被跨越。蒸汽机的发明提高了海洋国家和陆地国家交通的便利性，提高了国家军事力量的机动性，"蒸汽机+地缘位置"构成了海陆关系的对抗性基础，这种关系随着科技的发展在不同的地缘空间延展并逐步强化。如海洋运输技术的发展使得海洋的重要性空前提高，而"马汉的海权论正是人类运用海洋运输技术、利用海洋谋求国家力量的写照"。[3] 铁路技术及公路网的发展增强了陆地国家对海洋国家的机动性，降低了海洋国家的优势，"从此广阔的欧亚大陆在世界地缘政治关系中成为越来越突出的竞争场所。麦金德据此认为，一度曾有利于海上势力的技术在 20 世纪初开始转而有利于陆上势力，

1　詹家峰、张金荣：《科技革命与地缘政治理论的演变》，《现代国际关系》2000 年第 6 期，第 31 页。
2　詹家峰、张金荣：《科技革命与地缘政治理论的演变》，《现代国际关系》2000 年第 6 期，第 32 页。
3　陆俊元：《论地缘政治中的技术因素》，《国际关系学院学报》2005 年第 6 期，第 8 页。

提出了'心脏地带'理论"。[1] 飞机发动机技术的发展使得地缘政治从平面空间走向立体空间、从地球表面走向天空，由海陆二维提升为海陆空三维。

以电子信息技术和航空技术为标志的第三次科技革命空前提高了地缘空间的战略意义，宇宙飞船、航天器的出现使得外太空成为地缘政治现实的新发展，高边疆理论应运而生。电子信息技术催生了虚拟空间、生物及纳米技术的发展催生了微型空间、通信技术的发展催生了信息传播空间，空间的拓展与时间的压缩同步进行，人类生活空间由过去的有形空间发展为有形空间和无形空间并存，可以说，科学技术的每一次进步都会丰富地缘政治现实，都会将人类推向新的地缘政治空间，进而改变海陆关系甚至地缘空间意义，实现了对以往海陆关系的超越。

第二节　区域合作：进展与影响

20世纪70年代以来，世界呈现两种发展趋势，一种是全球化尤其是经济全球化迅猛发展，另一种为区域合作方兴未艾，可以说，全球化尤其是经济全球化使得世界呈现出整体化、聚合性和合作性的特点，但同时受制于国家自我利益的存在等因素，世界也呈现出碎片化、竞争化与离散性的特点。就全球化对地缘政治空间的塑造来讲，它一方面使得全球呈现为整体的地缘政治空间，另一方面使得区域内的不同国家向区域中心国家聚集并展开合作，使得在世界整体的面貌下不同的区域呈现碎片化的地缘政治空间，这种碎片化的地缘政治空间不仅表现在区域海陆关系的调整上，也体现在区域合作展现出地缘合作的机制化方面，使得全球化时代的区域合作超越了过去"邻国即对手"的地缘政治认知。

---

[1] 陆俊元：《论地缘政治中的技术因素》，《国际关系学院学报》2005年第6期，第8页。

一　区域合作的地缘政治解析

作为地理学的核心概念之一，区域"自从古代地理学萌生以来，经过近现代理论的演化已经成为一个具有清晰轮廓和明确内涵的科学研究对象"，[1] "由地表自然因素和人文社会因素组成，在地理学中具有分割地表的良好分辨性，是地理学逻辑分析和科学推演的基础"[2]。冷战结束以来，随着区域自身的变化以及学者对区域主观理解的变化，对区域的划分标准更加多元、类型更加多样；区域不仅成为一个地理事实，也表示一个在全球层面上享有共同空间的国家群；区域既是客观存在现象，又是主观建构的"想象的共同体"，可以说全球化时代的区域概念已经出现了重要变化。从本体论角度而言，分别出现了物质主义区域观和理念主义区域观，物质主义区域观分为物质主义地理区域观、物质主义政治区域观、物质主义经济区域观、物质主义文明区域观；理念主义区域观可以分为建构主义区域观、后现代主义区域观。[3] 在强调区域概念的物质主义（自然地理、政治、经济和文明等）意义的同时，还要重视互动和实践对形成区域概念的不同塑造作用。可以说，区域就是受自然地理、政治、经济、文明等物质性基础因素综合影响的，处于不断的互动与实践过程中的，受到话语等非物质性因素影响的空间。[4] 从区域的概念及其演变过程中可以发现区域是多种因素综合作用的结果，其中，有的因素如经济起到主要的、核心的作用，有的因素如话语起到次要的、非核心

---

[1]　郑冬子：《地理学区域研究中的哲学观》，《经济地理》1999年第4期，第119—123页。
[2]　王在亮、高英彤：《国际政治学中"区域"概念重构及现实考量》，《太平洋学报》2013年第1期，第20页。
[3]　王在亮、高英彤：《国际政治学中"区域"概念重构及现实考量》，《太平洋学报》2013年第1期，第20—27页。
[4]　王在亮、高英彤：《国际政治学中"区域"概念重构及现实考量》，《太平洋学报》2013年第1期，第28页。

的作用。

受区域概念的启发,区域合作也可以划分为物质主义区域合作观和理念主义区域合作观,就物质主义区域合作观来讲,经济学给出了很好的解释,国家之所以参与区域合作,是"为了降低利用分散的国别市场进行的经济合作交易费用,使潜在利益现实化,增加国家的整体福利";[1] 就理念主义区域观来讲,建构主义在肯定自然地理因素起到作用的同时,着重强调区域文化至少是洛克式文化在合作过程中发挥的促进作用,进而认为区域合作是国家在互动实践中产生的一种社会事实。由此可以推演出实现区域合作的前提,即:毗邻的地缘位置、较高的经济依存度、区域共存的洛克文化以及相关制度安排。

在地缘位置层面:"每个现象之间都相互联系,但是邻近现象之间的联系会更强……它形象地表述了距离对于空间相互作用的摩擦性影响。"[2] 由于国家间地理距离、抽象空间距离与成本和支出呈正相关关系,距离越近、支出和成本越低,距离越远、支出和成本越高,"克服实体空间距离需要支付交通成本,克服文化—心理距离需要收集信息、积累知识与经验,需要时间支付信息成本。无论是企业、城市还是国家都追求克服较短距离来提高竞争力"。[3] 从全球化对地缘政治的重塑来看,第二次世界大战结束以来,交通、通信、计算机等方面的科技进步,使得内燃机取代了蒸汽机,海上轮船载重量增多且费用逐步降低,极大地促进了海洋贸易;通信技术的发展缩短了国家之间的交往距离,使得对外贸易活动更为便捷、频繁;计算机的出现,从根本上改变了工业生产、管理等方式,甚至改变了人们的生存方式、生活状况和社会面貌。可以说,科学技术和通信技术的发展,使得国家在一定意义

---

[1] 陈志恒:《东北亚区域经济一体化研究》,吉林大学博士学位论文,2006,第45页。
[2] 刘卫东等:《经济地理学思维》,科学出版社,2013,第35页。
[3] 刘卫东等:《经济地理学思维》,科学出版社,2013,第36页。

上克服了经济活动空间关系的距离衰减规律，使得洲际之间的沟通与交流变为现实，同时随着技术的发展与普及，这种沟通与交流的成本逐渐降低。尽管洲际之间沟通交流成本在逐渐降低，但其仍高于邻近国家沟通与交流的成本，从这个意义上而言，地理位置邻近的国家容易就区域合作达成共识。

在经济依存层面："从经济发展的深层次上看，区域经济合作的根源在于世界各国之间的经济依存度的不平衡性广泛存在。经济依存度越高的国家之间就越有可能形成区域经济合作。"[1] 由于国家具有理性人的特征，追求费用最小化或者利润最大化目标，在同等条件下，"两国间的地理距离越近，交易费用越低，两国之间的经济依存度就越高"。[2] 受经济全球化的影响，世界正在走向一个无边界时代，国家之间的交往频率逐步上升，国际相互依存的发展以及跨国公司的出现，使"你中有我，我中有你"的局面已经形成，各种区域、次区域合作如雨后春笋般兴起，"不论是大国还是发展中国家，不论是文明的古国，还是二战后新独立的国家都希望在区域化中发挥力所能及的作用"，[3] 世界已经进入"新一轮区域化时代"。这与传统地缘政治理论诞生的年代表现出了极大的不同，传统地缘政治诞生于战争与革命、国家间经济依存度较低的年代，全球化时代的地缘政治诞生于和平与发展、国家间依存度较高的年代，由于时代背景的不同，国家间较高的经济依存度不仅改变了全球化时代的国家关系，也改变了传统地缘政治理论中"邻国即对手"的认知与思维。

在区域文化层面：在建构主义国际关系理论看来，国际社会的无政府状态、国际社会的权力政治观念与国家行为之间并没有直接的因果关系，国际社会的性质和权力政治的形成源于国家之间互动的实践，或者说是由国家之间的互动

---

[1] 孙亚锋、李怀：《关于现代区域经济合作的认识》，《攀登》1997年第3期，第38—39页。
[2] 孙亚锋、李怀：《关于现代区域经济合作的认识》，《攀登》1997年第3期，第39页。
[3] 王正毅：《边缘地带发展论——世界体系与东南亚的发展》，上海人民出版社，1997，第54页。

建构出来的。温特认为,由于国家在国际社会中的角色不同,不同的角色会建构不同的国际体系主导文化,敌人的角色建构出来的是霍布斯文化、对手的角色建构出来的是洛克文化、朋友的角色建构出来的是康德文化,且每种文化的核心内容也有所不同,霍布斯文化的核心内容为敌意、洛克文化的核心内容为竞争、康德文化的核心内容为友谊。这意味着,区域合作若想达成,则需要至少是竞争性质的洛克文化。从区域的产生和发展来看,由于地缘相近,国家间的交流与沟通较为频繁,同区域内的国家容易产生相近的地缘文化。如果按照亨廷顿的划分,世界将被划分为七种或八种文明,这些文明都依托于不同的地缘空间,我们暂且不论不同文明之间是否会出现冲突状况,就同一文明内部而言,其同质化程度更高,形成合作共识更为容易。

在制度安排层面:在新自由制度主义看来,国际制度包含一系列正式与非正式的规则体系,这些制度体系可以"界定行为规范、制约国家活动、帮助国家的期望值趋同",[1] 具有一定的权威性、制约性和关联性。权威性是指国际制度代表了国际社会绝大部分国家达成或者默许、认可的一系列规则与行为准则,并且这些规则和行为准则对大多数国家来说是有作用的;制约性是指国际制度会将国家的行为限制在一定的合理框架内,使家行为符合国际规范;关联性是指随着国际相互依存程度的提高和国家互动频率的增加,国家的需求导致国际制度供给的增加,国际制度不断扩展,形成制度网络体系,并使其交织在一起。国际制度的不断发展使得国家的军事力量的重要性相对下降,国际制度本身成为权力的重要组成部分,成功利用国际制度的国家会在不增加可见国力的情况下加大自己的权力,所以国际制度能够解决国际合作问题,成为国际合作的有效保障。[2] 由于区域制度与国际制度具有相

---

[1] 秦亚青:《国际制度与国际合作:反思新自由制度主义》,《外交学院学报》1998年第1期,第43页。

[2] 秦亚青:《国际制度与国际合作:反思新自由制度主义》,《外交学院学报》1998年第1期,第43—44页。

似性，能够限制区域内主权国家的行为，尤其是在全球化的时代背景下，区域制度在一定程度上限制了海陆国家采取冲突战略导致的不合作行为，形成促进海陆合作的制度网络体系，从这个意义上讲，区域制度也能够促进国家间合作，成为区域国家开展地缘合作的重要保障。

综上所述，全球化时代，区域内国家毗邻的地缘位置、较高的经济依存度、区域共存的洛克文化以及相关制度安排为实现区域合作奠定了良好的基础，这也克服了传统地缘政治理论中的距离衰减规律，更新了"邻居即对手"的地缘政治观念，为全球化时代的地缘合作提供了理论指导与现实借鉴。

二 全球区域合作取得的进展

如上文所述，20世纪70年代以来，在经济全球化的推动下，区域合作逐渐增多，成为与经济全球化并行不悖的两大趋势之一。2008年国际金融危机爆发以来，全球化迅猛发展的态势逐渐趋于缓和，但区域合作发展的态势并未因此消减，这既缘于区域内国家对经济收益的追求以及提供或搭乘区域大国发展的便车，又缘于应对全球化动力衰减的现实考量。

（一）全球化时代区域合作的新特点

从区域合作发展的现实来看，目前欧洲、北美、东亚等地区的区域合作都有所发展，也呈现出与以往区域合作的诸多不同特点，具体如下。

其一，区域合作的门槛呈现逐步提高的趋势。传统的区域合作一般受制于地理距离不远、区域文化相近等因素，地理位置毗邻的国家依靠不同的资源禀赋实现了比较优势的互补以共同发展。随着区域合作的逐步开展，除地理因素、区域文化因素之外，政治制度和意识形态的相似性也逐渐被提上了议事日程。以区域合作签署的贸易协定为例，传统的区域贸易协定以货物贸易自由化为主题，规则大多局限于取消/减让关税与非关税壁垒。而当前的区域贸易协定涵盖的范围大大扩展，不仅包括货物贸易自由化、农产品贸易和投资自由化、贸易争端解决机制、统一的竞争政策、保护知识产权标准，甚至还将相似的民主理念作为标准。比如，在美洲自由贸易区的建设中，古巴与委内瑞拉都不符合美国的民主理念，所以被拒绝在美洲区域合作的门外。同样，俄罗斯虽然属于欧洲国家，但始终没有被欧盟所接纳，其中俄罗斯的民主进程受到欧盟国家的诟病也是其始终徘徊在欧洲一体化之外的原因之一。

其二，区域合作由追求静态收益向追求动态收益转变。静态收益是指改善区域内成员国的贸易条件，获取规模经济收益，强化竞争和吸引外国投资等。近年来，民族国家参与区域合作主要是寻求动态收益，动态收益是指除经济收益以外的包括政治、安全、外交领域的收益。由于多边贸易体制有时无法满足贸易自由化的需求，致使很多国家绕开WTO，很多在多边贸易场合无法实现或达成的贸易自由化措施是在区域经济一体化的组织内实现的。近年来，区域贸易中开始出现越来越多的政治条款，政治考量会成为区域贸易协定缔结的重要因素。比如，美国在伊拉克战争结束后，提出与中东国家建立自由贸易区的构想，显然不是单纯追求经济利益，而是通过经济合作，控制中东，消除恐怖主义根源。

其三，南北合作形式得到拓展。随着全球化发展的逐渐深入，以北美自由贸易区和欧盟南北合作为代表的区域合作新形势得到进一步发展，发达国家与发展中国家在经济、文化、技术等领域的合作逐渐增多且合作重心逐渐向发展中国家转移，如北美自由贸易区。20世纪40年代，美国总统罗斯福提出建立一个能够由美国控制的相互合作的区域。美国和加拿大于1974年签署了《贸易授权法》，1990年美国、加拿大、墨西哥三国就区域合作开展谈判。1994年，北美自由贸易区正式成立。该自贸区的成立，使得北美经济在国际社会中的竞争力得到加强，并使得墨西哥的比较优势得到了充分发挥。又如欧盟南北合作，欧盟经过扩大之后，成员国由最初的6个国家扩展为27

个国家，改变了以往发达国家之间合作的现状，实现了发达国家与发展中国家的区域合作。

其四，小国在区域合作中的地位逐渐上升。大国之间的竞争也加快了小国寻求区域经济合作组织庇护的步伐。对小国来说，参与地区经济合作是一种被动的反应，小国不得不参与到全球区域合作的浪潮中，从而避免被边缘化，陷入孤立的境地。与此同时，通过与大国或区域经济体建立关系，小国可以有效地提升自身的国际地位。小国还通过大国之间的竞争，实现区域经济合作中的利益最大化。小国通过与多个大国缔结区域贸易协定的方式，确定自身在经济合作中处于"核心"地位。比如，新加坡在区域经济的发展上就是通过与中国、日本、韩国缔结区域贸易协定，获得特殊的优惠，成功地确立经济活动中的"优势"地位。当然，美洲的墨西哥与智利也是通过这种方式实现的区域经济发展。

（二）区域合作的典型案例

与北美自由贸易区和欧盟的区域合作相比，东亚区域合作远没有达到一体化程度，但东盟内部也实现了机制化合作，还与包括韩国、日本、中国在内的区域甚至世界大国实现了合作。

1. 中国与东盟区域合作现状

作为东亚区域合作的主导者，东盟与中国开展区域合作不仅有利于发展地缘经济，还能促进东亚地区一体化进程。从发展地缘经济层面来讲，中国有着14亿人口的潜在市场，而东盟则有着5亿人口的潜在市场，其总体市场潜力是非常巨大的，因此中国与东盟的合作将对整个东亚经济未来的成长起着重要的推动作用。马六甲海峡是连接亚、非、欧各大洲的重要通道。每天60%途经此处的船只运送的都是中国的货物，其中大部分是石油与天然气。从促进东亚地区一体化进程层面来讲，冷战后，东亚地区面临前所未有的发展机遇，各国关系经历了由敌对到合作的角色转变。东亚地区一体化是由东盟发起的，东盟是东亚合作和一体化进程的动力与核心。在东盟与中、日、韩"10+3"合作机制中，中、日、韩分别发挥各自动能，并接受经东盟协商一致做出的决定，从而逐渐形成多层次、多领域合作，这有利于促进和平、发展与繁荣，造福本地区国家与人民，从整体上提高东亚国际地位及影响。

早在20世纪90年代，东盟就认识到了与中国加强合作的重要性。1990年马来西亚首相马哈蒂尔向中国提出了建立东亚经济集团（EAEG）的构想。在亚洲金融危机期间，中国为东盟经济的恢复提供了必要的帮助。2002年签署《中国与东盟全面经济合作框架协议》；2009年签署《中国—东盟自由贸易区投资协议》，使得中国与东盟的关系得到了更进一步的发展。中国—东盟自由贸易协定给东盟成员国提供了一个进入中国市场的机会，并使中国与东盟的经贸关系得到了很大的发展。2019年8月，中国与东盟就"一带一路"倡议与《东盟互联互通总体规划2025》对接达成一致。2020年，中国—东盟进出口总额达4.74万亿元，同比增长7%。按美元统计，双方贸易达6846.0亿美元，增长6.7%，[1] 东盟成为中国最大贸易伙伴。"值得期待的是，随着中国—东盟自贸区升级红利持续释放，《区域全面经济伙伴关系协定》（RCEP）签署，世界上人口最多、经济规模最大、最具发展潜力的自贸区雏形初显，这将在更大范围内、更高水平上把中国与东盟十国的资源和市场优势与其他RCEP成员国的资本和技术优势紧密结合。"[2] 目前，中国正在成为东盟产品的主要吸纳者。马来西亚、印度尼西亚等东盟新兴工业化经济体对中国都保持着较大的贸易逆差，在全球经济不景气情况下，扩大对中国的出口已经成为这些国家经济增长的动力。今后几年，中国作为亚洲和世界工业

---

[1] 田原：《东盟跃升中国最大货物贸易伙伴——中国—东盟贸易"含金量"十足》，中国经济网，http://intl.ce.cn/specials/zxgjzh/202102/02/t20210202_36281373.shtml。

[2] 田原：《东盟跃升中国最大货物贸易伙伴——中国—东盟贸易"含金量"十足》，中国经济网，http://intl.ce.cn/specials/zxgjzh/202102/02/t20210202_36281373.shtml。

产品的主要生产基地，对原料、燃料和工业半成品的进口会越来越多，而东盟国家是中国重要的进口来源地。另外，随着中国—东盟自由贸易区建设进程的加快，东盟对中国的出口将出现更快的增长，中国的贸易逆差也会进一步扩大，这在一定程度上将抵消亚洲金融危机后部分外资从东盟国家转向中国而造成的对东盟国家经济的不利影响。

2. 东盟与日本区域合作现状

第二次世界大战结束以来，日本一直与东盟保持着密切的经济联系，确立了其在本地区仅次于美国的发言权和影响力。日本投入东盟的大量资金，其中包括直接投资和官方发展援助（ODA），奠定了东盟各国经济起飞的物质基础。日本还曾提出建立"日元经济区"的设想，企图主导这个地区的经济。然而，近年来日本的影响力却日益下降。一方面，日本一直把东盟视为其后院，初期仅从东盟输入原料，后期则只将其当作商品的输出市场，并且从来就没有向东盟开放本国市场。这种政策使得东盟国家不得不疏离日本，转而与美国和中国等其他大国发展经济关系。另一方面，自20世纪90年代以来，由于自身经济的持续低迷和"雁行模式"的解体，日本对东盟的影响力有所下降。然而，日本同东盟在经济上存在很强的互补性，与东盟建立自由贸易区有利于其经济发展。首先，与东盟全体成员国建立自由贸易区以后，日本将获得拥有5亿人口的潜在的巨大市场，日本的就业人口也将因此而增加。其次，东南亚是连接太平洋与印度洋的交通要道，这种独特的地理位置对日本有很大的吸引力，日本力图在该地区发挥更大的影响，以保证其能源运输通道的安全。最后，日本希望在成为联合国常任理事国和打击恐怖主义等政治和安全问题上得到东盟更多的支持。东盟也看到，虽然日本近年来经济不景气，但在资金和技术方面仍有巨大的优势。东盟可在自由贸易区和经济伙伴关系框架内，更方便地吸收日本的资金和技术，进一步开拓日本市场，打破农产品和劳务方面的壁垒。在马来西亚、泰国和菲律宾同日本的经济伙伴关系建立后，三国的国内生产总值可分别增加约 20%、5% 和 2%。对东盟而言，同日本建立自由贸易区后，其将得到更多实惠。

3. "10+3" 机制的发展

东盟在推动自身发展的同时，还与周边大国进行区域合作，推动东亚合作机制从两方面进行。首先是官方层次，其中最为典型的是东亚峰会机制，作为东亚合作的主渠道，东亚峰会的运行主要靠"四个轮子"驱动：第一个轮子是东盟十国，即东盟内部的整合与发展；第二个轮子是"10+1"，即东盟分别与中、日、韩的对话合作；第三个轮子是"10+3"，即东盟与中日韩的对话合作，"10+3"是地区合作的基本框架；"10+3"框架的出现，结束了东亚地区没有区域合作组织的历史，它是对世界经济区域化挑战的有力回应；第四个轮子是中日韩三国，即中日韩三国开展对话合作。除东亚峰会机制外，官方层次还包括部长级会议机制与高官会议机制。其次是非官方层次的民间轨道。在"10+3"框架下，非官方活动主要有东亚展望小组会议、主要产业—商业论坛和中日韩三边政策研究机构合作，这为东盟加强区域合作起到了推动作用。如，主要承担咨询业务的东亚展望小组会议[1]在 2002 年 10 月提出了《走向东亚共同体：一个和平、繁荣和进步的地区》的研究报告，得到了东盟各国领导人的高度认可，并成为东盟与中日韩（"10+3"）领导人非正式会议讨论东亚合作的重要依据。

目前，"10+3"机制取得了丰硕成果，与东亚区域乃至全世界建立了 50 多个合作框架，在 20 多个领域建立了合作项目。2008 年国际金融危机后，在全球经济下行的背景下，各国都产生了推动区域经济一体化、抱团取暖的强烈需求。2011 年，中国提出构建"10+3"东亚自贸区的倡议，日本则有针对性地提出建立"10+6"东亚全面经济伙伴关系的倡议，希望通过拉拢印度

---

[1] 东亚展望小组由时任韩国总统金大中倡议，并于 1999 年 11 月成立。作为"10+3"框架下非官方机制的民间非政府组织，东亚展望小组主要承担咨询任务。其成员为来自东亚 13 个国家的 26 位著名学者。

和澳大利亚、新西兰来平衡中国在区域合作中的影响力。由于存在路径上的分歧，这两个倡议分别演变为东亚领导人峰会的"10+3"和"10+6"机制，并未在实质上朝着自由贸易协定谈判的方向前进。为此，东盟十国在2012年率先提出以东盟为核心，在整合现有5个"10+1"自贸协定的基础上，打造区域内各国共同参与的巨型自贸区，RCEP谈判就此进入正轨。[1] 东盟与中国、日本、韩国、澳大利亚、新西兰等国家于2012年发起"区域全面经济伙伴关系"谈判，2020年11月15日，东盟十国和中国、日本、韩国、澳大利亚、新西兰共15个亚太国家正式签署《区域全面经济伙伴关系协定》，该协定覆盖区域人口超过35亿，占全球总人口的48%，GDP占世界总量的33%，外贸总额占全球的30%。该协定签署后，标志着世界上人口最多、经贸规模最大、最有发展潜能潜力的自贸区正式启航。

三 区域合作的地缘政治影响

作为当今世界发展的一个重要趋势，区域合作自20世纪50年代兴起并发展至今，在促进全球经济发展的同时，一定程度上也促进了国际政治多极化发展。从区域内部来讲，众多国家参与区域合作，在一定程度上改善了区域内国家的地缘政治关系，增加了地缘外交的渠道和途径。从区域外部来讲，发展中国家积极参与区域合作实现了"抱团取暖"式的发展，催生了以发展中国家为代表的新兴地缘政治力量，这种力量正在改变世界地缘经济格局和地缘时空格局。

---

[1] 张建平、董亮：《〈区域全面经济伙伴关系协定〉与亚太区域经济合作》，《当代世界》2021年第1期，第37—38页。

（一）改善区域内国家地缘政治关系

全球化时代，"经济利益在国家整体利益构成中的地位大大提升，经济实力成为决定各国国际地位的主要因素，经济手段成为国家确保自身独立和安全以及处理外交事务的重要保证，地缘政治时代的冲突逻辑，正逐步让位于地缘经济时代的竞争逻辑"。[1] 随着国家间经济利益的互相渗透，经济上的相互依赖成为政治关系的"稳定器"。[2] 主权国家参与区域合作而获得经济收益对改善区域内国家地缘政治关系具有重要推动作用。

一是缓解区域产生"安全困境"局面。传统地缘政治理论存在着"邻国即对手"的观念，当一个国家为强化自身安全采取有关措施后，其他国家为了维护和保障自身安全也会采取相应的举措，进而使得整个区域内国家陷入一种普遍不安全的状态，这在军事和安全领域表现得异常明显。卡尔·多伊奇认为："建立共同体，这种共同体由主权国家组成，成员国间有共同的经济制度、价值观念和认同感，它们凝聚到了这样的程度：在相互间形成了对国际体系的和平变化产生了可依赖的预期。"[3] 尽管绝大部分区域合作尚未发展到共同体的程度，但区域内国家经济联系的普遍加强也是不争的事实，参与区域合作的国家可以通过沟通与协调，增强国家之间信息的透明度，进而逐步增强国家间的信任感，为缓解区域"安全困境"提供了保障。

二是促使区域内国家关系实现机制化发展。传统地缘政治理论以国家为中心，奉行冲突式地缘政治观，坚持零和博弈的对外交往原则，国家间关系难以实现机制化发展，而区域合作给国家之间实现机制化合作提供了机会。区域合作要建立一套经主权国家确认的合作制度，这种制度一旦建立便会有

---

[1] 陆大道、杜德斌：《关于加强地缘政治经济研究的思考》，《地理学报》2013年第6期，第723页。
[2] 陆大道、杜德斌：《关于加强地缘政治经济研究的思考》，《地理学报》2013年第6期，第723页。
[3] 〔美〕卡尔·多伊奇：《国际关系分析》，周启朋译，世界知识出版社，1992，第77—179页。

约束功能，在取得区域内国家一致同意后，该制度的权威性和功能性就会体现出来，进而使得主权国家的行为受制于制度的限制和约束。在这种情况下，主权国家在很多问题上都不能因自身利益而采取单边行动，需要区域内国家通过协商机制解决国家间分歧，实现区域内国家的集体行动。

三是打造共同安全以应对区域外部压力和挑战。随着全球化的不断发展，跨国特征越来越明显的非传统安全严重影响着全球安全形势稳定和经济的可持续发展，区域内国家采取合作的方式，改善国家间地缘关系，维护区域安全环境。从应对非传统安全的主体来看，国家还是最重要的行为体，它们以区域合作的方式维护共同安全的区域环境，如上海合作组织。在应对非传统安全问题的过程中，区域内国家开展平等互利的合作，通过参加区域合作来实现安全的对话，以应对区域外部的压力和挑战。

（二）地缘外交主体、渠道和空间层次增多

作为国际社会最重要的国际行为体，国家追求自身利益是天性使然，而区域合作会限制国家的这种天性，寻求国家间制度对接，以降低交易成本。从这个意义上来讲，区域合作最容易在经济领域实现，随着合作深度和广度的不断扩展，经济领域的成功会逐渐"外溢"到其他领域，催生其他领域的合作，这使得区域内国家地缘外交的渠道逐渐增多。

一是经济合作外交更加频繁。经济外交是"外交在经济领域中的拓展，是国家和国家联合体为执行特定的外交政策，以和平的方式处理国家之间在经济领域出现的摩擦与纷争的活动"。[1] 经济外交具有四个基本特征，其主体是国家和国家联合体，目的是执行特定的外交政策，内容是处理经济领域中的纷争与摩擦，方式和手段是和平手段。"按照经济外交使用的方式和手段的

1　赵可金：《经济外交的兴起：内涵、机制与趋势》，《教学与研究》2011年第1期，第57页。

性质划分，经济外交可以分为对外援助外交、经济合作外交和经济制裁外交三种主要形式。"[1] 而区域合作作为经济合作外交的重要体现，是为了促进区域内国家、区域组织、企业等主体实现共同经济利益和利益共享，在互利互惠、平等协商的基础上，按照有关制度安排和规范对接，实现不同国家间宏观经济政策协调、经济合作协议谈判和参与国际经济组织、多边经济论坛和国际经济制度。[2] 由于经济领域问题频发，为有效解决这些问题，国家间经济合作外交会频繁开展。

二是地缘外交主体更加丰富。传统意义上，外交是主权国家的对外行为。随着全球化的发展，非国家行为也被赋予了外交功能。由于区域合作具有开放性、竞争性、广泛性和过程主导性，随着国际层面全球安全结构及其转型、世界相互依赖的扩展、国际制度的强化和跨国行为体的激增，国内层面外交政策领域的逐步延伸以及一国中央政府权力的逐步下放，使得地方国际利益出现分化、地方国家行为能力得到加强，在"拉"与"推"的动力组合下，次国家政府也逐步参与到区域合作进程中。"20 世纪 70 年代以来的各国及其地方的国际化水平一直处在不间断的上升通道中，地方化的趋势也较为明显，可以预期，次国家政府参与国际事务的动力将继续增强，预示着次国家政府将在国际舞台上发挥更为显著的作用。"[3]

三是地缘外交空间层次增多。由于区域合作较为灵活且注重经济领域的合作，这意味着区域合作是实现区域内生产要素自由流动、配置资源的有效方式。当前，区域合作的地缘外交空间已经由次区域扩展到小区域、大区域，形成了区域合作空间的多层次性。次区域合作是指："邻近国家地区间的边境省份或国家，精心界定、跨边界较小范围区域，为发展经济、维护边境地区

---

[1] 赵可金：《经济外交的兴起：内涵、机制与趋势》，《教学与研究》2011 年第 1 期，第 58 页。
[2] 赵可金：《经济外交的兴起：内涵、机制与趋势》，《教学与研究》2011 年第 1 期，第 59 页。
[3] 陈志敏：《次国家政府与对外事务》，长征出版社，2001，第 68 页。

社会稳定等需要而开展的经济与非经济等方面的合作。"[1] 小区域合作是指"'区内有区'的小规模合作"。[2] 这种小区域合作在某种程度上涵盖次区域合作，但其同时还具备主权国家的推进区域合作的特征。大区域合作是指区域内国家以及域外国家参与的区域合作。这种合作具有较强的开放性，"合作成员资格不受'区域'的限制"。[3] 次区域合作、小区域合作和大区域合作依托不同层面的空间，共同形成了区域地缘外交的空间网络。

（三）催生新兴地缘政治力量

区域合作不仅促进了各国间经济社会的发展，而且区域以及区域内国家更多地实现了利益的契合，有效地整合了区域内国家间关系，在促进区域内国家发展的同时，也提升了区域在国际社会整体的竞争力。可以说，区域合作在一定程度上催生了新兴地缘政治力量。

一是区域内非国家行为体的作用逐渐增大。在区域合作的实际开展过程中，除主权国家以外，非国家行为体也是重要的实施主体。非国家行为体包括跨国公司、事业单位甚至个人，其中，跨国公司所起到的作用最为明显。作为重要的国际行为体之一，跨国公司在区域合作进程中凭借自身庞大的资本和影响力，时刻左右着母国和东道国的经济发展。可以说"跨国公司是经济全球化背景下母国经济发展的重要引擎，母国深知其与跨国公司之间为紧密的命运共同体，母国不仅可以利用本国跨国公司的发展壮大来影响和促进自身的经济环境，还可以利用本国跨国公司，达到自身向外扩张经济及政治实力的目的。跨国公司与国家能够协力共赢，创造更加良好的政治经济环

---

[1] 胡志丁等：《次区域合作及其发展的成因——一个跨学科视角的分析》，《世界地理研究》2010年第6期，第35页。
[2] 陆建人：《亚太地区：腾飞中的次区域、小区域合作》，《世界知识》1993年第8期，第3页。
[3] 阎学通、何颖：《国际关系分析》（第三版），北京大学出版社，2017，第188页。

境"。[1] 第二次世界大战结束后，美国借助跨国公司对西欧加大投资力度，有力地促进了西欧经济的复苏。随着跨国公司规模的不断扩大，其影响也逐步渗透到政治领域。作为区域合作项目的重要实施者，跨国公司是母国与东道国连接的重要纽带，对母国来讲，跨国公司参与区域合作可以推动母国产业结构升级、促进国民经济增长、保护母国生态环境、推广母国意识形态；对于东道国来讲，跨国公司可以为东道国带来经济收益，促进技术、产业转型升级，是推动东道国融入全球化浪潮的重要推手。[2]

二是区域内国家借助合作实现了发展。在区域合作中，尽管非国家行为体（如跨国公司）的作用在逐渐增大，但是主权国家仍是最重要的推动者和主导者，尽管主权国家参与区域合作有着多元的目的，但是通过制度对接，实现互利互惠的经济收益，提升国家经济实力，提高人民生活水平，进而促进区域内国家构建良好的地缘政治关系也是客观存在的事实。尤其是对于发展中国家来讲，区域合作是顺应世界历史发展潮流、推动本国经济社会发展、参与国际政治经济秩序构建的必然选择。如欧盟实现东扩以后，对中东欧国家来讲，这些国家与西欧实现了区域合作，它们不仅能利用欧盟劳动力自由流动政策，提高本国的就业机会，还能借助欧洲一体化形成的共同市场来增加自身的经济发展活力，促进本国发展。

三是世界地缘空间板块化发展趋势明显。美国《新闻周刊》一篇题为《中国世纪》的报道称："过去的400年，世界上曾经有过全球力量的两次巨大变化。第一次是欧洲的崛起。第二次是美国的崛起。如今中国的崛起，外加印度的崛起和日本持续的影响力，标志全球力量的第三次巨大变化，即亚

---

[1] 李天惠：《经济全球化背景下的跨国公司与国家利益》，外交学院博士学位论文，2020，第51页。
[2] 李天惠：《经济全球化背景下的跨国公司与国家利益》，外交学院博士学位论文，2020，第51—53页。

洲的崛起……"[1] 在欧洲，尽管英国退出了欧盟，但在法国和德国两个主导国的推动下，欧盟不断聚合其自身的地缘政治优势。在美洲，以美国为主要推动力的北美自贸区深入发展。在亚洲，随着中国经济的不断发展、中日韩自贸区谈判的逐渐推进以及东盟区域合作的展开，东亚区域合作也逐渐迈开步伐。在欧亚地区，在俄罗斯的主导和推动下，欧亚经济联盟也已启航，欧亚大陆的"心脏地带"呈现出重新整合的态势。可以说，区域合作的发展奠定了世界多板块发展的地缘基础，将全球地缘空间分解为不同的带有竞争性质的区域空间。

第三节 缩小的地理空间：地缘政治视角下的全球性问题

作为一把"双刃剑"，全球化在推动全球经济发展的同时，也带来了全球性问题。所谓的全球性问题，是指"人类社会共同面临的超越国家和区域界限，关涉人类整体生存与发展状况，且需要共同应对的挑战和普遍性问题"。[2] 意大利著名企业家和社会活动家 A. 佩切伊曾经这样描述过："失去控制的人口增长，社会的沟壑和分层，社会的不公平、饥饿和营养不良，广泛的贫困和失业，对增长的狂热，通货膨胀，能源危机，现实的和潜在的资源匮乏，国际贸易和货币瓦解，保护主义，文盲和不合乎时代的教育，青年的反叛，异化，难以控制的扩张和城市衰退，犯罪和吸毒，暴行的爆发和新式的警察残酷，拷打和恐怖主义，对法律和秩序的藐视，愚蠢的核行动，制度的无效和不健全，政治腐败，官僚主义，环境恶化，道德价值的下降，信念丧失，不稳定感……——还有对这一切问题和它们之间的相互联系认识不足，

---

[1] Fareed Zakaria, *Does the Future Belong to China？*, The Newsweek, May 9, 2005. 转引自阮宗泽《中国崛起与东亚国际秩序的转型——共有利益的塑造与拓展》，北京大学出版社，2007，第7—8页。

[2] 王林聪：《全球性问题对中东地区发展的影响》，《当代世界》2021年第6期，第62页。

等等。"[1]

上述这些跨越国家地理边界甚至跨区域的全球性问题既包括自然灾害、气候变化、传染病等，也包括恐怖主义、经济危机、粮食危机、跨国犯罪等。关于全球性问题的分类，有的学者将其产生的根源作为划分依据，认为全球性问题主要有三种：一是自然界及地质因素引起的给人类生存和发展带来的普遍性问题；二是人类活动引起的自然生态变化带来的各种问题；三是人类自身在解决稀缺性资源问题过程中出现的矛盾和冲突，进而演变成对人类生存与发展构成挑战和威胁的问题。[2] 也有学者认为，全球性问题主要有三种类型：一是国际社会方面的全球性问题，涉及社会经济体系、国家等这样一些社会共同体的相互作用，如和平与裁军问题、南北问题等；二是社会人类学方面的全球性问题，涉及人同社会的关系，如人口问题、教育和文化问题、妇女问题等；三是自然、社会方面的全球性问题，涉及人与社会同自然的相互作用，包括资源问题、能源问题、粮食问题、环境问题等。[3] 然而，对全球性问题的划分存在诸多标准，也很难统一。而人是世界建构和存在的前提和基础，更是地缘政治现实存在的前提和基础。正是人类存在，才有冲突式地缘政治观或者合作型地缘政治观，如果人类不存在了，再谈论全球化时代的地缘政治也没有任何意义。鉴于此，我们可以将地缘政治视角下的全球性问题概括为影响人类的生存、发展与安全等三方面的问题：生存问题主要涉及气候、粮食等问题；发展问题主要涉及能源、难民等问题；安全问题主要涉及国际恐怖主义、全球传染病等问题。上述这些问题都具有普遍性、全局性、持久性、危害性、跨国性，严重危害世界各国社会安全、稳定与发展。

---

[1] 王兴成、秦麟征：《全球学研究与展望》，社会科学文献出版社，1988，第4页。
[2] 王林聪：《全球性问题对中东地区发展的影响》，《当代世界》2021年第6期，第62—63页。
[3] 〔苏〕伊万·季莫费耶维奇·弗罗洛夫：《人的前景》，王思斌、潘信之译，中国社会科学出版社，1989，第94页。

一　生存问题

就全球性问题而言，罗马俱乐部称之为全球危机或人的困境，[1] 在事关人类生存的种种全球性问题中，气候问题、粮食问题则是地缘政治视角下全球性问题的典型。

（一）气候问题

20世纪80年代以来，全球气候异常变化以及经常出现的极端天气，使得气候问题成为人类社会迫切需要解决的难题之一。自然科学领域围绕全球气候"变暖还是变冷""人为所致还是自然改变""气候谈判还是生态殖民"等观点展开了激烈讨论。

在全球气候变暖还是变冷问题上，自然科学领域在20世纪后半期逐渐开始了讨论，持变暖论的学者认为，随着现代工业发展以及人口的激增，温室气体排放量逐渐增多，使得全球气温也随之升高，两极冰川融化的速度开始加快，海平面开始上升，陆地生活的面积逐渐缩小，有利于粮食作物生产的纬度逐渐向两极方向移动，这也是全球之所以举行气候谈判的重要原因。持变冷论的学者认为全球变暖是一场"骗局"，是科学史上最大的"丑闻"，2010—2011年北半球暴雪冰冻灾害持续发生似乎也为其提供了支持。2010年春季，从韩国到俄罗斯、从西欧到美国，北半球很多国家都经历了漫长的严寒天气，中国武汉、南京等地也遭遇多年未见的低温天气。如若全球变冷，那么与人类生存密切相关的粮食作物种植带将会向赤道附近靠拢。总体来看，无论未来变暖还是变冷，都将会改变全球地表空间样态，进而改变人类生活

---

[1]　江洋、王义桅：《科技进步与全球问题》，《内蒙古社会科学》1998年第5期，第88页。

的地理环境，而作为地缘政治理论产生的基础，地理环境的改变将会诱发理论的进化与更新。

在全球气候问题是人为所致还是自然改变上，大部分学者认为是人为所致，但是地质考古似乎又推翻了这种观点。地质考古发现，地球任何两世之间的过渡均起源于寒冷的冰川时期，此后地球将会进入一个漫长的逐渐变暖的过程，包括人类在内的生命体也会在地球变暖的过程中得以孕育、发展和繁荣，这意味着地球的气候总是在冷暖之间交替变化，且变冷和变暖更多的是自然作用的结果。正如俄罗斯著名天文学家阿卜杜萨·马托夫所说，太阳活动是地球气候变化的最主要原因，人类活动对全球气候变化的影响微乎其微。

在气候谈判还是生态移民问题上，目前，国际社会应对全球气候变化问题的解决办法主要还是气候谈判。从1992年《联合国气候变化框架公约》的达成到1997年的《京都议定书》的签订，从2005年《京都议定书》的生效到2009年的哥本哈根会议再到2015年《巴黎协定》的通过，气候谈判在解决全球气候问题的方案中始终发挥着重要作用，对解决全球气候问题具有推进作用。但全球气候谈判加深了中心国家与边缘国家之间的裂痕，两者在地球资源的利用上存在着发展权不对等的情况，进而导致全球资源分配以及经济利益分配的不对等。[1]

"地球的生态系统是一个环环相扣循环运转的系统，经过数十亿年的演化，方才有今日勃勃生机的多彩世界。每一种生物的存在都有其生态意义，生态系统中的各种生物是相互依存、相互制约的，只有处于一种相对的平衡中，才能保证这一系统的正常运转。"[2] 可以说，气候变化会使得地球生态系统发生变化，其将逐渐成为影响当今世界地缘政治格局演变最活跃的驱动因

---

[1] 郭武、宋丽丽：《气候问题的"面相"与"方法"——社会科学视阈下的再思辨》，《江苏大学学报》（社会科学版）2013年第6期，第54—60页。

[2] 徐振伟：《粮食危机与农业的未来》，《天津师范大学学报》（社会科学版）2015年第2期，第36页。

子之一，并使地缘政治现实发展的目标和手段趋于多元化；气候变化催生了新的地缘政治工具，发达国家借助气候变化这个杠杆，撬动能源、粮食等战略资源，手段更加隐蔽；以新能源为核心的低碳技术成为地缘政治影响力和权力转移的关键因素。[1] 不论全球气候"变暖还是变冷"，是"人为所致还是自然改变"，是"气候谈判还是生态移民"，这些问题都是影响人类生存的最根本问题。在这个根本问题面前，主权国家采用冲突式地缘政治观显然不合时宜，需要各国坚持合作型地缘政治观，团结起来，加强合作，共同维护、守护人类唯一的共同家园。

（二）粮食问题

粮食是人类最基本的生活保障，是人类得以生存、发展和延续的物质基础。按照联合国人口司的有关统计数据，"1950 年，即联合国成立五年之后，世界人口总数约为 26 亿。到 1987 年，世界人口增长至 50 亿，1999 年达到 60 亿，2011 年 10 月，全球人口约达 70 亿，预计，世界人口将在今后三十年里增加 20 亿，从目前的 77 亿，增至 2050 年的 97 亿，并在 2100 年达到 110 亿的峰值"。[2] "由于缺乏获取粮食和营养的有效途径，全球约 20 亿人口经历着中度或重度的粮食安全风险，其中 6.9 亿人处于饥饿状态。从世界粮食不安全（中度或重度）总人数的分布看，主要在中等和低收入国家，10.3 亿位于亚洲，6.75 亿位于非洲，2.05 亿位于拉丁美洲及加勒比，8800 万位于北美洲和欧洲，590 万位于大洋洲。世界有能力生产出足够的食物养活所有人，但仍有超过 15 亿人无法负担能满足必需营养需求的膳食，超过 30 亿人无法负担哪怕是最低价的健康膳食。新增的 23 亿人们分布在世界各个区域，因

---

[1] 王礼茂、李红强、顾梦琛：《气候变化对地缘政治格局的影响路径与效应》，《地理学报》2012 年第 6 期，第 853—863 页。

[2] 《全球议题：人口》，联合国网站，https://www.un.org/zh/global-issues/population。

此，粮食安全是一个影响所有人的全球性问题。"[1]

"进入21世纪以来，虽然全球治理模式不断发生重大变化，但全球气候变化不仅又掀起新一轮人类面对未来的悲观预期，而且对全球粮食安全带来了非传统食物需求的挑战。"[2] 有学者认为，全球之所以产生粮食危机，是源于粮食产出下降、粮食流通停摆、大量人口无法获得粮食。[3] 尤其是近年来，影响世界粮食安全的不利因素逐渐增多，国际冲突、国际贸易保护主义抬头、极端天气以及新冠疫情引发的经济衰退和粮食贸易供应链中断相互叠加，加剧了全球粮食供给体系的不稳定性和不确定性。[4]

从国际冲突降低世界粮食安全保障水平来看，"如果我们要创造一个人人都有粮食保障的世界，就必须打破冲突和饥饿的恶性循环。冲突迫使数百万人流离失所、失去生计，使他们面临饥饿甚至饥荒的危险"。[5] 例如，也门近1800万人饔飧不继，成千上万躲避缅甸暴力冲突的孟加拉国民众面临粮食短缺，大约有650万叙利亚人食不果腹，520万尼日利亚人面临着饥饿威胁，2.5万南苏丹人、270万索马里人、320万刚果人处于饥荒边缘或者陷入严重饥饿状态。[6]

从全球贸易保护主义层面来看，当前经济全球化遭遇逆流，"根据全球贸易预警数据库统计，2009年1月至2020年8月期间，全球实施的贸易保护主义措施累计达5380项，其中2018年和2019年增长迅速，2020年1—8月增加922项，为2009年的5.62倍"，[7] 对全球自由贸易形成了极为严峻的挑战，"增加了全球粮食不安全预期，不少国家增加粮食储备，国际贸易粮食贸易量

---

[1] 王宏广、吴永常：《世界粮食安全面临的主要问题》，《中国投资》2021年第2期，第42页。
[2] 陈永福、常甜甜等：《世界粮食危机与全球治理机制》，《中国经济报告》2022年第5期，第38页。
[3] 曹宝明、唐丽霞等：《全球粮食危机与中国粮食安全》，《国际经济评论》2021年第2期，第10—11页。
[4] 黄汉权、周振：《全球粮食安全新形势及我国的应对》，《理论导报》2020年第9期，第55页。
[5] 《如果可以结束冲突，我们就能终结全球饥饿》，世界粮食计划署网站，https://zh.wfp.org。
[6] 《如果可以结束冲突，我们就能终结全球饥饿》，世界粮食计划署网站，https://zh.wfp.org。
[7] 赵丽娜：《世界经济格局大调整与我国外贸高质量发展》，《理论学刊》2021年第1期，第62页。

减少。2020/2021年度，世界粮食供求安全系数（本年度期末库存量与下年度消费量的比率）达到30%，为2001/2002年度以来的新高水平，远高于17%—18%的安全警戒线水平"。[1] 与此同时，世界主要经济体贸易摩擦增多，美欧制裁俄罗斯、美国制裁伊朗石油出口等，导致世界经济增速减缓，居民收入增长随之放慢，特别是发展中国家贫困人口收入状况恶化，粮食购买能力减弱，饥饿人数增加，导致世界粮食安全水平下降。[2]

从极端天气以及自然灾害频发的态势来看，2006年和2007年澳大利亚小麦连续减产，2010年俄罗斯小麦大幅减产，2010年、2011年和2012年美国玉米连续减产，2018年阿根廷大豆大幅减产，2020年1月非洲暴发的蝗灾冲击了非洲、中东、印度等地区粮食生产，世界观察局预测非洲粮食产量将下降50%以上，印度粮食减产至少在20%以上，均造成世界粮食供求失衡和粮价大幅波动，2020年9月以来，联合国粮农组织连续4个月调减粮食产量预测。[3]

从新冠疫情的不利影响来看，新冠疫情使世界粮食供应链出现了非常大的不确定性，严重冲击全球粮食安全。在疫情最严重时期，个别国家如俄罗斯、越南采取了禁止或限制粮食出口的措施。

"民以食为天"，粮食是涉及人类生存与发展的极为重要的问题。粮食问题已经上升到影响国家安全的层面。如果采用冲突式地缘政治观念，那么"谁控制了粮食，谁就控制了所有的人民"。正如美国地缘政治学家恩道尔所强调的那样，粮食已经继货币、石油之后成为一种新的地缘政治武器。这对粮食短缺的国家显然是不人道的。唯有各国共同努力，以全球合作治理作为基础，在粮食储备规模方面加强国际合作，各国才能避免因粮食短缺而带来的经济和社会问题。

---

[1] 黄汉权、周振：《全球粮食安全新形势及我国的应对》，《理论导报》2020年第9期，第55页。
[2] 黄汉权、周振：《全球粮食安全新形势及我国的应对》，《理论导报》2020年第9期，第55页。
[3] 参见李喜贵、程敏、李云峰《世界粮食安全状况分析及建议》，《中国粮食经济》2021年第3期，第53页；黄汉权、周振《全球粮食安全新形势及我国的应对》，《理论导报》2020年第9期，第55页。

二 发展问题

随着社会的发展与变迁，出现了一系列诸如能源安全、难民问题等影响人类整体发展的因素。如何实现人类可持续发展，亦是当前世界各国必须面对的全球性问题。

（一）能源问题

"随着经济全球化的发展，地缘政治的地缘要素概念从传统的陆、海、空三维'现实空间'扩展到以经济、信息轮廓为分界的'虚拟空间'，国家权力的争夺除表现为对土地等现实空间的占有和控制之外，更多地表现为对战略资源的控制。"[1] "地缘政治是世界能源议题天然的构成部分。世界能源的开发、获取、利用，既是一种经济行为，更是一种政治结果，地缘经济与地缘政治是世界能源这枚'硬币'的两面。"[2] 作为人类生存无法替代的要素，能源是人类现代生活的基础。

"虽然能源可以像任何其他货物一样买卖，但并不只是一种货物而已，而是一切货物的先决条件，是和空气、水、土同等的要素"[3]，它具有特殊的战略价值和政治意义。由于全球能源的分布具有明显的地理特征，具有丰厚资源储备的区域通常也具有较高的经济价值、军事价值和地缘政治价值。就其经济价值来讲，能源是工业化国家维持其经济发展不可或缺的要素，是一国经济发展的重要物质基础，能源储量甚至成为衡量国家综合国力强弱的重要指标之一。就其军事价值来讲，以石油为代表的能源是战争的重要目标，也

---

[1] 徐建山：《论油权——初探石油地缘政治的核心问题》，《世界经济与政治》2012年第12期，第155页。
[2] 苗中泉：《世界能源秩序与地缘政治动力》，《南大亚太评论》2020年第1期，第156页。
[3] 王能全：《石油与当代国际经济》，时事出版社，1993，第146页。

是赢得战争的重要基础,因此,拥有丰厚能源储藏的地区历来是各大国军事竞争和世界军事布局的重点区域。从地缘政治价值来看,能源是改变国际政治经济秩序的有力工具,也是石油输出国执行外交政策的重要手段以及对一些国家和国际组织实施制裁的有效方法。[1] 随着全球经济的发展,世界能源消费逐步增加,能源尤其是化石能源的不可再生性,使世界在能源使用过程中出现了能源危机问题,该问题一方面表现为化石能源储量和生产的有限性与能源消费的无限性之间的矛盾,另一方面表现为化石能源生产与运输过程中的地缘政治问题。

就化石能源储量和生产的有限性和能源消费的无限性来讲,化石能源在现代国家发展与人类生存中暂时还无法被完全替代,尤其是当前人们使用的石油、煤炭、天然气等主要化石能源都是不可再生资源。据统计,全球石油储/采(R/P)为45.7年,天然气储采比为62.8年,煤炭资源将在155年内全部枯竭。[2] 尽管受新冠疫情影响,2020年全球一次能源消耗下降4.5%,为1945年以来的最大降幅,[3] 但是随着新冠疫苗的普遍接种,复工复产的逐步开始,可以预见后疫情时代,世界能源消费也会逐渐增长,未来人类仍将面临能源危机,世界能源消费转型势在必行。随着经济社会的正常运转以及向前发展,尽管目前世界人口的增长速度已经放缓,但是世界人口总量是不断增加的,"现在世界能源消费以石油换算约为80亿吨/年,按60亿人计算,平均消费量为1.5吨/人·年。以这种消费速度,不到2040年,首先石油将枯竭;到2060年,天然气也将枯竭。地球的能源将无法提供近112亿人口的能源需求"。[4] 随着人口的不断增加,人均能源消费不断增加,能源短缺将会

---

[1] 谢文捷:《世界能源安全研究》,中共中央党校博士学位论文,2006,第9—13页。
[2] 陆胜利:《世界能源问题与中国能源安全研究》,中共中央党校博士学位论文,2011,第15页。
[3] 英国石油公司:《BP世界能源统计年鉴(2021)》,英国石油公司网站,https://www.bp.com/content/dam/bp/business-sites/en/global/corporate/pdfs/energy-economics/statistical-review/bp-stats-review-2021-at-a-glance.pdf。
[4] 谢文捷:《世界能源安全研究》,中共中央党校博士学位论文,2006,第16页。

是 21 世纪人类面临的迫切需要解决的难题之一。

就化石能源生产与运输过程中的地缘政治问题来讲，主要涉及化石能源生产国的政局是否稳定以及运输通道的安全问题。以石油为例，由于石油与一个国家的经济增长、就业率、通货膨胀率、贸易政策、外交政策等密切相关，主要石油生产国和地区成为能源进口国和消费国竞相角逐的政治、军事、外交中心。[1] 世界主要产油区集中在中东和北非地区，约占世界石油储量的60%。由于历史、种族、域外大国介入等因素的存在，该地区成为世界主要的动荡地区之一。由于世界能源分配的不均衡，受制于能源生产国与进口国在地理上的分离，能源运输安全就成为进口国必须面对的突出问题。世界主要石油运输线路主要有如下几条：从中东波斯湾出发，向东经印度洋、马六甲海峡、太平洋到达中国和日本，向西出发经红海、苏伊士运河、地中海、直布罗陀海峡、大西洋到达西欧或经好望角、大西洋到达西欧或北美。而作为石油运输的咽喉要道，马六甲海峡、苏伊士运河、直布罗陀海峡容易受到国际恐怖主义或者极端主义势力的袭击。

由于"能源是现代文明和经济发展的重要物质基础，其生产、分配和利用已成为世界政治经济结构中不可缺少的组成部分"[2]，能源问题既受到全球治理逻辑的影响，又受到地缘政治权力逻辑的影响。21 世纪以来，全球能源转型明显加快，尽管短时期内新能源难以完全取代化石能源，但能源转型会重塑全球地缘政治版图，化石能源的原产地、重要运输通道的战略地位和意义可能会下降，拥有新能源技术发展原材料产地的战略地位会上升。从整体上看，无论是传统化石能源还是新能源，能源消费都具有负外部性，"环境恶化的人类活动诱因不仅仅是化石燃料消费，还有可再生能源带来的森林砍伐、

1　潜旭明：《美国的国际能源战略研究——一种能源地缘政治学的分析》，复旦大学博士学位论文，2010，第 27 页。
2　杨宇、于宏源等：《世界能源百年变局与国家能源安全》，《自然资源学报》2020 年第 11 期，第 2803 页。

土地利用变更、大规模的水电建设，以及大规模风能建设带来的噪音污染、鸟类等动物栖息环境的变化等"。[1] 这就需要主权国家持续不断推动能源转型，加强合作，共同应对能源使用过程中带来的各种问题。

（二）难民问题

作为国际社会非常特殊的一个群体，难民是指："因有正当理由畏惧由于种族、宗教、国籍、属于某一社会团体或具有某种政治见解的原因留在其本国之外，并且由于此项畏惧而不能或不愿受该国保护的人；或者不具有国籍并由于上述事情留在他以前经常居住国家以外而现在不能或者由于上述畏惧不愿返回该国的人。"[2] 难民问题的发展呈现出从单个国家的国内问题蔓延至第三国乃至整个区域，最后成为全球性问题的突出特点。[3] 近十年来，全球难民人数逐渐增长，2010年，全球难民的规模为4000万左右。但从2011年起，全球难民的规模急剧增长，呈现逐年攀升之势，2011—2018年全球难民数量分别为3850万人、4270万人、5120万人、5920万人、6510万人、6550万人、6850万人和7080万人。[4] "截至2019年底，全球被迫流离失所的人数高达7950万。其中，近2600万为难民，他们当中有一半的人不满18岁（2040万难民属于难民署的管辖范围，560万巴勒斯坦难民属于近东救济工程处的管辖范围）。此外，还有4570万境内流离失所者、420万寻求庇护者以及360万在境外流离失所的委内瑞拉人。还有上千万无国籍者，他们没有公民身份，无法行使教育、医疗服务、就业和行动自由等基本权利。"[5] 据世界卫生组织统计，乌克兰危机爆发之后，大

1　王卓宇：《世界能源转型的漫长进程及其启示》，《现代国际关系》2019年第7期，第28页。
2　《全球议题：难民》，联合国网站，https://www.un.org/zh/global-issues/refugees。
3　王晓丽、蔡鹏鸣：《全球视角下的难民危机及国际社会的应对之策》，《和平与发展》2018年第5期，第116页。
4　宋全成：《动荡与冲突中全球难民治理的困境与前景》，《西亚非洲》2021年第2期，第123页。
5　《全球议题：难民》，联合国网站，https://www.un.org/zh/global-issues/refugees。

约780万乌克兰人涌入欧洲其他国家。随着北半球进入冬季，2022年冬季或将有200万—300万乌克兰难民继续涌入欧洲。

尽管形成全球难民危机的成因各不相同，但是大规模跨国流动的难民产生的连带效应远远超过难民问题本身，对难民输出国、流向国、区域乃至全球都会产生重要影响。就难民对邻国的影响而言，难民首选的避难国一般为邻国，大量的难民涌入邻国不仅会改变邻国的人口结构，给其带来经济负担，还会影响社会稳定甚至带来犯罪率的提高。从区域以及全球的视角来看，难民问题会深刻地影响国家间关系。从固化全球贫富差距格局而言，国际社会之所以会产生难民问题，一个重要的原因就是贫穷，另一个重要的原因就是战争，生存权不能得到有效保障，迫使他们不得不离开自己的家园，而造成难民问题的发达国家不仅没有尽国际义务，甚至还出台了一些加剧难民问题的措施。如美国支持委内瑞拉反对派而导致委内瑞拉国内政局动荡，由此造成大约450万委内瑞拉人流离失所。美国于2001年发起的阿富汗战争，使300多万阿富汗人成为难民。从加剧难民流向国国内冲突层面来讲，由于国际难民主要集中在中东和北非地区，这些区域宗教信仰复杂，如若难民流向国与输出国之间宗教信仰和文化价值观迥异，难民流向国不可避免地会产生排斥心理，形成难民流向国的文化反弹，进而在一定程度上强化了国家之间的矛盾和冲突。从难民问题影响国际安全层面来看，难民问题容易滋生不稳定因素，如流离失所的难民在生存面前，皆有可能被迫加入恐怖主义，也有的恐怖主义分子借难民潮涌入难民流向国。

当前，全球难民人数达到第二次世界大战结束以来的最高峰，形势不容乐观，尽管国际社会采取了解决措施，但由于诸多因素无法在短时期内改变，使得全球难民问题有增无减，在坚持道义优先解决难民危机的同时，加强区域与国际合作，摒弃冲突式地缘外交思维才是长久解决之道。

三 安全问题

安全问题自古以来就是国家需要面对和解决的问题，尤其是在全球化时代，影响安全的因素越来越多，在众多全球性问题面前，人类只有合作才能实现"集体安全"。安全就其概念而言，一般指安全主体的生存与发展的利益免于危险和威胁的客观状态和主观行为。全球安全问题往往是指由于"跨边界运动"所带来的如国际恐怖主义、传染病跨国传播等国际安全问题。

（一）国际恐怖主义问题

作为人类历史上一种被普遍使用的政治手段，恐怖主义亦有广义和狭义之分，"广义的恐怖主义应该包括所有具有政治目的的暴力行为，其中应该有国家暴力行为、团体暴力行为和个人暴力行为。随着历史的发展，关于恐怖主义的定义逐渐被国家垄断，一般定义为团体或个人的反政府、反社会的暴力行为"。[1] 20 世纪 60 年代以来，国际恐怖主义就作为国际安全威胁的一个重要因素而存在。冷战结束以来，掩盖在美苏两极格局下的宗教矛盾、国家间矛盾逐步凸显出来，"'心脏地带'表层剥落释放出一批'破碎地带'，游离出原有的地缘政治空间，形成相对集中的一条地缘政治冲突带。这条地缘政治冲突带既是国际恐怖主义的多发地带，也是恐怖组织和恐怖分子的主要发源地带"。[2] 尤其是"9·11"事件之后，国际恐怖主义的破坏力超过了人们以往的认知。2020 年以来，以"基地"组织为首的国际恐怖主义势力仍在全球蔓延。从其对地缘政治的影响来看，主要集中在以下几方面。

一是对"破碎地带"的改造和重塑成为国际社会关注的重点区域之一。

---

[1] 张家栋：《恐怖主义的概念分析》，《世界经济与政治》2003 年第 3 期，第 37 页。
[2] 孙建军：《国际恐怖主义的地缘政治分析》，《江南社会学院学报》2007 年第 1 期，第 8 页。

"破碎地带"是指"从巴尔干半岛经中东、克什米尔地区、喜马拉雅山南麓到东南亚的一条斜贯欧亚大陆南部的地带,这一地带是世界主要文明交汇与碰撞的地方,同时这一地带国家贫富差距悬殊,处于沟通海陆的战略要地,历来是世界各大国竞相争夺的焦点"。[1] "9·11"事件之后,美国以打击国际恐怖主义为由,企图改造和重塑"破碎地带","通过对阿富汗和伊拉克开展的单边军事行动,美国在中亚、南高加索地区以及中东地区压缩了俄罗斯、中国以及伊斯兰国家的地缘战略空间",[2] 这在一定程度上强化了传统地缘政治理论的"冲突"思维。

二是国际恐怖主义的跨界扩散性明显加强。这种跨界扩散性一方面表现为国际恐怖主义产生的地理空间由中心向外围流动,另一方面表现为受国际恐怖主义袭击国家的范围呈扩散之势。就前者而言,在后拉登时代,随着"伊斯兰国"遭到沉重打击,"以中东、南亚地区为活动中心的恐怖组织开始向外围扩散,即从中东等传统的恐怖主义核心地带向世界各地发展,扩展到非洲、欧洲、中亚、东南亚、美国等多个地区";[3] 就后者而言,随着国际恐怖主义的扩散,"越来越多的国家正被囊括到遭受恐怖袭击的行列中来,如澳大利亚、德国、法国、英国、比利时、瑞士、芬兰、瑞典、伊朗、新加坡、孟加拉国等"。[4]

三是国际恐怖主义逐渐向虚拟空间扩展。作为网络和国际恐怖主义相结合的网络恐怖主义,它"利用互联网的快速发展,借助网络的媒介作用及互联网空间的虚拟性,把活动场所从现实世界转移到网络空间,抢占网络资源,

---

[1] 忻华:《"破碎地带":当代国际关系的地理枢纽》,《世界地理研究》2003年第3期,第100页。
[2] 孙建军:《国际恐怖主义的地缘政治分析》,《江南社会学院学报》2007年第1期,第11页。
[3] 倪春乐、童世均:《国际恐怖主义的变化态势与应对策略》,《中国刑警学院学报》2020年第2期,第13页。
[4] 唐志超:《当前国际恐怖主义演变趋势及中国应对策略》,《中国人民公安大学学报》(社会科学版)2018年第1期,第1—3页。

获得竞争的话语权和主动权"。[1] 网络恐怖主义不仅对网络安全构成威胁，在主流社交媒体注册账户抢占网络资源，还利用互联网的隐蔽性和便捷性从事恐怖活动，如招募恐怖分子、筹集资金等。如"2014年'伊斯兰国'先后创立了70万个账户从事恐怖活动，现在仍拥有4.6万个账户"。[2]

由于受到动荡和不确定的国际和地区局势的影响，国际恐怖主义将继续保持高发态势，全球恐怖主义呈扩散性并向虚拟空间发展的态势，在一定意义上改造和重塑了"破碎地带"。"在未来一段时间里，随着国际性恐怖组织的分化组合和大国关系的进一步调整，国际恐怖活动仍将是影响全球安全与稳定的重要变量"，[3] 如何消除国际恐怖主义，加强地缘合作则是需要国际社会共同应对的重要问题。

（二）全球传染病问题

冷战结束以来，诸如军事、政治等传统安全领域的问题得到一定程度的缓和，但与之伴随的是全球传染病等非传统安全领域的威胁持续上升。自人类诞生以来，病原体就一直存在，它以可怕的方式致使十几亿人死亡，[4] "病毒、细菌以及动植物借着风、水流、探险家、商人或者雇佣兵会轻松穿越国家边境"[5]，给各国和国际卫生安全造成巨大威胁。自从病原体跨越国家边界传播以来，全球传染病问题与地缘政治之间的互动便开始了，给"时空压缩"的地缘空间带来了"开放"或"封闭"的不确定性。作为当代国际社会

---

[1] 倪春乐、童世均：《国际恐怖主义的变化态势与应对策略》，《中国刑警学院学报》2020年第2期，第14页。

[2] 唐志超：《当前国际恐怖主义演变趋势及中国应对策略》，《中国人民公安大学学报》（社会科学版）2018年第1期，第3页。

[3] 张吉军：《"后伊斯兰国"时代的国际恐怖主义及其治理分析》，《南亚东南亚研究》2019年第5期，第25页。

[4] 〔美〕约书亚·S.卢米斯：《传染病与人类历史》，李珂等译，社会科学文献出版社，2021，第1页。

[5] Dennis Prirages and Paul Runci, "Ecological International and the Spread of Infectious Disease", in *Beyond Sovereignty: Issue for a Global Agenda*, ed. Maryann Cusimano, New York: St Martins Press, 2000, p.176.

的基本结构,"'时空压缩'极大地改变了当代社会的运行方式,当代时空压缩场域不仅改变了传染病疫情爆发、传播以及防控的方式,也影响着疫情发生国家和地区的经济社会发展,乃至影响着整个国际关系格局的发展"。[1] 就其对国家间地缘关系的影响来看,主要表现在以下几个方面。

一是全球传染病容易引发国家间关系的连锁反应。随着全球传染病的暴发、传播以及蔓延,大量的人群感染甚至死亡,会引发一国社会经济秩序的调整,导致整个社会生产、流通与生活的暂停。从疫情防控的国内视角来看,一旦疫情暴发,各国亦会采取若干防控措施,经济发展会因此大受影响,可能导致大量人口失业、民众收入下降、经济出现衰退迹象,甚至会引发政治动荡。从疫情防控的国际视角来看,一旦经济运行的某一环节出现问题,不仅疫情发生国家和地区会按下"暂停键",甚至整个全球产业分工体系也会因为各国、各地区的紧密联系而发生产业链、供应链断裂甚至脱钩的危险。

二是全球传染病会减缓全球经济发展速度。由于全球传染病具有跨越国家边界的特征,扩散范围比较大、持续时间比较长、破坏力比较大,世界经济各领域各环节都会受到不同程度的影响,首当其冲的则是跨国交通运输业和全球对外投资额锐减。以新冠疫情为例,疫情暴发后,世界多个国家先后调整了航班运输计划。国际航空协会发布的统计数据显示,"新冠肺炎疫情对全球航空运输业造成了破坏性影响,2020年客运量为18亿人次,比2019年的45亿人次减少60.2%,全行业航空客运需求同比下跌65.9%,国际航空客运需求同比下跌75.6%,国内航空客运需求比2019年下降48.8%,2020年行业客运总收入下降69%,净亏损总额为1264亿美元,是1950年以来全球航空客运需求降幅最大的一年"。[2] 联合国贸易和发展组织发布的《2021年世

---

[1] 黄金辉、黄杰:《当代时空压缩场域对重大传染病疫情扩散的影响及其治理研究》,《社会科学》2021年第8期,第25页。

[2] 《国际航协发布2020年航空业数据》,中国民航网,http://www.caacnews.com.cn/1/88/202108/t20210804_1328577.html。

界投资报告》显示,"2020 年,全球外商直接投资流量下降了 1/3,降至 1 万亿美元,远低于 10 年前全球金融危机后的最低点,使外商直接投资流量倒回至 2005 年的水平。其中,发展中国家的工业绿地投资和新基础设施建设项目投资受到的打击尤为严重,全球经济增长和发展引擎的国际生产受到了严重影响"。[1]

三是全球传染病容易改善或者恶化国家间关系。全球传染病的流行为深化区域或国际合作提供了机遇,但全球传染病自身的特点让有些国家采取极端严格的防疫政策而使得区域或国家间关系恶化。以当前流行的新冠疫情为例,它在促使巴以重启和平之路的同时,也使得日韩关系在一段时间内出现了恶化情况。就前者而言,受历史、民族、宗教以及域外大国干预等因素的影响,2020 年 2 月 23 日,以色列对叙利亚境内巴勒斯坦军事设施、巴勒斯坦境内的武装分子据点进行了空袭。但面对全球流行的新冠疫情,两国决定共同应对这一考验,3 月 5 日,巴勒斯坦关闭伯利恒内的教堂和礼拜场所,以色列给予相关的配合,进而降低了新冠疫情在该地区的传播。就后者而言,2020 年 3 月 5 日,日本决定对来自韩国的入境者进行为期两周的定点隔离,暂停向韩国公民发放签证,韩国将日本这种防疫举措视为"禁止入境措施",深表遗憾。

四是全球传染病甚至会导致大国的兴衰。纵观人类历史发展进程,"传染病是不可忽视的变量,通过'微寄生'失衡,影响到人类与'巨寄生'之间的平衡关系,产生领袖伤亡、族群迁移、政体建崩、产业转型、科技进步、民族盛衰、战争胜败、社会荣枯、文化兴灭与文明演进等历史变局。这正是传染病与大国兴衰的基本逻辑链条"。[2] 从影响大国兴衰的主要传染性事件来看,从雅典衰落到沙俄覆灭,都能看到传染病的影响。[3] "21 世纪,大国之间

---

[1] 《2021 年世界投资报告:投资可持续复苏》(中文版),中国国际贸易促进委员会网站,http://www.ccpit.org/Contents/Channel_ 4128/2021/0729/1357029/content_ 1357029. htm。
[2] 王文:《传染病与大国兴衰》,《政治学研究》2021 年第 2 期,第 141 页。
[3] 王文:《传染病与大国兴衰》,《政治学研究》2021 年第 2 期,第 136—148 页。

的战争越来越变成模拟演算,大国之间激烈的竞争越来越不像是'你死我活'的零和游戏,更像是'讨价还价'的长期买卖,传染病暴发具有偶然性,但对大国兴衰的持续影响却有必然性,即使 21 世纪以来传染病已被纳入到安全研究范畴内,但如何从长远防止传染病的大规模暴发并维持大国崛起的可持续性,亟待国际关系理论研究范式的变革。"[1]

总体来看,全球化使得世界地理空间和时间出现了"时空压缩",海权国家与陆权国家在地理空间上从未如此近距离地"接触"。在全球化的作用下,全球化时代的海陆关系中,海陆冲突让位于海陆合作、领土空间让位于经济空间、"海陆冲突"的二元结构让位于"中心边缘"的二元结构,使得全球化时代的海陆关系存在着竞争性合作、多层次性、不对称性等特征。科学技术的发展在实践层面使得全球化时代的地缘政治实现了对传统地缘政治的超越。当然,全球化也存在负面效应,在促进世界实现整体、聚合和合作发展的同时,也使得世界呈现碎片化、竞争化与离散性,区域合作由此兴起,使得全球化时代的区域合作超越了过去"邻国即对手"的地缘政治认知,尤其是在面对事关人类整体的生存、发展与安全问题时,更需要国家之间通力合作,摒弃传统地缘政治理论中不符合全球化时代的若干内容和理念,构建以和平、合作、发展、共赢为核心的新地缘政治理论。

---

[1] 王文:《传染病与大国兴衰》,《政治学研究》2021 年第 2 期,第 147—148 页。

第七章
全球化时代中国地缘政治研究与战略选择

全球化时代中国的地缘政治研究着眼于中国的理论和实践,主要包括中国的地缘政治思想传统、当今的主流理论、与理论相关的地缘政治实践。中国古代的理论家、战略家提供了丰富的政治文化和思想传统,给中国的地缘政治学积累了宝贵的思想源泉。近代以来中国虽然没有建立地缘政治这一学科,但是有关地理与政治关系的探讨已经开始,如"塞防"与"海防"的论争既是地缘政治观点的争论,也是国家地缘战略的发展方向之争。革命战争时期与中华人民共和国成立后,中国第一代领导人的战略决策已经具备了地缘政治学的视野和高度。随着全球化的不断深入,中国领导人适应时代变革,不断提出新的战略和思想,"和平共处""和平发展""和谐世界""新型国际关系""亲、诚、惠、容""人类命运共同体"等独具特色的外交理念,既丰富着中国的地缘政治思想,也开拓着中国的地缘政治实践。中国的地缘政治实践在体系层次上坚持全球化的导向,追求"全球发展";在周边地缘战略选择上依托海陆复合国的地缘特征,在海缘与陆缘的双向选择中提出了"一带一路"的合作范式;在国家层面的战略中以维护国家安全和促进经济发展为目标。

第一节　中国传统地缘政治文化及近代以来地缘政治思想

中国古代虽然没有人提到地缘政治学这一概念,但是相关的文化、观念和研究方法是有历史渊源的,近代以来已经有理论家、战略家、军事家、革命家在地缘政治与地缘战略方面做出理论和实践成果。

一 中国传统地缘政治文化

弘扬中国传统文化,吸收传统文化的精华和历史遗产,能为地缘政治理论创新提供有力的文化支持和思想资源,将古代文化和历史经验与今天中国的实践相结合,有利于了解中国现象,填补西方理论的空白。所以,中国地缘政治学派在观念上要坚定马克思主义信仰的同时,也要吸收中国传统文化的宝贵资源和西方理论的精华,并总结中国丰富的外交实践使之凝练成理论内核。习近平总书记在哲学社会科学工作座谈会上指出,"哲学社会科学的现实形态,是古往今来各种知识、观念、理论、方法等融通生成的结果。我们要善于融通古今中外各种资源,特别是要把握好3方面资源。一是马克思主义的资源……二是中华优秀传统文化的资源,这是中国特色哲学社会科学发展十分宝贵、不可多得的资源……三是国外哲学社会科学的资源"。[1]

绵延几千年的中华文化有着深厚的底蕴,具有独特的思维体系,是对中国在上千年社会实践基础上形成的智慧和知识凝练的结晶。中华文化灿若星河,"在漫漫历史长河中,中华民族产生了儒、释、道、墨、名、法、阴阳、农、杂、兵等各家学说,涌现了老子、孔子、庄子、孟子、荀子、韩非子、董仲舒、王充、何晏、王弼、韩愈、周敦颐、程颢、程颐、朱熹、陆九渊、王守仁、李贽、黄宗羲、顾炎武、王夫之、康有为、梁启超、孙中山、鲁迅等一大批思想大家"。[2] 这些理论中包含着中国的道德标准、是非观念,也包含着修身齐家治国平天下的治国理念。为了建构与帝国主义地缘政治学有本

---

[1]《习近平谈治国理政》(第二卷),外文出版社,2020,第338—339页。
[2] 习近平:《在哲学社会科学工作座谈会上的讲话》,人民出版社,2016,第4—5页。

质区别的哲学社会科学理论,必须从中国古代的地缘政治文化中吸收精华。

古代地缘政治的观念主要有:仁义观、"天下观"、"和合"主义。

儒家学派将仁义作为人类的最高道德追求,上升为对国家的要求就是"仁政"。"仁者,爱人""仁以为己任""克己复礼为仁""舍生取义"等,都是对君子的品格进行肯定。这也是和谐社会能够实现的前提条件。但是,和谐社会仅靠君子的道义是不够的,还需要国家的仁政,"仁者无敌",国家统治者"施仁政于民"才能得民心,才能建立和谐的政治秩序。将仁义的原则由国内推向国外,则是外交战略或地缘政治战略。在古代交通技术不发达的环境下,对外部推行德政基本等同于善待四邻,从而塑造和平友好的周边外交关系。

作为中国的地缘政治文化,中国的"天下观"与西方的"帝国观"有根本不同。"'天下'(普天之下)是一个大于民族、大于国家、大于自我生存边界的统括词,与之相应的还有以'天'为价值核心的'天命''天意''天道'等政治与伦理秩序意识,以'天下'为范围('天之所覆,地之所载')的'万国咸宁''世界大同''天下一家'的平等与普遍包容意识。"[1] 与强调西方中心主义的帝国主义地缘政治学不同的是,"天下兴亡,匹夫有责""天下为公"中的"天下观"包含责任感和使命感、强调世界的共存论与整体性。"心怀天下"的"天下观",在当今与中国的人类命运共同体理念、"一带一路"倡议都有着相似的价值追求。

"和合"主义与"天下观"是相伴而生的,"和合"代表不同地域、不同文明、不同种族的国家能够达成共识、求同存异、包容多样、共同发展。西方帝国主义地缘政治学"尚武",在冲突性观念指导下的理论都是扩张性、

---

[1] 余潇枫、章雅荻:《和合主义:国际关系理论的中国范式》,《世界经济与政治》2019年第7期,第49—76页。

侵略性、霸权性的，而中国文化"尚和"，中国人强调"和也者，天下之达道也"。[1]

总之，吸取中国古代解决地理问题的智慧精华，将其用于创新当代地缘政治理论研究是必要的。中华优秀传统文化是中国文化自信的来源，是理论创新的积淀。中华优秀传统文化是中华民族安身立命的基础，永续繁衍的血脉，绵延不绝的根与魂；中华优秀传统文化是中华民族文明史的记录、民族精神的追求和标识；中华优秀传统文化是中华民族共同培育的民族精神的重要源泉；中华优秀传统文化是中华民族和中华儿女文化自信的重要根基；中华优秀传统文化是当代中国实现国家现代化的重要保证；中华优秀传统文化是构建人类命运共同体的重要助力。[2]

二 近代以来地缘政治思想及实践

张文奎指出，中国近代的政治地理学思想主要包括五个方面：边疆地理、租借地理、首都区位选择、行政区划及军事地理。

在被帝国主义瓜分的时期，边疆地理是政治地理学刻不容缓的研究议题。自1840—1949年，中国共与外国签订一千多个外交文件，不平等条约七百多个，仅俄国就从中国侵占了150万平方公里的领土。《地理学报》上刊登了大量讨论中国边疆地理的文献资料。租借地理也是顺应时代的产物。1843年的《虎门条约》给予英国人在通商口岸租地造屋及永久居住的权利，这成为其他侵略者向中国要求租借权的依据，英、法、美等国相继在中国各口岸建立了租界，最多时中国境内租界有几十处。作为侵略桥头堡的租界成为政治地

---

[1] 余潇枫、章雅荻：《和合主义：国际关系理论的中国范式》，《世界经济与政治》2019年第7期，第49—76页。
[2] 教育部课题组：《深入学习习近平关于教育的重要论述》，人民出版社，2019，第237页。

理学研究的对象,《上海公共租界制度》(徐公肃)、《近二十年来中国地理学之进步》等文中都有关于租界地理问题的介绍。首都区位选择的地理研究与抗战的爆发有关,随着抗战的爆发,基于历史学和地理学的考量选择首都尤为重要。行政区划的研究并非近代以来才开始的,在中国古代的方志中就有关于行政区划的记载,到近代以后行政区划的研究就更加系统化了。军事地理也可看作国防地理,具体到实践中就是地缘政治战略,这是对中国的地缘政治现状反映得最直接的思想。中国古代就有大量有关行进方向与地理方位影响战争进程的政治地理分析,到近代以后中国面临被瓜分、被殖民的命运,运用政治地理学去分析国家的军事与国防就显得尤为重要了。

麦金德在《历史的地理枢纽》中指出:"假如中国被日本组织起来去推翻俄罗斯帝国,并征服它的领土的话,那时就会因为它们将面临海洋的优势地位和把巨大的大陆资源加到一起——这是占有枢纽地位区的俄国人现在还没有到手的有利条件,构成对世界自由威胁的'黄祸'。"[1] 在麦金德海陆对峙的世界结构中,中国是陆权国家,也是威胁英帝国安全利益的"黄祸"。中国古代也符合陆权国家的判断标准,闭关自守,自给自足,虽然有漫长的海岸线,但是西部、北部的安全威胁使中国一直不能全力走海上发展模式。明清时期,中国已经开始对海防及海权问题进行系统的探讨,特别是近代以来西方殖民者纷纷从海上入侵中国,客观上促使中国的政治家、学者必须从地缘政治的角度对中国进行战略设计。

这一时期比较有影响力的是"塞防海防并重"地缘战略思想和"陆海空权并重"地缘政治思想。[2] 19世纪中后期,中国统治阶级内部发生了"塞防"与"海防"的大论战,主张"塞防"的一派认为俄国已经对中国东北和西北构成包围,英国和法国也有窥伺中国西南和南疆地区之意,应尽全力予

---

[1] 〔英〕哈尔福德·麦金德:《历史的地理枢纽》,林尔蔚、陈江等译,商务印书馆,1985,第63页。
[2] 沈伟烈:《地缘政治学概论》,国防大学出版社,2005,第56—59页。

以回击；而主张"海防"的一派则认为可以放弃无足轻重的陆地边陲，将国家资源用于发展海防。持中间立场的左宗棠则提出了"塞防"与"海防"并重的地缘战略思想，"东则海防，西则塞防，二者并重"。这场论战体现了中国近代的军事家、政治家们在地缘战略与国家安全领域的观点走向成熟。清政府实际上接受了"塞防"与"海防"并重的观点，一方面命左宗棠收复新疆，另一方面命李鸿章全面发展海军。这一时期魏源所著的《海国图志》系统论述了海防的重要性，是海权思想在中国的萌芽。

辛亥革命后，近代著名军事将领蔡锷召集西南五省代表编撰了《五省边防计画草案》（以下简称《草案》），该书涉及军事、外事等诸多问题，《草案》是蔡锷多年在西南筹划边防和联防意识的地缘战略总结，集中体现了蔡锷"破除省界"的地缘政治思想。《草案》共有三编，第一编共有五章，首先分析了西南五省面临的国内外形势，确定日本、德国、美国、法国、俄国、英国等"想定敌国"的图谋和野心，然后从地形、地势、天险等地理条件塑造分析了西南五省联合作战的必要性，"无滇，则川、黔无屏障之益，桂、粤失相依之利。无川、黔、桂、粤，则滇无策源之望，而有后顾之忧"。[1] 第二编因地制宜具体设计了在不同兵力、交通、形势等客观因素的影响下如何对英法作战，设计海陆联合的攻守计划，"于陆上一方增大云南迤西沿边之防御力，以拒止缅、印方面侵入之英军，一方集多数之兵力于云南迤南沿边及广西沿边，以攻击越南方面侵入之法军。于海上增加广东沿海之防御力，以防止由海路企图上陆之英法军"。[2] 第三编结论部分再次力证五省联合的必要性。《草案》对西南五省的地缘政治形势作了宏观的分析，丰富了战略地理和地缘政治的内容。

孙中山提出了"陆海空权并重"的地缘政治思想。在有关海权与陆权的

---

[1] 曾业英编：《蔡锷集》（第2册），湖南人民出版社，2008，第860页。
[2] 曾业英编：《蔡锷集》（第2册），湖南人民出版社，2008，第920、921页。

关系问题上，孙中山认为"海权与陆权并重，不偏于海，亦不偏于陆，而以大陆雄伟之精神，与海国超迈之意识，左右逢源，相得益彰"。[1] 随着航空技术的发展，孙中山意识到"飞机为近世军用之最大利器"，提倡"航空救国"。除此之外，孙中山所著的《建国方略》中的《实业计划》为中国的海陆交通做了总体规划，海路上建造类似"纽约港"的北方大港、东方大港、南方大港等世界级海港，陆地上建立16万公里的铁路，将新疆、西藏、沿海都连在一起。世界级大港的建设为海上贸易服务，是打造中国海权的蓝图；陆地铁路的建设是为了增加机动性和整体性。固守陆地边疆和东部沿海的国土，能够更好地维护领土完整、保护中国的陆权利益。这是中国未来发展的地缘政治设计。

三　中国革命战争年代的地缘政治思想及实践

革命战争年代中国饱经战乱，但有志之士对政治地理学的探究却没有停止，《山地对国防军事的影响和价值》（张英俊，1943）、《太平洋军事地理》（蒋震华，1945）、《国防地理》（张中会，1947）、《热河地理位置和国防价值》（徐俊鸣，1948）、《中国东南部进一步的建设》（翁文灏，1947）等都是对中国战局的分析，从国防地理的角度为取得革命战争的胜利献计献策。

毛泽东深谙中外地理知识，对地理、历史、政治、军事的复杂关系有深刻的见解，"地理者，空间之问题也，历史百科，莫不根据此。研究之法，地图为要；地图之用，手填最切。地理，采通识（指学识渊博）之最多者也，报章杂志皆归之。报章杂志言教育，而地理有教育之篇；报章杂志言风俗，而地理有风俗之章。政治、军事、产业、交通、宗教等等，无一不在地理范

---

[1] 沈伟烈：《地缘政治学概论》，国防大学出版社，2005，第64页。

围之内"。[1] 毛泽东善于根据地理环境制定合适的政治军事战略,他"始终重视地理政治思想在对内反对统治阶级的革命政治战争和对外抗击外敌侵略,以及中华人民共和国建立以后,处理国际关系,反对霸权主义、维护世界和平斗争中的影响作用"。[2]

革命战争时期是毛泽东地缘政治思想的萌芽时期,其主要思想体现在以下几个方面:

第一,指出帝国主义侵略者是中国地缘政治安全上的威胁。毛泽东地缘政治思想萌芽于中国被侵略、被瓜分、沦为半殖民地的时代,而造成中国安全威胁的正是帝国主义。帝国主义国家侵略中国的目的不是将中国变成资本主义国家,而是变成它们的殖民地和附庸,帝国主义扩张的本性是中国苦难的根源。毛泽东在《星星之火,可以燎原》(1930年1月5日)中指出,中国是一个被许多帝国主义国家争夺的半殖民地国家,列强的争夺造成中国统治阶级内部长期混战,无法统一,"既然国际上帝国主义相互之间、帝国主义和殖民地之间、帝国主义和它们本国的无产阶级之间的矛盾是发展了,帝国主义争夺中国的需要就更迫切了。帝国主义争夺中国一迫切,帝国主义和整个中国的矛盾,帝国主义者相互间的矛盾,就同时在中国境内发展起来,因此就造成中国各派反动统治者之间的……矛盾,就日益发展起来"。[3] 在第一次世界大战时日本就暴露出独霸中国的野心,"二十一条"就是在这样的目标下提出的,后来在中国人民的反帝斗争中和其他列强的干预下没有实现,中国仍旧是几个列强共同支配的半殖民地半封建国家。"9·18"事变以后,日本逐渐要独霸中国,妄图将中国从几个帝国主义国家瓜分的半殖民地状态变成它专属的殖民地,日本的侵略威胁着中华民族的生死存亡,所以"中日

---

1 《毛泽东早期文稿》,湖南出版社,1990,第22页。
2 沈伟烈:《地缘政治学概论》,国防大学出版社,2005,第56页。
3 《毛泽东选集》(第1卷),人民出版社,1991,第100—101页。

战争不是任何别的战争，乃是半殖民地半封建的中国和帝国主义的日本之间在二十世纪三十年代进行的一个决死的战争"。[1]

毛泽东站在地缘政治的视域分析了中国的周边环境，中国的边境情况是：在东北、西北主要与苏维埃社会主义共和国接壤；北面与蒙古接壤；南部与缅甸、越南接壤；东方除与朝鲜接壤外，又与日本、菲律宾临近。这个地理上的国际环境，给中国人民革命造成了外部的有利条件和困难条件。有利的是：和苏联接壤，和欧美各主要帝国主义隔离较远，在其周围的国家中有许多是殖民地或半殖民地国家。困难的是："日本帝国主义利用其和中国接近的关系，时刻都在迫害着中国各民族的生存，迫害着中国人民的革命。"[2] 毛泽东的地缘政治观点是，由于苏联的阻挡，中国的陆地边境安全受到的威胁较小，而从东部沿海地区进攻中国的日本才是中国安全的心腹大患，其反抗日本侵略者的思想里已经展现了中国的海权观。

第二，针对中国地缘政治和地缘经济特征，提出了"农村包围城市，武装夺取政权"的革命理论。这一理论是建立在对中国现实的政治地理、经济地理、军事地理和自然地理等综合分析的基础上得出的，是用于指导中国武装革命取得胜利的宝典。在政治地理上，中国存在明显异于世界其他国家的地缘政治形势，那就是在"白色政权"的包围下"工农武装割据"的红色政权的存在，这主要是因为半殖民地半封建的中国被西方列强划分成不同的势力范围，客观上为小的红色政权的存在提供了地缘政治的条件。在经济地理上，中国乡村经济状况和阶级力量决定了红色政权适合在农村发展和壮大。当时中国城乡经济发展差异巨大，乡村还基本处于自给自足的自然经济阶段，而当时中国有80%以上的农村人口是国民经济的主体，阶级力量强大而且相对封闭，为红色武装的发展提供了地缘经济的条件。在军事地理上，中国军

---

[1] 《毛泽东选集》（第2卷），人民出版社，1991，第447页。
[2] 《毛泽东选集》（第2卷），人民出版社，1991，第622页。

事力量分布存在空间不平衡的状况，帝国主义及反革命力量主要集中在城市，而在乡村力量则比较薄弱，在乡村发展有利于保护革命有生力量以待反击，"如果革命的队伍要准备积蓄和锻炼自己的力量，并避免在力量不够的时候和强大的敌人作决定胜负的战斗，那就必须把落后的农村造成先进的巩固的根据地，借以反对利用城市进攻农村区域的凶恶敌人，借以在长期战斗中逐步地争取革命的全部胜利"。[1] 在自然地理上，中国幅员广阔，城乡地理条件差异较大，乡村地势地貌、气候温度、地质条件复杂多样，不利于现代化的反革命军队，却有利于军备条件较差的红色政权的存在。

"农村包围城市"的关键是革命根据地的建设，根据地是游击战争长期存在发展的后方，是武装夺取政权的必要条件。没有根据地的支撑，将很难实现保存自己、壮大自己的目标，更不可能收复国土、驱逐敌人。"为了把侵入中国的敌人围困在少数的据点，即大城市和交通干线之内，各个根据地上的游击战争必须极力向其根据地的四周发展，迫近一切敌人的据点，威胁其生存，动摇其军心，同时即发展了游击战争的根据地，这是十分必要的。"[2] 在建设根据地的问题上，毛泽东看到了地理条件的重要性，他按照地理条件将根据地分为三种类型：山地、平原和河湖港汊地。山地是最有利的地形，山地根据地是抗日游击战争的堡垒，处于敌人后方的山岳地带长白山、五台山、太行山、泰山等都是支持持久战的场所。从地理条件看，平地的地形不如山地，但也可以形成临时、季候性或者较小的根据地，采用流动战术，即"一时在此一时在彼"的战术。在河湖港汊地区建立根据地从地理上而言要比平原地区容易一些，"江北的洪泽湖地带，江南的太湖地带和沿江沿海一切敌人占领区域的港汊地带，都应该好好组织游击战争，并在河湖港汊之中及其近

---

[1] 《毛泽东选集》（第2卷），人民出版社，1991，第635页。
[2] 《毛泽东选集》（第2卷），人民出版社，1991，第425、426页。

旁建立起持久的根据地"。[1]

第三,"论持久战"是基于地缘政治的积极防御战略。全面抗战以来,国内对抗日战争的认知出现了"速胜论""亡国论"的错误观点,论持久战是20世纪30年代毛泽东在批判这两种观点的基础上做出的一次思想上的更正,是根据中日双方实力差异得出的结论。在地缘政治上,日本是东方一等的军事大国,也是国际上最主要的列强之一,其强大的军事和经济力量使战争的规模在东方历史上是空前的,而半殖民地半封建的中国则是弱国,无论在制度上还是军事、经济实力上都没有优势,中日双方的差距使得我们对战争不能盲目乐观,速胜是不可能的。但是,这并不意味着,中国会在帝国主义的铁蹄下亡国。

从地缘政治上看,日本有着先天的缺陷。首先,日本是一个由东北向西南延伸的弧形岛国。东西较长而南北较窄,南北最长不过300公里,狭窄、细长的国土使日本的战略纵深较小,难以确立有效的防御,国家安全保障能力的有限会使日本无法面对长期的战争压力。其次,日本是四面环海的群岛国家,远离欧亚大陆的地理条件使日本可以将海洋作为天然的防御屏障,选择自由开放的海权道路,但是如果日本实行大陆扩张政策,其便会失去这些地缘优势。日本的地缘政治学者认为"日本一旦忘记或抛弃自己的海洋国家身份,基本上都是以失败而告终。在历史上无论是唐代的白村江之战、明代万历的朝鲜之役,还是近代以来的对华战争都是如此。而二战中日本试图占领大陆并与大陆国家德国结盟的结果,更使日本最终走向败亡"。[2] 最后,在地理条件上,日本饱受自然灾害和资源短缺的困扰。日本是世界上自然灾害最严重的国家之一,地震、海啸、火山,以及"陆沉"说都给日本造成安全威胁。而自然资源的短缺更使日本难以经受长期战争的致命压力,石油、橡

---

[1] 《毛泽东选集》(第2卷),人民出版社,1991,第421页。
[2] 葛汉文:《冷战后日本的地缘政治思想》,《和平与发展》2014年第4期,第50页。

胶等战争资源的对外依赖程度接近100%，一旦割断外部的联系，日本将陷入绝境，所以日本无法在资源禁运的情况下维系战争。针对这些地缘政治上的缺陷，毛泽东指出："日本的军力、经济力和政治组织力虽强，但这些力量之量的方面不足。日本国度比较地小，其人力、军力、财力、物力均感缺乏，经不起长期的战争。"[1] 而中国虽然战争力量很弱，但是在地缘政治上幅员辽阔、兵多将广、资源丰富，可以支持持久的战争。

此外，在战争的性质上，日本的侵略战争是野蛮的、落后的，在国际上"失道寡助"，而中国抗日战争因其进步性和正义性而"得道多助"，"能唤起全国的团结，激起帝国人民的同情，争取世界多数国家的援助"[2]。所以，中日之间的战争最后的胜利属于中国，但战争可能会持久，"论持久战"本质上是在敌强我弱状况下的积极防御的地缘政治思想，用持久战来消耗敌人的力量以期战争形势的变化，争取主动发动反攻，最终赢得胜利。

第四，从国共两党力量分布和中国的政治地理现状出发，提出要抢占要点的军事战略思想。抗战胜利后，毛泽东通过对国共两党力量分布和国内形势的判断，提出抢占战略要点的军事部署，总体就是"向北发展，向南防御"，"全国战略方针是向北发展，向南防御，只要我们能控制东北及热、察两者，并有全国各解放区及全国人民配合斗争，即能保障中国人民的胜利"[3]。全国解放战争分为两个阶段，战略防御阶段和战略反攻阶段。在战争初期的防御阶段，敌强我弱，而红色政权散落在长江以南的根据地且大多靠近敌人的中心，分隔的状态有可能被各个击破，于是撤退到苏中和山东，集中优势兵力"向北发展，向南防御"，这是地理、军事相结合的地缘军事战略。集中优势兵力打内线战争，目的在于歼灭敌人的有生力量，而不是以守卫或夺取某一地方为目标，只

---

[1]《毛泽东选集》（第2卷），人民出版社，1991，第448页。
[2]《毛泽东选集》（第2卷），人民出版社，1991，第449页。
[3] 国防大学党史政工教研室：《中国共产党的战略策略（1921—1949）》，解放军出版社，1991，第300—301页。

有这样才能最好地保存革命的实力,"只要我军能够将敌军有生力量大量地歼灭了,就有可能恢复失地,并夺取新的地方"。[1] 从1946年7月至1947年6月,通过集中优势兵力的军事战略,解放军成功歼灭敌军正规军97个旅,包括伪军和保安队在内共计120多万人。解放战争第二年,军事实力对比发生变化,我军由防御战略转变为反攻战略,"举行全国性的反攻,即以主力打到外线去,将战争引向国民党区域,在外线大量歼敌,彻底破坏国民党将战争继续影响解放区,进一步破坏和消耗解放区的人力物力、使我不能持久的反革命战略方针"。[2] 在由内线向外线转移的过程中,确立进攻方向和抢占战略要点是至关重要的,通过历史的地理的分析,党中央将大别山视为中原逐鹿的关键点,只要抢占大别山,就可以"东慑南京,西逼武汉,南扼长江,瞰制中原"。[3]

第五,革命统一战线的理论。统一战线是中国革命走向胜利的三大法宝之一,是中国第一代领导核心在革命战争年代不断积累的斗争经验和理论总结,在长期艰苦的革命战争中,毛泽东同志创造性地继承了马克思主义的无产阶级及其同盟军的理论,提出了中国的革命统一战线思想。革命统一战线理论包含两个层面的内容,一是民族统一战线,二是国际统一战线。

民族统一战线是为了实现中国独立自由、战胜侵略者的目标而提出的,是中国革命的长期性和艰巨性所塑造的,是为了更好地团结一切可以争取的革命力量,发展进步势力,争取中间势力,从而彻底孤立反革命的顽固势力。毛泽东同志在1949年6月15日新政治协商会议筹备会上指出:"中国的革命是全民族人民大众的革命,除了帝国主义者、封建主义者、官僚资产阶级分子、国民党反动派及其帮凶们外,其余的一切人都是我们的朋友,我们有一个广大的和巩固的革命统一战线。这个统一战线是如此广大,它包含了工人阶级、农民阶

---

[1] 《毛泽东选集》(第4卷),人民出版社,1991,第1209页。
[2] 《毛泽东选集》(第4卷),人民出版社,1991,第1230页。
[3] 沈伟烈:《地缘政治学概论》,国防大学出版社,2005,第88页。

级、城市小资产阶级和民族资产阶级。这个统一战线是如此巩固，它具备了战胜任何敌人和克服任何困难的坚强的意志和源源不竭的能力。"[1] 中国革命的复杂性、特殊性在于，面对帝国主义、封建主义和官僚资本主义三座大山的压迫，仅仅依靠工人阶级的力量很难完成革命的任务。中国革命的胜利要依靠广大的人民群众，尤其是占人口绝大多数的农民，他们受到帝国主义和封建主义的压迫最为深重，是无产阶级最坚定的同盟者。毛泽东在《湖南农民运动考察报告》中指出了农民运动在中国革命中发挥的作用，提出了在农村建立革命政权的策略。除此之外，小资产阶级、中产阶级也是革命统一战线的一部分，毛泽东在1925年的《中国社会各阶级的分析》中指出："工业无产阶级是我们革命的领导力量。一切半无产阶级、小资产阶级，是我们最接近的朋友。那动摇不定的中产阶级，其右翼可能是我们的敌人，其左翼可能是我们的朋友——但我们要时常提防他们，不要让他们扰乱了我们的阵线。"[2] 可以看出，虽然小资产阶级和中产阶级有局限性，但仍然是团结的对象。统一战线理论在抗日战争时期进一步成熟，在民族生死存亡的时刻，毛泽东在坚持马克思列宁主义思想的指导下，提出了抗日统一战线的政策。

国际统一战线是革命统一战线理论的扩展和延伸，是国际反帝反殖的进步势力的联合，在抗战时期最重要的形式是国际援助。国际援助是在帝国主义发动的不义战争中进步力量团结抗争的产物，"中华民族有同自己的敌人血战到底的气概，有在自力更生的基础上光复旧物的决心，有自立于世界民族之林的能力。但是这不是说我们可以不需要国际援助；不，国际援助对于现代一切国家一切民族的革命斗争都是必要的"[3]。中国的抗日战争和世界上其他反帝、反法西斯的斗争休戚与共，义战的力量在国际上互相帮助，不可分

---

1 《毛泽东选集》（第4卷），人民出版社，1991，第1465、1466页。
2 《毛泽东选集》（第1卷），人民出版社，1991，第9页。
3 《毛泽东选集》（第1卷），人民出版社，1991，第161页。

割，中国革命的胜利不能奉行"关门主义"，孤立的义战很难取得革命的胜利。在中国革命战争中积累的经验被积蓄到新中国成立后中国在国际舞台上的斗争中，在复杂的国际环境中确定主要对手或敌人，争取一切可以联合的力量，建立孤立敌人、反对敌人的国际统一战线是新中国成立以后主要的地缘政治思想。

第二节　全球化时代中国地缘政治理论探索

新中国成立以来，中国领导人结合国际形势变化与时代特征，先后提出"和平共处""和平发展""和谐世界""新型国际关系""人类命运共同体"等富有中国特色的外交理念。在这些理念的指导下，中国外交实践在周边、区域和全球三个层面取得了丰硕成果。尤其是中国特色社会主义进入新时代以来，中国特色大国外交"坚持以维护党中央权威为统领加强党对对外工作的集中统一领导，坚持以实现中华民族伟大复兴为使命推进中国特色大国外交，坚持以维护世界和平、促进共同发展为宗旨推动构建人类命运共同体，坚持以中国特色社会主义为根本增强战略自信，坚持以共商共建共享为原则推进'一带一路'建设，坚持以相互尊重、合作共赢为基础走和平发展道路，坚持以深化外交布局为依托打造全球伙伴关系，坚持以公平正义为理念引领全球治理体系改革，坚持以国家核心利益为底线维护国家主权、安全、发展利益，坚持以对外工作优良传统和时代特征相结合为方向塑造中国外交独特风范"，[1] 中国国际影响力、感召力、塑造力显著提升。

当前，全球化遭遇逆流，中美关系紧张以及乌克兰危机的出现，在一定程度上意味着传统地缘政治的回归，但我们要在世界历史发展的长河中，更

---

[1] 中共中央宣传部、中华人民共和国外交部：《习近平外交思想学习纲要》，人民出版社、学习出版社，2021，第3—4页。

要在人类的全面发展中去看待这些问题。"总体来看，和平与发展的时代主题没有改变，经济全球化的大方向没有改变……气候变化、疫情防控等全球性问题对人类社会带来的影响前所未有"，[1] "我们要拓展世界眼光，深刻洞察人类发展进步潮流，积极回应各国人民普遍关切，为解决人类面临的共同问题作出贡献，以海纳百川的宽阔胸襟借鉴吸收人类一切优秀文明成果，推动建设更加美好的世界"。[2] 新时代以来，在习近平新时代中国特色社会主义思想特别是习近平外交思想指引下，针对影响人类生存、发展与安全的重大问题，中国提出了新型国际关系、"一带一路"倡议、人类命运共同体等富有鲜明时代特色的外交理论与实践。从地缘政治视角来看，这些理论与实践摒弃了传统地缘政治理论中的国家中心主义、对抗性的地缘政治思维和权力至上的法则，并在若干方面实现了对传统地缘政治理论的超越、修正与突破，是全球化时代推进地缘政治理论发展的中国智慧和中国方案。

一 新型国际关系对传统地缘政治观念的超越

"在复杂变幻的国际关系中，各国应如何相处，应遵循什么样的准则，构建什么样的国际关系，这一直是近现代国际关系史上的重要课题。"[3] 近现代国际关系的历史可以说就是一部西方陆权大国或海权大国争霸的历史，无论是"国家有机体论""生存空间论""海权论""陆权论"，还是"边缘地带论""高边疆论"等都是西方地缘大国争夺权力、获取利益、追求绝对安全的霸权行为的政策辩护工具。这些理论具有浓厚的西方中心主义的色彩，"它

---

[1] 《习近平谈治国理政》（第四卷），外文出版社，2022，第496页。
[2] 习近平：《高举中国特色社会主义伟大旗帜　为全面建设社会主义现代化国家而团结奋斗——在中国共产党第二十次全国代表大会上的报告》，人民出版社，2022，第20页。
[3] 中共中央宣传部、中华人民共和国外交部：《习近平外交思想学习纲要》，人民出版社、学习出版社，2021，第57—58页。

特别体现在'文明—野蛮'、'自由—专制'、'进步—落后'此类二分法的长期存在上"。[1] 在此二分法的长期支配下,西方国家尤其是西方大国被认为是先进的"文明国家",广大非西方国家被视为落后的"野蛮国家",在此情势下,广大非西方国家被不尊重、不公正地对待。西方国家从自身视角出发,按照对其有利程度将世界地理空间划分为具有不同重要程度的地缘空间。尤其是全球化遭遇"黑天鹅"事件以及乌克兰危机爆发使这种传统地缘政治思维得以延续。相较于传统地缘政治理论,新型国际关系强调"相互尊重、公平正义、合作共赢",实现了对传统地缘政治理论的超越。

(一)相互尊重是对国家主权不平等的超越

自《威斯特伐利亚和约》确定了主权平等、领土主权原则以来,民族国家就成为国际关系最重要的行为体之一。但是后续国际关系发展的历史证明国家主权平等原则并未得到有效尊重,威斯特伐利亚体系虽然开创了近代国际关系,但该体系并未阻止拿破仑战争的爆发;维也纳体系对战后欧洲地缘政治版图做出了安排,但没有阻止第一次世界大战的爆发;凡尔赛—华盛顿体系对帝国主义在欧洲、西亚、非洲、东亚以及太平洋地区的地缘版图做出了安排,但依旧没有阻止第二次世界大战的爆发。上述国际体系之所以没有变革"国强必霸"的传统地缘政治思维,是因为彼时强国奉行社会达尔文主义,认为"弱肉强食"的丛林法则是国际关系的应有状态,对小国、弱国、贫穷国家没有给予足够的尊重,甚至一度认为它们是"劣等民族",大国之间的权力斗争经常牺牲弱小国家的主权和利益。

第二次世界大战结束之后,"各国携手创建了以联合国为核心,以《联合国宪章》的宗旨原则为基础的国际秩序和相应国际体系,这是人类文明的又

---

[1] 葛汉文:《批判地缘政治学的发展与地缘政治研究的未来》,《国际观察》2010年第4期,第44页。

一次巨大进步，为国际关系和国际体系建设翻开新的历史篇章"。[1]《联合国宪章》再次重申主权平等原则，联合国所有会员国不分大小、强弱，各主权国家一律平等，充分体现了对小国、弱国以及贫困国家的尊重。"这既是对《联合国宪章》宗旨原则的继承和弘扬，也是对传统国际关系理论的超越和创新"[2]，更是对传统地缘政治理论中国家主权不平等的超越，甚至可以说相互尊重是构建新型国际关系的前提。

其一，将国家主权平等视为相互尊重的核心内容。习近平总书记强调："主权是国家独立的根本标志，也是国家利益的根本体现和可靠保证。"[3]"主权平等，是数百年来国与国规范彼此关系最重要的准则"[4]，相互尊重就是要尊重各国人民自主选择的社会制度和发展道路，尊重彼此核心利益和重大关切。各国"要跟上时代前进步伐，就不能身体已经进入二十一世纪，而脑袋还停留在过去，停留在殖民扩张的旧时代里，停留在冷战思维、零和博弈老框框内"[5]，"各国和各国人民应该共同享受尊严"[6]，"国家不分大小、强弱、贫富，都是国际社会平等成员，都有平等参与国际事务的权利"[7]。

其二，将国家间的求同存异作为相互尊重的要求之一。当今社会，经济全球化促使国与国之间形成了"你中有我、我中有你"的利益共同体，国家间的共有利益逐渐增多，但我们不能只看到利益或者被利益裹挟，为实现国家利益而不择手段，这就需要尊重国家之间的不同之处，从大处着眼，管控

---

[1] 王毅：《构建以合作共赢为核心的新型国际关系》，《国际问题研究》2015年第3期，第2页。
[2] 王毅：《构建以合作共赢为核心的新型国际关系》，《国际问题研究》2015年第3期，第2页。
[3] 中共中央党史和文献研究院编：《习近平关于中国特色大国外交论述摘编》，中央文献出版社，2020，第126页。
[4] 中共中央宣传部、中华人民共和国外交部：《习近平外交思想学习纲要》，人民出版社、学习出版社，2021，第53页。
[5] 中共中央宣传部、中华人民共和国外交部：《习近平外交思想学习纲要》，人民出版社、学习出版社，2021，第58页。
[6] 中共中央宣传部、中华人民共和国外交部：《习近平外交思想学习纲要》，人民出版社、学习出版社，2021，第58页。
[7] 中共中央党史和文献研究院编：《习近平关于中国特色大国外交论述摘编》，中央文献出版社，2019，第126页。

好矛盾和分歧，坚决反对干涉别国内政的霸权行径，"客观理性看待别国发展壮大和政策理念，努力求同存异、聚同化异"。[1]

（二）公平正义是对功利主义思维模式的超越

自国家间关系出现以来，功利主义思维模式一直占据着主导地位，每个国家都希望"多占点便宜、少承担点责任"，在地缘空间的争夺上更是如此。在国际社会无政府状态的基本逻辑下，"国家间为实现成为体系'霸主'的终极目标而无休止地争夺地理空间，形成了以霸权主义和地缘冲突为主导的国际秩序，造成'大国政治的悲剧'"。[2] 这对霸权国家来讲，是功利主义的典型体现；对处于被争夺地理空间的国家和人民来讲，则是不公平、不正义的。如麦金德的《历史的地理枢纽》，其主旨是服务于英国的对外扩张与殖民，但对被殖民地国家和人民来讲，他们则成为被牺牲的对象，毫无公平正义可言。习近平主席强调："公平正义是世界各国人民在国际关系领域追求的崇高目标。在当今国际关系中，公平正义还远远没有实现。"[3]

新型国际关系将公平正义作为其重要内涵之一，就是要超越传统地缘政治理论中展现出来的功利主义思维模式，推动建立符合国际社会发展的国与国交往新模式。

一是与国际社会共同推动国际关系民主化。新型国际关系维护《联合国宪章》宗旨和原则，在应对传统安全问题上，反对将强国的意志强加于他国，反对将强国的国内准则作为国际通行准则而加以利用；在应对全球性问题上，新型国际关系强调所有国家都要在平等的基础上共同参与，通过协商来解决问题。正如习近平主席所强调的那样，"世界的命运必须由各国人民共同掌

---

[1] 中共中央党史和文献研究院编：《习近平关于中国特色大国外交论述摘编》，中央文献出版社，2019，第131页。
[2] 刘雪松：《新型国际关系对传统地缘政治观的超越》，《社会科学战线》2021年第12期，第200页。
[3] 习近平：《论坚持推动构建人类命运共同体》，中央文献出版社，2018，第133页。

握，世界上的事情应该由各国政府和人民共同商量来办"。[1]

二是与国际社会共同推动国际关系法治化。"法者，天下之准绳。"新型国际关系强调要遵守国际法和国际社会公认的国际关系基本准则，用统一适用的规则来解决国家间出现的问题。坚决反对法律适用过程中的双重标准。习近平主席指出："推动各方在国际关系中遵守国际法和公认的国际关系基本准则，用统一适用的规则来明是非、促和平、谋发展。"[2] 新型国际关系强调要坚决维护国际规则的权威性和严肃性，"做到权利、责任、义务三者的有机统一，实现国家互动过程和结果的公正性"。[3]

三是与国际社会共同推动国际关系合理化。新型国际关系依托于国际格局新变化，根据国际社会权力格局的变化情况，增强发展中国家在现有全球治理体系中的话语权和代表权，为发展中国家争取更多权益。正如习近平主席所言："适应国际力量对比新变化推进全球治理体系改革，体现各方关切和诉求，更好维护广大发展中国家正当权益。"[4]

（三）合作共赢是对西方国家对抗独占思维的超越

新型国际关系强调对话而不对抗，实现双赢共赢。新型国际关系最突出的特色就是"以合作取代对抗，以共赢取代独占，不再搞零和博弈和赢者通吃那一套"。[5] 尤其是在全球化深入发展的今天，国家间利益共生不断深化，全球供应链、产业链、价值链处于高度相互依存的状态中，任何一个环节出现问题，都会导致整个链条出现断裂。同时，在事关人类生存、发展与安全的全球性问题面前，每个国家都不能独善其身，需要各国同舟

---

[1] 习近平：《论坚持推动构建人类命运共同体》，中央文献出版社，2018，第133页。
[2] 习近平：《论坚持推动构建人类命运共同体》，中央文献出版社，2018，第134页。
[3] 吴志成：《习近平外交思想中的新型国际关系观》，《东北亚论坛》2022年第2期，第10页。
[4] 习近平：《论坚持推动构建人类命运共同体》，中央文献出版社，2018，第134页。
[5] 王毅：《构建以合作共赢为核心的新型国际关系》，《国际问题研究》2015年第3期，第2页。

共济，携手应对困难和挑战。这意味着在新型国际关系建构过程中，要坚持合作、要坚持共赢。就前者而言，新型国际关系强调解决人类面临问题的唯一途径就是合作。近现代国际关系产生以来，传统地缘政治理论的丛林法则一度盛行，使得国家间交往模式呈现零和博弈的特性，尤其是在对地缘政治空间的争夺上，需要争夺地球上具有重要战略价值的地理空间，以获得和维持自身的优势地位。而新型国际关系强调国家之间要加强合作，不论是在传统安全还是非传统安全领域，都要积极塑造国与国坚持对话的合作新路，形成正和博弈的效果。就后者而言，新型国际关系强调基于共同参与基础上的共赢。新型国际关系坚持正确的义利观，将互利共赢的理念贯穿至国家间交往的全领域、全过程、全方位，促进国与国之间形成利益共同体。

二 "一带一路"倡议对传统地缘政治理论的修正

传统地缘政治理论按照国家控制地缘空间—增强权力—实现霸权的逻辑展开，充满了对抗与竞争色彩。随着全球化的深入发展，用控制和影响地缘空间的方式已明显不顺应时代潮流，合作共赢才是大势所趋。"一带一路"倡议中合作共赢的新思路修正了传统地缘政治理论零和博弈的旧思维，以国家间合作主义修正了传统地缘政治理论中的国家中心主义，以海陆联合修正了海陆对抗，以共赢至上修正了权力至上法则。

（一）以国家间合作主义修正国家中心主义

传统地缘政治理论更多关注国家间的权力与利益斗争，由于地缘政治主体处于主客体关系的不对等状态中，往往会忽视国家间的合作，放大利益竞争点，使国际关系始终处于紧张状态中。"一带一路"倡议突破了国家权力主导模式，将利益争夺转化为利益合作，统筹海权国家与陆权国家均衡发展，把冲突对立的国际关系转向包容互惠的国际合作，注入国家间合作主义的新亮点。由于传统地缘政治理论关注对空间和权力的争夺，且这种争夺往往是无序且恶性的竞争，而合作主义下的竞争具有良性有序发展的特点，改变了利益合作背后权力交锋的冲突后果，从而达到规范竞争下的利益双赢。现时代，凭借自身"权力优势"主导国际关系运行的模式已经被"地缘空间的公共性"和不断增加的单一主体"运营成本"所改变，取而代之的是多层权威机构的共同运营。在此情况下，地缘空间不再为强权国家所垄断，而成为由跨界行为主体共同享有的发展支撑，其现实价值由垄断变成现实增长点。"一带一路"倡议通过多元主体搭建的多维合作框架，运用不同国家的资源禀赋为其建设提供增量，有效整合地缘区域，实现了国家从追求权力向追求合作共赢的目标转换。

"一带一路"倡议主张对话交流的国家间合作模式，其一是开放包容的合作理念。传统地缘政治理论强调空间占有的排他性。"一带一路"倡议不排斥任何合作对象，所有国家、地区、国际组织均享有平等参与的机会，在同"一带一路"沿线国家合作的过程中，该倡议摒弃强国主导理念，遵循和平合作、开放包容的理念，建立起竞争合作的依存关系。其二是平等参与的合作结构。传统地缘合作关系的维系受制度的约束和引领，大国凭借自身优势制定遏制他国的制度，以此维系强国地位或保持均势，此时的国际制度是大国争霸的工具。"一带一路"倡议在推进过程中，虽然主权国家中央政府是发起者，但并不意味着不存在其他建设者和参与者，次国家政府、企业等均可参与。在多元主体参与的合作模式下，"一带一路"并不提前预设制度模式，而是着眼于倡议与合作，各主体依据自身特点共同商定目标，达成一致共识进而推动合作。相较于传统地缘政治理论下制度导向建立的"唯我独尊"模式，"一带一路"倡议更加突出以"项目建设"为导向，尊重参与双方的自主权和平等地位，以多样化利益需求"尊重不同国家多样化的利益选择，在行动中建立信任关系"。[1] 其三是多元互动的合作模式。传统地缘政治理论以国家为中心，忽视小国利益，"一带一路"倡议将所有国家置于平等地位，不存在等级划分。在政府搭建的多层合作机制下，主权国家、国际组织、社会力量等主体都可参与，"一带一路"倡议通过和不同国家、区域组织实现战略对接，利用当地资源优势开展形式多样的互助合作模式。

（二）海陆联合修正海陆冲突

在传统地缘政治理论中，国家为争夺生存空间和避免"假想敌"的出现将国际关系的性质置于对抗冲突的形态中，并诉诸武力解决利益矛盾和冲突。以自然地理区位重要与否作为看待区域重要与否的标准，致使国家基于地缘位置的差异产生了不同的重要性，进而使得国家制定不同的地缘战略。随着全球化的深入发展和国家利益的日益交融，国家对某一地域的独自占有已不能获得绝对战略优势。在此情况下，海权大国和陆权大国的发展并不必然导致利益冲突，受利益最大化原则的影响反而会趋向合作。"一带一路"倡议以海陆联合发展观念修正海陆对抗观念，"是一项为推动分工发展而团结海陆国家以创造新地理基础的计划。它凭借解决分工经济两难冲突的新方案、立足正确地理观的空间设计以及对空间矛盾的精准定位和有效修正，超越以往国际区域合作框架，形成了一个能够促进分工经济持续发展、推动生产地理优化更新，并促使两者良性循环的崭新空间"，[2] 打破了海陆二分的地缘结构，塑造了全新的地缘空间，融合并重塑了分裂的世界地缘形态，是建立联合互动、依存发展的地缘结构的现实尝试。

---

[1] 张超：《"一带一路"战略与国际制度体系的变革》，《理论探索》2017年第3期，第46页。
[2] 黄凤志、谭桂照：《传统地缘政治理论批判与"一带一路"的地缘政治经济蕴意》，《东北亚论坛》2021年第6期，第59页。

（三）共赢至上修正权力至上

传统地缘政治理论强调权力至上，控制和影响重要地理区域会增进国家权力，强权阴影下的小国无自身利益可言。"一带一路"倡议坚持互利共赢的基本原则，既体现在参与主体的开放性，又体现在合作机制的包容性。从其主体的开放性来讲，参与"一带一路"倡议的国家和地区都是平等的，不存在受制方，有参与意愿的国家和地区都可以参与进来；从其合作机制的包容性来讲，"一带一路"倡议参与主体推动国家发展战略规划对接、推动国家发展规划与区域发展规划对接，这是体现共同利益、发挥各自优势的新合作模式。这意味着，在共商共建共享原则下开展的合作使得各国共享发展机会，共搭互惠便车，形成了"坚持多边主义，谋求共商共建共享，建立紧密伙伴关系"[1]的"共赢至上"合作新模式。可以说，共赢至上理念打破了单一国家受益的狭隘格局，将参与方和受益方扩大至"带""陆"所有国家，"带""陆"所有参与者共享地缘空间，实现了多方合作的包容联动、协作共赢的国际关系，这是对传统地缘政治理论中权力至上、利益专享的修正，实现了零和博弈向正和博弈的转变，这对推动国家开展新合作模式、打造安全高效的国际治理秩序具有重要意义。共赢至上体现了"一带一路"倡议的人类整体发展视角，践行了人类命运共同体理念，摆脱了权力转移的"修昔底德陷阱"和权力扩张的"宿命论"，构建了合作共赢的新型地缘政治理论框架。

三 人类命运共同体对传统地缘政治理论的突破

习近平总书记在党的二十大报告中强调："中国始终坚持维护世界和平、

---

[1] 习近平：《抓住世界经济转型机遇 谋求亚太更大发展》，《人民日报》2017年11月11日。

促进共同发展的外交政策宗旨，致力于推动构建人类命运共同体。"[1] 可以说，人类命运共同体是新时代中国外交的鲜亮底色。在全球和平赤字、发展赤字、治理赤字、信任赤字凸显的时代背景下，人类命运共同体将中华优秀传统文化的"协和万邦""天下一家"的和合智慧融入地缘政治理论，主张全人类应该超越国家身份的束缚，积极合作共同建设好我们的地球家园。人类命运共同体强调要建设持久和平、普遍安全、共同繁荣、开放包容、清洁美丽的世界。人类命运共同体思想以人为本位替代传统地缘政治理论的西方国家中心主义；以伙伴关系超越传统地缘政治理论的二元对抗关系；以相互依赖扭转了传统地缘政治理论的排他性倾向；以合作共赢摒弃了传统地缘政治的零和博弈思维；以多元共生超越了传统地缘政治理论的文明冲突；以可持续发展理念超越了传统地缘政治的空间观念。

（一）人类命运共同体思想以人为本位替代传统地缘政治理论的西方国家中心主义

地缘空间的等级性、"大国"与"小国"功能的差异性、以维护个人权利和国家利益为基础的先导性，使得传统地缘政治思维具有浓厚的西方主义色彩。[2] 在这种地缘政治思维的作用下，传统地缘政治理论更加关注西方国家本身，无论是自然主义模式，还是权力—空间模式，传统地缘政治理论的主线可以概括为国家为了生长谋求生存空间、为维护国家安全扩充国家权力、为国家权力增长寻求控制域外空间。随着全球化时代国与国之间相互依赖程度的不断加深，全球性问题的日益严峻，尤其是气候变化、生物多样性丧失、荒漠化加剧、极端气候事件频发，给人类生存和发展带来严峻挑战。由于人类的生存与发展是地缘政治理论

---

[1] 习近平：《高举中国特色社会主义伟大旗帜　为全面建设社会主义现代化国家而团结奋斗——在中国共产党第二十次全国代表大会上的报告》，人民出版社，2022，第60页。

[2] 黄凤志、孙雪松：《人类命运共同体思想对传统地缘政治思维的超越》，《社会主义研究》2019年第1期，第128页。

的前提和基础，人类只有一个地球，国际社会只有一个家园，各国同处于一个世界，每个民族、每个国家的前途命运都空前紧密地联系在一起，所以人类命运共同体思想将其关注重点放在人类本身，倡导和突出和平、发展、公平、正义、民主、自由的全人类共同价值，这扭转了传统地缘政治理论以西方国家为本位的倾向，实现了对传统地缘政治理论的西方国家中心主义的替代。

（二）人类命运共同体思想以伙伴关系超越传统地缘政治理论的二元对抗关系

冲突对抗式思维与邻国即对手的理论假设贯穿于地缘政治理论发展全过程，无论是从全球视角，还是区域视角来看，这种二元对抗思维或显性或隐性蕴含于当代西方国际关系理论与实践之中。人类命运共同体强调以伙伴关系超越对抗关系，这种伙伴关系可以是陆陆伙伴关系，如中俄新时代全面战略协作伙伴关系；也可以是陆海伙伴关系，如中法全面战略伙伴关系。伙伴关系彰显了平等、和平和包容的鲜明时代特征。从平等性来看，伙伴关系以各国平等为原则，充分尊重各国的主权和领土完整，尊重彼此核心利益和重大关切，"尊重各国人民自主选择的发展道路和社会制度"，[1] "伙伴之间没有主从之分，没有阵营之别，没有门户之见"。[2] 从和平性来看，伙伴关系是在不结盟原则下，通过对话协商合作而不是争夺地缘空间或诉诸武力寻求国家发展，在此基础上促进国与国、国家与国际组织的和平交往与深度互信，"中国坚持在和平共处五项原则基础上同各国发展友好合作……扩大中国同各国各利益的汇合点"，[3] "共建团结、平等、均衡、普惠的全球发展伙伴关系，

---

[1] 习近平：《高举中国特色社会主义伟大旗帜　为全面建设社会主义现代化国家而团结奋斗——在中国共产党第二十次全国代表大会上的报告》，人民出版社，2022，第60页。

[2] 中共中央宣传部、中华人民共和国外交部：《习近平外交思想学习纲要》，人民出版社、学习出版社，2021，第121页。

[3] 习近平：《高举中国特色社会主义伟大旗帜　为全面建设社会主义现代化国家而团结奋斗——在中国共产党第二十次全国代表大会上的报告》，人民出版社，2022，第60页。

不让任何一个国家、任何一个人掉队"。[1] 从包容性来看，伙伴之间在充分发挥各自优势的基础上，坚持互利合作，扩大共同利益，实现共同发展和繁荣。

（三）人类命运共同体思想以相互依赖扭转了传统地缘政治理论的排他性倾向

传统地缘政治理论尤为强调空间的重要性，认为控制了地球上的关键空间就会增进国家权力，进而为实现全球霸权奠定空间基础。但这种控制是排他性的，是唯我独占的，是不可分割的，更是相互排斥的。当前，国际安全形势动荡复杂，传统安全和非传统安全威胁相互交织，人类的整体利益日益交融、安危与共，国与国之间比以往任何时候更需要加强合作，国家之间的相互依赖特性越发分明，地理空间尤其是经济地理空间的共享属性表现得越来越明显。人类命运共同体强调国家间的相互依赖，主张建立共同而非排他的"朋友圈"，不搞封闭性、碎片化、排他性的国家间关系，不搞地缘博弈，"不做凌驾于人的强买强卖"。[2] 人类命运共同体强调的国家间关系不存在任何假想敌，不针对任何第三方，注重相互依赖产生的共同利益，且这种利益是可以被共享的，扭转了传统地缘政治理论中的排他性倾向。

（四）人类命运共同体思想以合作共赢摒弃了传统地缘政治的零和博弈思维

传统地缘政治理论在对国际关系的解释过程中，呈现出扩张性、二元论、对抗性和霸权性等特征，[3] "是一种鼓吹扩张、对抗和争夺的学说"[4]，表现出极强的零和博弈思维。在这种思维的指导下，地理条件似乎决定着国际关系的

---

[1] 本报评论员：《共创繁荣发展新时代——论习近平主席全球发展高层对话会重要讲话》，《人民日报》2022年6月26日。
[2] 《习近平谈"一带一路"》，中央文献出版社，2018，第217页。
[3] 苏浩：《地缘重心与世界政治的支点》，《现代国际关系》2004年第4期，第55页。
[4] 苏浩：《地缘重心与世界政治的支点》，《现代国际关系》2004年第4期，第55页。

冲突性质，海权与陆权这两种类型的国家都是为了实现全球霸权，进而控制世界，使得国际社会长期以来处于争霸过程中的战争与革命年代。"随着世界多极化、经济全球化深入发展和文化多样化、社会信息化持续推进，今天的人类比以往任何时候都更有条件朝和平与发展的目标迈进，而合作共赢就是实现这一目标的现实途径。"[1] 人类命运共同体尤为强调合作共赢，"合作共赢应该成为各国处理国际事务的基本政策取向……把本国利益同各国共同利益结合起来，努力扩大各方共同利益汇合点，树立双赢、多赢、共赢新理念"。[2] 习近平主席指出，"迈向命运共同体，必须坚持合作共赢、共同发展……只有合作共赢才能办大事、办好事、办长久之事"。[3] 合作共赢既体现在经济领域，又体现在政治领域、安全领域以及文化领域，具有多领域多层次的适用性。这意味着，人类命运共同体摒弃了传统地缘政治理论的零和博弈、你输我赢的旧思维。

（五）人类命运共同体思想以多元共生超越了传统地缘政治理论的文明冲突

传统地缘政治理论自诞生起就被赋予了文明的内涵，给全球不同区域贴上了不同的文明标签。作为地缘政治理论框架的开创者，麦金德把欧亚大陆被海洋包围的东、南、西面的"边缘地带"称为"新月形地带"。他认为，人类的古典文明就诞生在"新月形地带"，他称之为"河流文明阶段"。他还将"新月形地带"的边缘划分为欧洲次大陆、中东、印度次大陆和中国次大陆等四个区域，认为只有欧洲发展出不同于"河流文明阶段"的"海洋文明阶段"。[4] 从此，地缘政治理论出现了两种不同的且相互冲突的地缘文明观念。这种冲突的

---

[1] 中共中央党史和文献研究院编：《习近平关于中国特色大国外交论述摘编》，中央文献出版社，2020，第30页。
[2] 中共中央党史和文献研究院编：《习近平关于中国特色大国外交论述摘编》，中央文献出版社，2020，第37页。
[3] 中共中央党史和文献研究院编：《习近平关于中国特色大国外交论述摘编》，中央文献出版社，2020，第35页。
[4] 刘小枫：《麦金德政治地理学中的两种世界文明史观》，《思想战线》2016年第5期，第127页。

地缘文明观被后续研究者所继承，并在此基础上做出了创新与发展，如马克斯·韦伯将全球划分为儒家文明、佛教文明、基督教文明、伊斯兰文明、印度教文明等五大历史文明；塞缪尔·亨廷顿将全球划分为中华文明、日本文明、印度文明、伊斯兰文明、东正教文明、西方文明、拉丁美洲文明和非洲文明（可能存在的）等八大文明，且这些文明之间是冲突的，如亨廷顿认为未来的国际冲突将是不同文明之间的冲突，且这些冲突将会发生在"文明断层线"上。而人类命运共同体主张人类的文明是多彩、平等、包容基础上的多元共生。一个国家或民族的文明是其集体记忆，这些都是人类创造出来的成果，鉴于文明创造的主体是平等基础上的不同国家和民族，因此，不同的文明在价值上应该是平等的。正如习近平主席所言："世界上不存在十全十美的文明，也不存在一无是处的文明，文明没有高低、优劣之分……一切文明成果都值得尊重，一切文明成果都要珍惜。"[1] 由于每一种文明都独特存在，不同文明之间需要相互交流、交融和借鉴，"取长补短"，"深化文明交流互鉴，用好地区多元文化特色和优势"，[2] 在多元的世界中实现多元和谐共生。

（六）人类命运共同体思想以可持续发展理念超越了传统地缘政治的空间观念

空间和权力以及二者的关系是传统地缘政治理论的核心内容之一。传统地缘政治理论中的若干经典论断均体现出西方大国在工业文明发展过程中对自然资源丰富的地理区域表现出来的渴望与追求。如何解决工业文明发展带来的"增长需求的无限性"与"资源供给的有限性"之间的矛盾，传统地缘政治理论中"空间—权力"模式给出了解决方案。只不过，这种解决方案是建立在不可持续的、绝对的自然空间基础之上的。在全球化时代，空间不再单独指自然

---

[1] 《习近平谈"一带一路"》，中央文献出版社，2018，第15—16页。
[2] 《习近平外交演讲集》（第二卷），中央文献出版社，2022，第421页。

空间，还包括国家生存与发展的社会空间，国与国在这个可持续发展的、相对的社会空间中展开国家间关系。当前，"世界又一次站在历史的十字路口，何去何从取决于各国人民的抉择"。[1] 为有效应对世界之变、时代之变、历史之变，中国提出了以共同守护人类生命健康、共同促进经济复苏、共同维护世界和平安宁、共同应对全球治理挑战为核心内容的全球安全倡议，强调人类是休戚与共的命运共同体，各国要同心合力、要和衷共济，合作开创未来。[2] 习近平主席指出："人类是命运共同体，唯有团结合作，才能有效应对全球性挑战"，[3] 要顺应"各国人民对和平发展的期盼更加殷切，对公平正义的呼声更加强烈，对合作共赢的追求更加坚定"[4] 的期盼，中国提出了以坚持发展优先、坚持以人民为中心、坚持普惠包容、坚持创新驱动、坚持人与自然和谐共生、坚持行动导向为核心内容的全球发展倡议，共同塑造可持续发展的地缘空间。"把促进发展、保障民生置于全球宏观政策的突出位置，落实联合国 2030 年可持续发展议程，加强宏观政策协调，推动建设开放型世界经济，促进全球平衡、协调、包容发展，共同构建全球发展命运共同体。"[5] 这些主张为破解传统地缘政治理论占有空间即获得权力的空间观念，提供了极富价值的行动指南和实践路径。

第三节　全球化时代中国的地缘政治战略选择

当今世界是全球化与地缘政治相交织的世界。全球化的发展重塑了地缘

---

[1] 习近平：《高举中国特色社会主义伟大旗帜　为全面建设社会主义现代化国家而团结奋斗——在中国共产党第二十次全国代表大会上的报告》，人民出版社，2022，第 60 页。

[2] 《习近平在博鳌亚洲论坛 2022 年年会开幕式上发表主旨演讲 提出全球安全倡议 强调人类是休戚与共的命运共同体 各国要坚定信心 同心合力 和衷共济 合作开创未来》，《人民日报》2022 年 4 月 22 日。

[3] 《习近平向〈生物多样性公约〉第十五次缔约方大会第二阶段高级别会议开幕式致辞》，《人民日报》2022 年 12 月 16 日。

[4] 《习近平出席第七十六届联合国大会一般性辩论并发表重要讲话　提出全球发展倡议，强调携手应对全球性威胁和挑战，推动构建人类命运共同体》，《人民日报》2021 年 9 月 22 日。

[5] 杨洁篪：《推动构建人类命运共同体》，《人民日报》2022 年 11 月 22 日。

政治，使全球化时代的地缘政治在结构、方法、路径等方面都发生了重大的变化，同时，全球化也不可能消除地缘政治，从人境关系的地缘政治的理论渊源来看，人、国家以及其他行为体仍然要存在于由地缘因素所构成的地球系统之中，所谓的"智缘政治""网缘政治"都是全球化时代地缘政治的新形态，不能作为对地缘政治的否定。因此，在全球化时代，仍然要关注地缘政治的变化，以及地缘政治对世界的影响。"全球化已经成为构建国际关系的唯一逻辑，但它今后将在一种复杂的辩证法下与传统的地缘政治的回归并存。"[1] 全球化与地缘政治的交织，带来了世界的复杂性，也使各国面临着未来的抉择。

党的二十大报告对当前世界形势进行了深刻判断："当前，世界之变、时代之变、历史之变正以前所未有的方式展开。一方面，和平、发展、合作、共赢的历史潮流不可阻挡，人心所向、大势所趋决定了人类前途终归光明。另一方面，恃强凌弱、巧取豪夺、零和博弈等霸权霸道霸凌行径危害深重，和平赤字、发展赤字、安全赤字、治理赤字加重，人类社会面临前所未有的挑战。世界又一次站在历史的十字路口，何去何从取决于各国人民的抉择。"[2] 在这样一个波涛汹涌、风云变幻的世界形势下，中国的地缘战略如何选择，不仅关系到中国国家利益的维护和增进，更决定了中国对世界未来发展方向的把握和引导。

一　中国在体系层面的地缘战略选择

体系，在英文里是 System，主要是指一组有序互动或相互依赖的事物所

---

[1]〔法〕罗朗·柯恩-达努奇：《世界是不确定的——全球化时代的地缘政治》，吴波龙译，社会科学文献出版社，2009，第5页。

[2] 习近平：《高举中国特色社会主义伟大旗帜　为全面建设社会主义现代化国家而团结奋斗——在中国共产党第二十次全国代表大会上的报告》，人民出版社，2022，第60页。

构成的统一整体，或者指有组织的一套学说思想或原则，通常用以解释一个有系统的整体的排列与运作。国际体系主要是指各种国际行为体（主要是国家）之间按照一定的规则或结构相互联系、相互作用、相互依存所构成的统一体，其中主体、结构、规则是国际体系的核心构成部分。[1] 体系层面的地缘战略关系主要体现在大国结构关系以及全球层面国际机制和观念的对抗方面，在当前世界情势下，突出表现在中美之间的地缘结构关系，以及中美在国际机制和价值观等方面的对抗。

（一）美国对中国的战略定位及地缘遏制

冷战结束后，美国成为世界的唯一超级大国。由此，美国地缘战略的核心方向就是防止在世界的任何一个地方出现一个能够和美国相抗衡的力量，以维护美国对世界的领导地位。随着中国综合国力的不断提升，以及在地区和国际影响力的日益扩大，美国开始意识到来自新兴国家的威胁，对中国的战略也开始由"接触"转向了"遏制"。2010年美国奥巴马政府开始"重返亚洲"并提出"亚太再平衡战略"，依靠在亚洲的盟友关系来平衡中国力量的影响。"亚太再平衡战略"实际上延续了第二次世界大战后美国的地缘政治观念，即认为欧亚大陆仍然是美国最重要的地缘政治目标，美国能否持久、有效地保持在欧亚大陆举足轻重的地位将直接影响美国对全球事务的支配。[2] 特朗普上台之后，更是将中国作为主要的战略对手。2017年，美国《国家安全战略报告》将中国定位为"战略竞争者"，2018年初，中美之间的"贸易战"引起了世界的瞩目。随之，美国通过"印太战略"加强了对中国的遏制，2020年新冠疫情暴发之后，中美之间的分歧进一步上升。

---

[1] 陈岳主编：《国际政治学》，高等教育出版社，2019，第42—43页。
[2] 〔美〕兹比格纽·布热津斯基：《大棋局——美国的首要地位及其地缘战略》，上海人民出版社，1998，第41页。

从地缘政治角度来看,如果说"亚太再平衡战略"主要是"以海制陆"的话,那么,美国"印太战略"的提出实际上就是将美国对中国的遏制扩展到了"以海制海"的方式。[1] 美国是海洋霸权国家,为了护持其霸权地位,美国不仅将目光集中于欧亚大陆,而且也时刻关注海洋。"印太战略"的实施不仅要通过控制边缘地带来遏制中国在欧亚大陆的发展势头,而且还要阻止中国在海洋方面力量的增长,"以海制陆"再加上"以海制海",就是要避免中国依据"麦金德的方式",先发展陆权,然后再发展海权,成为"陆权+海权"的世界强国。

为达到有效遏制中国的目的,美国除了巩固原有的盟友关系以外,还重启和建立了一些"小多边"的机制,比如2017年11月重启了美日印澳四方安全对话机制,2021年9月美英澳宣布建立三国安全联盟(AUKUS),强化了原有的军事情报联盟,即五眼联盟(FVFY);为了对抗中国的经济优势,2021年七国集团在基础设施领域推出"重建更美好世界"计划(B3W),2022年5月,在美国主导下,联合其盟友和伙伴提出了"印太经济框架"(IPEF),明确将中国排除在外。新冠疫情暴发后,美国更是将意识形态和价值观作为武器来诋毁中国,在地缘遏制之上,辅之以文明冲突的内涵。2021年12月,拜登政府以视频方式举行了"全球民主峰会",峰会以美国的价值观为导向,人为地制造"文明冲突"的阵营,把大多数发展中国家排除在民主标准之外,并以此来排斥中国。

中美竞争体现的是体系结构的竞争,具有战略性质。本质上,中美关系的背后是权力逻辑和发展逻辑的竞争。美国为护持其霸权地位,奉行权力政治,将中国的崛起看作威胁,按照美西方的权力逻辑,中国的实力上升之后,首先必然要争取地区霸权,然后在地区霸权基础上,争夺全球霸权。因此,

---

[1] 刘雪莲、郭鸿炜:《"印太"概念下东亚地缘政治结构的转变及中国的战略选择》,《东北亚论坛》2021年第4期,第55—68页。

按照美国学者米尔斯海默的观点,中美之间必然陷入"修昔底德陷阱",中美之间必有一战。而中国奉行的是发展逻辑,改革开放之后,中国一直将和平与发展视为时代的主题,而且坚持走和平发展的道路,在国内和国际都坚持以"发展"为中心。在对外政策方面,中国始终强调"不称霸",要与世界其他国家建立互利共赢的新型国际关系,共同建构人类命运共同体。两种不同的逻辑,决定了中美两国不同的战略选择以及发展取向,也决定了中国地缘政治战略选择的大方向。

(二)中国地缘战略选择的总体方向

全球化的发展,已经使世界融为一体,任何一个国家都不可能是一个孤立的存在,很多国家利益需要在国际关系中去实现。全球化仍然是我们这个时代的主题,任何"逆全球化"的举措都改变不了全球化发展的大趋势。在这种形势下,坚持全球化,就是坚持了人类发展的大方向,地缘政治战略的选择也离不开这个大方向的指引。"在全球化相互连接成为一体的时代背景下,任何一个国家在确立自己地缘政治及其战略空间的时候,不可能置其他国家的地缘政治空间需要于不顾,仍恪守传统的国家利己主义思维,而是必须把本国的地缘政治与世界其他国家的地缘政治乃至整个世界的地缘政治结合起来,在全球地缘结构约束下,获得能够得到其他国家和非国家行为体认可的国家利益,并通过特定的地缘政治安排将此种利益巩固下来。"[1] 因此,全球化时代,地缘战略选择不能建立在单纯的国家利己主义立场上。

中国在总体地缘战略选择上,坚持全球化的导向作用。在中国所倡导的全球化中渗透着人类命运共同体的理念,同时,中国坚持全球化实际上就是坚持了长期以来的"以发展为中心"的原则,2021年9月习近平主席在以视

---

[1] 赵可金:《全球化时代的新地缘理论》,《清华大学学报》(哲学社会科学版)2008年第5期,第105页。

频的方式出席第 76 届联合国大会时提出了全球发展倡议，强调发展是实现人民幸福的关键。习近平主席所提到的"发展"，不是泛泛的，而是有着鲜明价值内涵的"正向发展"观，体现的是"以人民为中心"的促进世界整体合作和整体发展的理念。中国作为世界第二大经济体，未来还将推进新型全球化，就是要改变全球空间中的不平等、不均衡等现象，改变单纯的西方主导，建设公平公正的世界体系。

在体系层面的地缘战略选择上，中国始终不希望用"竞争"或"对抗"来描述或者定位中美关系。习近平主席上任后，就为中美关系定下了新型大国关系的基调：不冲突、不对抗、相互尊重、合作共赢，这个基调符合中美两国的利益。在美国不断对中国进行遏制、打压，对中国进行攻击、抹黑的情况下，中美关系陷入紧张和对抗状态，甚至有擦枪走火的危险。但是，中国政府始终不认为中美关系已经出现"新冷战"，在全球体系层面，始终致力于中美关系的缓和。2022 年 11 月，中国国家主席习近平与美国总统拜登在印度尼西亚巴厘岛举行会晤，这让世界对中美关系充满了期待。两国元首谈到了各自的内外政策以及中美关系、台湾问题、重大国际和地区问题、各领域对话与合作等，覆盖了两国关系最重要的方面和当前最紧迫的地区和全球性问题。应该说，只要两国沟通的大门敞开着，两国之间的对抗和冲突就有解决的可能。中国在中美关系方面的战略选择始终是朝向和平的，而不是朝向对抗的。

（三）中国对美国地缘遏制的战略回应

从地缘政治视角来看，中国面临的美国的实际遏制主要在海洋方面，包括对中国安全围堵，以"基于规则的秩序"进行打压，以台湾问题进行牵制。针对这些问题，中国需要作出相应的地缘政治战略选择。

其一，针对美国利用盟友关系和伙伴关系对中国的地缘围堵，中国在战略方面力图不被美国牵着鼻子走，中国致力于在经济领域促进与海洋国家的合作，比如在2020年11月新冠疫情期间，中国积极推动《区域全面经济伙伴关系协定》（RCEP）的签署，在这个框架内，中国与东盟十国、日本、韩国、澳大利亚、新西兰建立起经济合作关系，其中一些国家就是与美国一起在安全上遏制中国的海洋国家。中国不是在安全上寻求与美国以及地区国家的对抗，而是在经济上或者非传统安全、文化交流等其他方面寻找合作的机会。

其二，针对美国"基于规则的秩序"的话语打压，一方面，中国揭露其"基于规则的秩序"的实质是强调美国的主导地位，尤其是美国在海洋方面以"航行自由"为标志的海洋霸权，同时美国也将"基于规则的秩序"作为务实主义的外交政策工具和外交话语，以此来团结西方盟友，排斥竞争对手。另一方面，中国也采取积极的应对措施，在海洋领域以及极地、太空、网络、气候变化等其他新兴领域提升中国的制度软实力，包括规则制定能力、议程设置能力、舆论宣传能力、统筹协调能力等，以提高中国的制度话语权。同时，中国也利用新兴国家参与的机制，比如二十国集团、上海合作组织、金砖国家会议等，积极提升新兴国家的建制能力，扩大新兴国家在国际机制方面的影响力。

其三，针对美国的海洋封锁，中国注重海洋权益的维护与开发。全球化时代是海洋的时代，海洋交通运输、海洋资源开发、跨海贸易交流使得海洋的重要性凸显。"随着21世纪海洋世纪的到来，海洋成为国际重大政治、经济、军事利益的新领域，世界各沿海国都在为争夺或扩大各自的管辖海域而竞相向海洋进军，纷纷调整海权发展战略，促进海洋经济和科技发展，加快海洋立法，增强海洋管理机构，大力发展海军，以适应《联合国海洋法公约》生效后海洋斗争的新形势。"[1] 因此，中国必须发展好、维护好自己的海

---

[1] 史春林：《近十年来关于中国海权问题研究述评》，《现代国际关系》2008年第4期，第53页。

权，这需要建设一支强大的海军，关键的时刻能够挺身而出，保卫中国的海疆，保护好社会主义现代化建设所取得的文明成果；也需要国家制订细致周密的海洋研究开发计划，加强海洋管理，把中国的领海牢牢地控制在自己手里，把国家的发展和国家海权的维护很好地结合起来。

其四，针对美国在台湾问题上所做的危害中国核心利益的行为，中国在战略选择上是坚决予以回击的。实现祖国完全统一是中华民族根本利益所在，这也是中国主权范围内的内政，不容外国势力进行干涉。党的二十大报告明确指出："台湾是中国的台湾。解决台湾问题是中国人自己的事，要由中国人来决定。"[1] 在中美关系中，美国想打台湾牌，是中国人民坚决不允许的，因为"解决台湾问题、实现祖国完全统一，是党矢志不渝的历史任务，是全体中华儿女的共同愿望，是实现中华民族伟大复兴的必然要求。坚持贯彻新时代党解决台湾问题的总体方略，牢牢把握两岸关系主导权和主动权，坚定不移推进祖国统一大业"[2]。中国的这个决心是不可动摇的。

二　中国周边地缘战略选择

时代在发生变化，世界形势在发生变化，地区形势也在发生变化，但是唯有一样没有变，那就是中国周边环境的复杂性，如果一定要说这种复杂性发生了变化，那就是它的复杂性加深了。周边外交在中国外交中的地位不断提升，因而中国周边地缘战略的选择也就成为重中之重。

中国陆海复合国的地缘特征决定了中国在陆缘和海缘方面有着诸多的邻国。周边地带可谓是中国安全与发展的"生命地带"，周边不稳，则中国不

---

[1]　习近平：《高举中国特色社会主义伟大旗帜　为全面建设社会主义现代化国家而团结奋斗——在中国共产党第二十次全国代表大会上的报告》，人民出版社，2022，第59页。
[2]　习近平：《高举中国特色社会主义伟大旗帜　为全面建设社会主义现代化国家而团结奋斗——在中国共产党第二十次全国代表大会上的报告》，人民出版社，2022，第58页。

稳，从地缘政治来说，周边既是中国安全疆界的延伸，也是中国安全的屏障。[1] 冷战后，中国周边形势的变化，给中国的国内和国际安全都带来深刻影响。美国学者曾讲道："中国位于亚洲中心，区域环境复杂，有许多难以相处的邻邦，夹在美俄两大势力范围之间区域——所有这些因素说明中国地理位置困难，但又说明它战略地位重要，而且有能力实现它的外交政策目标。"[2]

（一）中国周边陆缘战略选择

陆缘关系是地缘政治的基础关系，因为地缘政治因"地"而生，对陆地的关注是地缘政治的首要之点；陆缘关系由于邻国的地缘毗邻性，国家之间的相互影响更直接，所谓"搬不走的邻居"就是这种关系的体现，从这点出发，陆缘关系中的边界、领土的意义更凸显；陆缘关系中还存在着利益方面的地理磨损原理、边际效应原理、强弱相对原理等。[3] 中国周边陆缘关系的巩固和维护主要体现在中俄关系以及中国与中亚国家之间关系的发展上。

俄罗斯是中国最大的陆地邻国，两国有4300多公里漫长的边境线，中俄关系的稳定，也意味着两国周边环境的总体稳定。冷战结束后，中俄关系稳步发展，并共同在维护世界和平、稳定、发展中起着重要作用，成为当今世界新型大国关系的典范。首先，中俄关系的定位是"全面战略协作伙伴关系"。冷战后，中俄关系不断升级，从苏联解体之初的"友好国家"关系，发展到1992年的"建设性伙伴关系"，再到1996年的"面向21世纪的战略协作伙伴关系"，展现了中俄关系一直向好的发展势头。2011年，中俄两国在伙伴关系的限定词前又加上了"全面"二字，使中俄关系进入一个新的阶

---

[1] 刘雪莲、许琳：《中国东北亚地缘战略研究》，吉林人民出版社，2006，第113页。
[2] 〔美〕安德鲁内森、罗伯特罗斯：《长城与空城计——中国对安全的寻求》，新华出版社，1997，第22页。
[3] 楼耀亮：《地缘政治与中国国防战略》，天津人民出版社，2002，第62—66页。

段。2019年，在中俄建交70周年之际，中俄两国进一步将关系定位为"新时代全面战略协作伙伴关系"，在世界处于百年未有之大变局、不稳定性和不确定性上升的情况下，中俄双边关系的发展具有特殊的重要意义，中俄的合作必将为促进世界和平与发展做出贡献。

其次，中俄在重大国际问题上相互支持，携手合作。中俄两国在反对强权政治、推动国际政治和经济秩序公正化与民主化、反对单边主义、维护联合国和国际法原则，以及维护国家安全、反对干涉内政等问题上，都存在着普遍的共识。2022年12月25日，中国国务委员兼外长王毅在国际形势与中国外交研讨会上对两国关系进行了充分的肯定，他说，中俄两国深化睦邻友好合作，全面战略协作更加成熟坚韧。中俄在北京实现"冬奥之约"，在撒马尔罕举行重要会晤，为中俄关系在新的历史条件下开拓前行提供了战略引领。王毅强调，面对个别国家重拾冷战思维，制造"民主对抗威权"的伪命题，中俄同各国一道，坚定不移推进世界多极化和国际关系民主化，坚定不移反对霸权，抵制新冷战。建立在不结盟、不对抗、不针对第三方基础上的中俄关系坚如磐石，不受干扰挑拨，无惧风云变幻。[1]

最后，中俄不断夯实两国合作的基础。中国提出"一带一路"倡议后，俄罗斯积极回应，并且与蒙古国一同构建了中俄蒙经济走廊，共同促进区域的经济合作。2017年，中俄领导人提出共建"冰上丝绸之路"的倡议，成为"一带一路"倡议的延伸，进一步拓展了两国的经贸往来和文化交流。2018年，在《中国的北极政策》白皮书中，中国进一步阐明了"冰上丝绸之路"建设的具体思路和合作意愿。近年来，中俄两国经贸合作的规模和质量显著提升，2020年双方共签署经贸合作协议40余项，全方位务实合作深入推进，在能源、基建、汽车、科技、农业等领域取得成效，一大批中国的世界500

---

[1] 王毅：《中俄关系坚如磐石》，中新网视频，2022年12月25日，https://www.chinanews.com.cn/gj/shipin/cns-d/2022/12-25/news946533.shtml。

强企业都在俄罗斯建立了分公司。[1]

中俄的合作还体现在中亚地区。上海合作组织成立以来，为维护中亚地区的安全稳定和发展做出了突出贡献，发挥了重要作用，上海合作组织也成为很有国际影响力的新型国家区域合作组织。[2] 2001 年成立的上海合作组织在打击恐怖主义、分裂主义、极端主义三股势力上通力合作，成效显著。同时，上海合作组织在发展的进程中也不断加强成员国之间的经济政策协调，促进贸易投资的便利化，加强教育和文化等领域的合作，在"一带一路"倡议的推动下，中亚地区国家已经成为地区物流的重要枢纽。截至 2022 年，上海合作组织已经从最初的 6 个成员国，发展为 8 个成员国、4 个观察员国和多个对话伙伴，已经成为中国周边维护和平的重要力量。2022 年 9 月，上海合作组织成员国元首理事会第 22 次会议在撒马尔罕举行，在世界局势动荡变幻的形势下，凸显着上海合作组织命运共同体建设的光明前景。

（二）中国周边海缘战略选择

中国东部沿海地区是中国的海上门户，也是中国推行海洋战略的必经之路。中国有着 18000 多公里漫长的海岸线，而离海岸线不远处有一条所谓的"第一岛链"，一般是指西太平洋地区由日本列岛、琉球群岛、中国台湾岛到菲律宾、大巽他群岛等呈南北链形分布的岛屿带。在冷战时期，美国通过与日本、韩国、菲律宾等国的盟友关系控制"第一岛链"，从而对中国大陆进行封锁，冷战后，美国的盟友关系仍然维系并在某种程度上得以加强，随着中国崛起，美国仍在通过岛链强化对中国的海洋遏制。因此，中国周边海缘形势与美国对这一地区的力量介入有密切关系，而从地区层面来看，主要体

---

[1] 《一文说透中俄经贸合作》，澎湃新闻，2022 年 3 月 31 日，https://www.thepaper.cn/newsDetail_forward_17417158。

[2] 邢广程：《中俄关系是新型大国关系的典范》，《世界经济与政治》2016 年第 9 期，第 17 页。

现为中日关系和南海问题。

中日两国是"一衣带水"的关系，两国隔海相望。冷战结束后，中日两国基于共同的利益需求，以及在经济等方面的互补性，进行了深入的合作，为东亚地区的稳定与繁荣做出了贡献。1998 年发表的《中日关于建立致力于和平与发展的友好合作伙伴关系的联合宣言》，以及 2008 年发表的《中日关于全面推进战略互惠关系的联合声明》，展现了中日关系发展的良好方面。但是，中日关系也面临着曲折和矛盾。从地缘政治角度来看，影响中日关系发展的主要因素有以下几个方面：其一，中日关系在很大程度上受世界格局的制约，冷战时期，日本作为美国的东亚盟友，站在对抗中国的地缘最前沿。在当前中美关系竞争加剧的情况下，日本积极靠拢美国，并凭借边缘地带的岛国地缘特性，将自己迅速归入美国主导的海洋国家联盟，共同遏制中国，比如推行"印太战略"、实行价值观外交、参与美日印澳的安全机制等。其二，在中日力量对比关系变化的背景下，中日海洋关系的矛盾性凸显。中国是陆海复合国，中国发展海洋力量是题中应有之义，但是，冷战后，日本以《美日安保法案》的修订为契机，将安保范围延伸至中国西南海域以及台海地区，并以"周边有事"法案将这些海域视为日本安全范畴，因而中国海洋力量的发展就被视为对日本海洋权益的损害。其三，在现实中，海洋权益之争会成为中日地缘政治的焦点。这主要体现在三个方面：一是东海划界，二是海上通道，三是钓鱼岛主权归属。[1] 其实这些问题原本就存在，但是在目前国际形势大变革时期，这些问题逐渐成为前沿性的问题。针对这些问题，中国本着睦邻友好的原则，极力维护中日关系的大局，积极协调两国在海洋领域的利益争端，但是，在涉及中国核心利益的方面，中国是绝不会让步和妥协的。

---

[1] 倪世雄等：《我国的地缘政治及其战略研究》，经济科学出版社，2015，第 280 页。

南海问题是中国周边海缘矛盾的一个焦点，近些年，由于美国的战略调整，加强了对中国"以海制海"的遏制力量，加之地区力量和一些地区外力量的介入，使南海局势日益变得复杂。针对美国及其伙伴国家在南海问题上对中国的遏制，中国提出海洋发展战略，同时，中国一再重申中国所追求的是海洋权益，而不是海上霸权。"中国海权，是一种隶属于中国主权的海洋权利而非海洋权力，更非海上霸权。""中国海权，就其'权利'部分而言，包括实现中国'海洋权利'和'海洋权益'两部分。前者包括国际法、联合国海洋法公约规定和国际法认可的主权国家享有的各项海洋权利。这部分权利随国际海洋法的变化而缓慢演化，比较确定。后者包括由海洋权利产生的各种经济、政治、文化利益，这部分随不同国家在不同时期的经济、政治和文化的变化而变化，属于海权中变化较大的部分。"[1] 因此，中国的海权是一种主权，是一种发展权，是一种自我保卫的权利，决不是与美国争夺海洋的霸权。

（三）"一带一路"倡议对中国周边地缘空间的重塑

"一带一路"倡议的提出，为中国与周边国家的国际合作和共同发展搭建了平台。一方面，通过"一带一路"的推进，特别是六大经济走廊的建设，可以对中国周边相对碎片化的地缘空间进行整合，起到由点及面的作用。同时，"一带一路"联结着东亚和欧洲两大经济繁荣区域，为中国和"一带一路"沿线国家拓展地缘政治经济发展空间提供了条件。另一方面，"一带一路"建设对中国周边的地缘空间进行着多层次的重塑，"在丝绸之路经济带建设所开创的空间中，中国与周边邻国的关系，打破了国家主体的单一交往模式。更呈现出次国家、国家、区域以及超区域等多层次的关系建构。""一带一路"首先打通的是国家的边界，让次国家政府、企业甚至个人参与进来，

---

[1] 张文木：《世界地缘政治中的中国国家安全利益分析》，山东人民出版社，2004，第230、231页。

其次是通过国家战略对接，开创了国际合作的新模式，再次是依托国际大通道和沿线中心城市，推动了区域的重新整合，最后在超区域层面，去建构人类命运共同体。[1]"一带一路"所造就的多层次空间的重塑，从根本上改变着中国与周边的地缘结构，为打造和平、繁荣、开放、创新的新型周边奠定了基础。

三　国家层面的地缘战略选择

中国的地缘战略选择始终秉持着促进世界和平与发展的大方向，"坚持在和平共处五项原则基础上同各国发展友好合作，推动构建新型国际关系，深化拓展平等、开放、合作的全球伙伴关系，致力于扩大同各国利益的汇合点"。[2] 在这个大方向的指导下，具体到国家层面，维护总体国家安全、促进国家的开放发展、兼顾国内和国际两个大局，应该是中国地缘战略选择的重要方面。

（一）维护总体国家安全的地缘战略选择

习近平总书记所提出的总体国家安全观是适应全球化时代国家安全的新理念，随着全球化的发展，国家安全的广泛性、不可分割性、渗透性等特征凸显出来，为国家安全的维护带来新挑战。总体国家安全观是把维护国家安全贯穿于党和国家工作的各方面、全过程，因而在地缘安全的维护上，也必须贯彻总体国家安全观。

从地缘空间角度来看，中国的地缘安全不仅表现在陆地和海洋，还表现

---

[1] 刘雪莲、沈娜：《丝绸之路经济带建设对中国周边关系的多层次建构》，《哈尔滨工业大学学报》（社会科学版）2021年第2期，第3页。
[2] 习近平：《高举中国特色社会主义伟大旗帜　为全面建设社会主义现代化国家而团结奋斗——在中国共产党第二十次全国代表大会上的报告》，人民出版社，2022，第61页。

在太空和网络空间等方面。在陆地和海洋空间中，维护国家的领土完整，坚决打击分裂势力，维护国家边界线安全，防止传统安全与非传统安全因素的侵入，维护附着于陆地与海洋的资源和人员的安全，防止资源的破坏性利用、确保人民和平稳定的生活，都是地缘安全需要维护的重要方面。而在太空和网络空间中，国家安全以新的形态展现出来，在太空科技和空间站建设等方面，存在着大国之间的竞争，在国家安全的维护上主要关注太空优势的维护和增进；在网络空间，互联网安全作为信息安全已经成为关乎国家其他安全的基础和保障，在当前数字化时代，又发展为"数字主权""数字安全"的维护问题。

从安全领域来看，政治安全、经济安全、能源安全、粮食安全等多方面安全都需要一个稳定的地缘环境作为基础，为国家安全创造稳定的地缘环境，也应该是地缘安全战略选择的重要内容。和谐的中央与地方的关系、和谐的地区之间的关系、和谐的民族之间的关系，都是国家安全实现的基础和前提。

（二）促进开放与发展的地缘战略选择

开放与发展是全球化时代地缘政治变化的重要方面。改革开放以来，中国始终将对外开放作为基本国策，以开放促发展。在开放进程中，中国逐渐将自己的命运与世界的命运联系在一起，并努力为世界做出中国的贡献。中国"坚定奉行互利共赢的开放战略，不断以中国新发展为世界提供新机遇，推动建设开放型世界经济，更好惠及各国人民"。[1] 开放，是中国与世界沟通的途径，在地缘开放战略选择上，中国从东南沿海开始，逐渐延伸到内地，从国家开放大门到开放陆路边境，从向发达资本主义国家开放到全方位全领域的开放，正是在开放的情况下，中国不断缩短与世界的距离。在推动中国

1　习近平：《高举中国特色社会主义伟大旗帜　为全面建设社会主义现代化国家而团结奋斗——在中国共产党第二十次全国代表大会上的报告》，人民出版社，2022，第61页。

经济快速发展的同时，对外开放已经成为一种价值观，一种中国与世界持续沟通的信念，也是中国越来越强的自信，当习近平主席讲到"中国开放的大门只会越开越大"[1] 时，其背后体现出来的是大国的情怀与责任。

在开放的基础上，中国始终以发展为中心。在东南沿海地区发展起来之后，中国又陆续提出"西部大开发"战略、东北振兴战略等，以推动国家内部的平衡发展；在积极鼓励地方经济发展的积极性和主动性基础上，中国在国土范围内建立次区域合作机制，比如环渤海经济圈、长江三角洲经济圈、珠江三角洲经济圈，以及长吉图开发开放先导区建设等，以形成发展的集约效应，带动国家整体经济的发展；中国还积极建设众多的边境口岸，让边境贸易在开发中成为中国经济发展的新增长点。以发展促安全，以安全保发展，实现安全与发展并举，这是未来中国在国家层面的地缘战略选择上需要把握的重要取向。

（三）兼顾国内与国际两个大局的地缘战略选择

在全球化时代，随着国家的开放与发展，国内与国际的相互影响、相互渗透越来越显著，国内问题国际化、国际问题国内化的现象也越来越普遍。在这种情况下，中国在地缘战略选择上必须兼顾国内与国际两个大局。在安全问题上，要关注安全的地缘流动性，尤其是非传统安全问题，如跨境犯罪、恐怖主义、人口非法流动、跨境环境污染、传染病流行等；需要守住安全的大门，如海关、口岸、港口等。在发展问题上，利用好"一带一路"的平台，将国内发展与国际发展相连接，将陆路发展与海路发展相融通。鉴于新冠疫情的冲击，2020 年习近平总书记提出"加快形成以国内大循环为主体、国内国际双循环相互促进的新发展格局"，[2] 这是在特定历史时期，促进国家

---

1 《习近平谈治国理政》（第三卷），外文出版社，2020，第 210 页。
2 习近平：《论把握新发展阶段、贯彻新发展理念、构建新发展格局》，中央文献出版社，2021，第 365 页。

发展的战略选择。

总之，在全球化时代，无论全球化的发展遇到什么样的挫折，全球化已经将世界"洗刷"过了，世界的整体性和国家之间的相互依存性很难改变。在这种形势下，我们需要看到地缘政治理论和现实的重大变化，探讨全球化对地缘政治的重塑，从而把握好中国在全球化时代的地缘政治战略选择。在未来目标上，正如习近平主席所讲的，要"胸怀两个大局，做好自己的事情"，"一个是中华民族伟大复兴的战略全局，一个是世界百年未有之大变局"，[1] 这是中国所有工作的基本出发点。做好自己的事情，通过中国式现代化道路，实现中华民族的伟大复兴，是中国人民共同的奋斗目标。

---

[1] 《习近平谈治国理政》（第三卷），外文出版社，2020，第77页。

参考文献

一 中文主要著作（包括译著）

蔡拓：《全球化与政治的转型》，北京大学出版社，2007。

陈峰君、王传剑：《亚太大国与朝鲜半岛》，北京大学出版社，2002。

陈琪、刘丰：《中国崛起与世界秩序》，社会科学文献出版社，2011。

方永刚、唐复全：《大国逐鹿：新地缘政治》，四川人民出版社，2001。

郭渊：《地缘政治与南海争端》，中国社会科学出版社，2011。

国玉奇、〔俄〕B.Ⅱ.丘德诺夫：《地缘政治学与世界秩序》，重庆出版社，2007。

何志工、安小平：《东北亚区域合作——通向东亚共同体之路》，时事出版社，2008。

李小建：《经济地理学》，高等教育出版社，1999。

李义虎：《地缘政治学：二分论及其超越——兼论地缘整合中的中国选择》，北京大学出版社，2007。

刘从德：《地缘政治学：历史、方法与世界格局》，华中师范大学出版社，1998。

刘清才等：《东北亚地缘政治与中国地缘战略》，天津人民出版社，2007。

刘雪莲：《整体视角的东北亚——地缘政治的分析》，吉林人民出版社，2005。

刘雪莲:《政治与全球化》,中国社会科学出版社,2011。

刘雪莲、许琳:《中国东北亚地缘战略研究》,吉林人民出版社,2006。

楼耀亮:《地缘政治与中国的国防战略》,天津人民出版社,2002。

陆俊元:《地缘政治的本质与规律》,时事出版社,2005。

门洪华:《构建中国大战略的框架——国家实力、战略观念与国际制度》,北京大学出版社,2005年版

牛军:《后冷战时代的中国外交》,北京大学出版社,2009。

曲星:《中国外交五十年》,江苏人民出版社,2000。

阮宗泽:《中国崛起与东亚秩序的转型——共有利益的塑造与拓展》,北京大学出版社,2007。

沈海涛、张玉国、巴殿君:《日本国家战略与东北亚外交》,吉林人民出版社,2006。

沈伟烈等编著:《国家安全地理》,时事出版社,1995。

唐希中等:《中国与周边国家关系》,中国社会科学出版社,2003。

王恩涌等:《政治地理学——时空中的政治格局》,高等教育出版社,1998。

王家福、徐萍:《国际战略学》,高等教育出版社,2005。

王树春:《冷战后的中俄关系》,时事出版社,2005。

王义桅:《"一带一路":机遇与挑战》,人民出版社,2015。

王义桅:《世界是通的:"一带一路"的逻辑》,商务印书馆,2016。

王逸舟:《全球政治与中国外交:探寻新的视角与解释》,世界知识出版社,2003。

肖欢容:《和平的地理学——中国学者论东亚地区主义》,中国传媒大学出版社,2005。

徐京利:《解密中国外交档案》,中国档案出版社,2005。

阎学通：《历史的惯性——未来十年的中国与世界》，中信出版社，2013。

阎学通：《中国国家利益分析》，天津人民出版社，1997。

杨雪冬、王浩：《全球治理》，中央编译出版社，2015。

叶自成：《地缘政治与中国外交》，北京大学出版社，1998。

俞正樑等：《21世纪全球政治范式》，复旦大学出版社，2005。

张慧智：《大国关系中的朝鲜半岛》，吉林大学出版社，2003。

张洁等：《中国周边安全形势评估海上争端的焦点与根源（2013）》，社会科学文献出版社，2013。

张文奎：《政治地理学》，江苏教育出版社，1991。

张小明：《中国周边安全环境分析》，中国国际广播出版社，2003。

张蕴岭：《未来10—15年中国在亚太地区面临的国际环境》，中国社会科学出版社，2003。

张蕴岭：《中国与周边国家：构建新型伙伴关系》，社会科学文献出版社，2008。

赵学功：《冷战后美国对东亚政策》，天津人民出版社，2002。

朱锋、〔美〕罗伯特·罗斯：《中国崛起：理论与政策视角》，北京大学出版社，2008。

子杉：《国家的选择与安全——全球化进程中国家安全观的演变与重构》，上海三联书店，2005。

〔韩〕李承律：《共生时代——东北亚区域发展新路线图》，李文译，世界知识出版社，2005。

〔美〕阿尔弗雷德·塞耶·马汉：《海权论》，欧阳瑾译，台海出版社，2017。

〔美〕布热津斯基：《大棋局——美国的首要地位及其地缘战略》，中国国际问题研究所译，上海人民出版社，1998。

〔美〕房龙：《房龙地理——关于世界的故事》（上、下册），马晗、治梅译，中国人民大学出版社，2003。

〔美〕罗伯特·D. 卡普兰：《即将到来的地缘战争：无法回避的大国冲突及对地理宿命的抗争》，涵朴译，广东人民出版社，2016。

〔美〕琼·约翰逊-弗里泽：《空间战争》，叶海林、李颖译，国际文化出版公司，2008。

〔美〕塞缪尔·亨廷顿：《文明的冲突与世界秩序的重建》，周琪等译，新华出版社，2002。

〔美〕斯皮克曼：《和平地理学》，俞海杰译，商务印书馆，1965。

〔美〕威廉·凯勒、托马斯·罗斯基：《中国的崛起与亚洲的势力均衡》，刘江译，上海人民出版社，2010。

〔日〕毛里和子：《中日关系——从战后走向新时代》，徐显芬译，社会科学文献出版社，2009。

〔英〕R. J. 约翰斯顿：《地理学与地理学家》，唐晓峰等译，商务印书馆，1999。

〔英〕安德鲁·兰伯特：《海洋与权力：一部新文明史》，龚昊译，湖南文艺出版社，2021。

〔英〕巴瑞·布赞、〔丹〕奥利·维夫：《地区安全复合体与国际安全结构》，潘忠岐等译，上海人民出版社，2010。

〔英〕杰弗里·蒂尔：《21 世纪海权指南》（第二版），师小芹译，上海人民出版社，2013。

〔英〕杰弗里·帕克：《地缘政治学：过去、现在和未来》，刘从德译，新华出版社，2003。

〔英〕杰弗里·帕克：《二十世纪的西方地理政治思想》，李亦鸣等译，解放军出版社，1992。

〔英〕索尔·科恩：《地缘政治学：国际关系的地理学》（第二版），严春松译，上海社会科学院出版社，2011。

二 中文主要论文

安虎森、郑文光：《地缘政治视角下的"一带一路"战略内涵——地缘经济与建立全球经济新秩序》，《南京社会科学》2016年第4期。

白永秀、王颂吉：《丝绸之路经济带的纵深背景与地缘战略》，《改革》2014年第3期。

蔡翠红：《网络地缘政治：中美关系分析的新视角》，《国际政治研究》2018年第1期。

曹文振：《全球化时代的中美海洋地缘政治与战略》，《太平洋学报》2010年第12期。

陈才、王士君：《东北经济区地缘战略研究》，《东北亚论坛》2001年第3期。

陈彤：《回归地理特性 探讨海权本质》，《世界经济与政治》2012年第2期。

陈须隆：《核不扩散机制透析——国际安全机制的一个案例研究》，《世界经济与政治》2002年第12期。

杜德斌、马亚华：《"一带一路"：中华民族复兴的地缘大战略》，《地理研究》2015年第6期。

杜秀红：《中国与"一带一路"沿线国家的贸易关系及政策建议》，《现代管理科学》2016年第5期。

冯绍雷：《上海合作组织的新进展与新挑战》，《国际展望》2012年第4期。

冯绍雷、封帅:《中国周边安全的新认知:特点、功能与趋势》,《国际安全研究》2013 年第 2 期。

冯永利、方长平:《当前中国周边安全环境探析:侧重于软实力的视角》,《教学与研究》2013 年第 4 期。

高子川:《中国周边安全环境基本态势解析》,《当代亚太》2004 年第 1 期。

葛汉文:《批判地缘政治学的发展与地缘政治研究的未来》,《国际观察》2010 年第 4 期。

葛瑞明:《地缘政治研究中的几个争议问题》,《解放军外国语学院学报》2000 年第 2 期。

郭长林:《美战略重心东移后的中国安全环境》,《现代国际关系》2013 年第 10 期。

郭晓琼:《世界经济危机深化背景下的上海合作组织》,《俄罗斯中亚东欧研究》2012 年第 5 期。

郭学堂:《"高铁外交"的地缘政治学解读》,《社会科学》2015 年第 6 期。

洪菊花、骆华松:《地缘政治与地缘经济之争及中国地缘战略方向》,《经济地理》2015 年第 12 期。

胡键:《"一带一路"的"三缘"政治分析》,《学习与探索》2016 年第 4 期。

胡晶:《丝绸之路经济带与欧亚经济联盟对接合作的经济学思考》,《学术交流》2016 年第 3 期。

胡志丁、刘卫东:《论地缘战略的主体间性——兼论中国地缘战略抉择》,《人文地理》2016 年第 3 期。

胡志丁、陆大道:《地缘结构:理论基础、概念及其分析框架》,《地理科学》2019年第7期。

胡志丁、陆大道：《基于批判地缘政治学视角解读经典地缘政治理论》，《地理学报》2015年第6期。

姜鹏：《海陆复合型地缘政治大国的战略选择与崛起成败》，《东北亚论坛》2016年第2期。

科林·弗林特、张晓通：《"一带一路"与地缘政治理论创新》，《外交评论》2016年第3期。

李继东：《论地缘经济时代的基本特征——从地缘经济学视角对冷战后时代的审视》，《世界经济与政治》2002年第2期。

李琪：《中国与中亚创新合作模式、共建"丝绸之路经济带"的地缘战略意涵和实践》，《陕西师范大学学报》（哲学社会科学版）2014年第4期。

李兴、牛义臣：《上合组织为何不足以支撑中国西北周边安全战略》，《国际安全研究》2013年第4期。

李义虎：《从海陆二分到海陆统筹——对中国海陆关系的再审视》，《现代国际关系》2007年第8期。

李源：《法德重启海洋战略的逻辑——化解"陆海复合型"困局》，《欧洲研究》2014年第2期。

李振福、吴玲玲：《交通政治视角下"一带一路"及北极航线与中国的地缘政治地位》，《东疆学刊》2016年第1期。

林利民：《对中国亚太地缘战略的几点思考》，《现代国际关系》2008年第5期。

林民旺：《"印太"的建构与亚洲地缘政治的张力》，《外交评论》2018年第1期。

凌胜利、曲博：《世界大国地缘战略运筹与中国大战略》，《世界经济与政治论坛》2015年第2期。

刘建飞：《解读中国外交政策宗旨》，《国际政治研究》2006年第1期。

刘清才、孔庆茵：《亚太地区领土争端的成因及其解决方法》，《东北亚论坛》2003年第2期。

刘文波：《"一带一路"战略构想的地缘政治分析》，《天津师范大学学报》（社会科学版）2016年第1期。

刘新华：《论地缘政治学的核心——地理要素》，《世界地理研究》2009年第1期。

刘雪莲、邢树君：《"边缘地带"国家的海陆分裂性格与对外战略选择——以朝鲜半岛国家为分析主体》，《东北亚论坛》2013年第3期。

刘雪莲、徐立恒：《当代地缘政治学研究的新视域与新动向》，《山东社会科学》2011年第1期。

刘雪莲、徐立恒：《全球化时代的新地缘政治安全观》，《东北亚论坛》2011年第2期。

刘雪莲、张微微：《全球化时代的地缘政治结构：海陆联合的全球结构与合作性区域结构》，《政治学研究》2011年第2期。

刘玉立等：《国际安全研究的转向及对中国地缘安全研究的启示》，《世界地理研究》2013年第3期。

刘云刚：《中国政治地理学研究展望》，《人文地理》2009年第2期。

陆俊元：《北极地缘政治竞争的新特点》，《现代国际关系》2010年第2期。

门洪华：《中国国家战略利益的拓展》，《中国外交》2003年第7期。

潘峰：《中国地缘政治的当代精神》，《太平洋学报》2016年第6期。

潘光：《走进第二个十年：上海合作组织面临的挑战和机遇》，《国际观察》2011年第3期。

潘忠岐：《地缘学的发展与中国的地缘战略——一种分析框架》，《国际政治研究》2008 年第 2 期。

萨本望：《新兴的"地缘经济学"》，《世界知识》1995 年第 5 期。

邵永灵、时殷弘：《近代欧洲陆海复合国家的命运与当代中国的选择》，《世界经济与政治》2000 年第 10 期。

宋德星：《南亚地缘政治构造与印度的安全战略》，《南亚研究》2004 年第 1 期。

苏长和：《中国与国际制度——一项研究议程》，《世界经济与政治》2002 年第 10 期。

苏浩：《地缘重心与世界政治的支点》，《现代国际关系》2004 年第 4 期。

唐永胜：《发挥地缘战略优势，积极塑造周边秩序》，《现代国际关系》2013 年第 10 期。

万青松：《大国政治的欧亚时刻——地缘政治经济视域下"欧亚"认知的演进及其寓意》，《俄罗斯研究》2016 年第 1 期。

万晓宏：《当前中国周边安全环境与战略选择》，《战略决策研究》2012 年第 4 期。

王传剑：《试析冷战后美韩同盟关系的变化》，《国际论坛》2001 年第 4 期。

王秀梅：《论非传统安全与国际合作原则》，《世界经济与政治》2005 年第 7 期。

王秀英：《中日东海大陆架划界中的若干关键问题》，《东北亚论坛》2007 年第 6 期。

夏立平：《地缘政治与地缘经济双重视角下的美国"印太战略"》，《美国研究》2015 年第 2 期。

徐萍、赵青海：《中国周边安全环境透析》，《国际问题研究》2007 年第 2 期。

许勤华：《后金融危机时期上合组织框架内多边能源合作现状及前景》，《俄罗斯中亚东欧研究》2012 年第 4 期。

杨伯江等：《朝鲜半岛缓和进程中的东北亚地区形势》，《现代国际关系》2001 年第 1 期。

杨思灵：《中南亚：中国安全应当关注的地区》，《当代世界》2013 年第 1 期。

叶自成、慕新海：《对中国海权发展和战略的几点思考》，《国际政治研究》2005 年第 3 期。

余民才：《中日东海油气争端的国际法分析——兼论解决争端的可能方案》，《法商研究》2005 年第 1 期。

曾向红：《"一带一路"的地缘政治想象与地区合作》，《世界经济与政治》2016 年第 1 期。

张敏谦：《地缘政治变化与中国的战略选择》，《现代国际关系》2008 年第 5 期。

张蔚斌、马磊：《地缘政治与智缘政治》，《世界经济与政治》1998 年第 8 期。

张文木：《"天堂很远，中国却很近"——中国与周边国家和地区的地缘政治互动规律和特点》，《世界经济与政治》2013 年第 1 期。

张晓慧、肖斌：《地区安全主义视野中的上海合作组织》，《俄罗斯中亚东欧研究》2011 年第 4 期。

张植荣：《中日东海磋商的阶段性成果及其启示》，《现代国际关系》2008 年第 11 期。

章百家：《九十年代的中国内政与外交》，《中国外交》2002 年第 3 期。

赵可金：《全球化时代的新地缘理论》，《清华大学学报》（哲学社会科学版）2008 年第 5 期。

郑义炜：《陆海复合型中国"海洋强国"战略分析》，《东北亚论坛》2018 年第 2 期。

郑永年：《边疆、地缘政治和中国的国际关系研究》，《外交评论》2011 年第 6 期。

钟飞腾：《"周边"概念与中国的对外战略》，《外交评论》2011 年第 4 期。

钟飞腾：《超越地缘政治的迷思：中国的新亚洲战略》，《外交评论》2014 年第 6 期。

钟飞腾：《中国周边安全环境：分析框架、指标体系与评估》，《国际安全研究》2013 年第 4 期。

朱凤岚：《"自然延伸"还是"中间线"原则——国际法框架下透视中日东海大陆架划界争端》，《国际问题研究》2006 年第 5 期。

朱凤岚：《中日东海争端及其解决的前景》，《当代亚太》2005 年第 7 期。

朱志华：《中国周边安全形势的研析及应对战略构思》，《战略决策研究》2012 年第 2 期。

三 英文主要文献

Alastair Iain Johnston, "Cultural Realism", Priceton University Press.1995.

Alexander B. Murphy and Corey M. Johnson, "German Geopolitics in Transition", *Eurasian Geography & Economics*, 2004, Vol.45 Issue 1.

Alice D. Ba, "China and Asean: Renavigating Relations for a 21st-century Asia", *University of California Press*, Vol. 43, No. 4, August 2003.

Allen S.Whiting, "ASEAN Eyes China: The Security Dimension", *University of California Press*, Vol. 37, No. 4, April 1997.

Avery Goldstein, "The Diplomatic Face of China's Grand Strategy: A Rising Power's Emerging Choice", The China Quarterly, December 2001.

Bonnie S. Glaser, "China's Security Perceptions: Interests and Ambitions", *University of California Press*, Vol. 33, No. 3, March 1993.

Colin S. Gray and Geoffrey Sloan eds., Geopolitics, Geography and Strategy, London: Frank Cass Publishers, 1999.

Daniel O. Graham, High Frontier: A New National Strategy, Washington, D. C.: High Frontier, 1982.

David Arase, "Non-Traditional Security in China-ASEAN Cooperation: The Institutionalization of Regional Security Cooperation and the Evolution of East Asian Regionalism", *University of California Press*, Vol. 50, No. 4, August 2010.

Everett C. Dolman, Astropolitics: Classical Geopolitics in the Space Age, London: Frank Cass Publishers, 2002.

Ewan W. Anderson, International Boundaries: A Geopolitical Atlas, London: TSO, 2003.

Graham P. Chapman, The Geopolitics of South Asia: From Early Empire to the Nuclear Age, Ashgate Publishing Limited, 2003.

Immanuel Wallestein, Geopolitics and Geoculture: Essays on the Changing World-system, Cambridge University Press, 1991.

Jacques Lévy ed., From Geopolitics to Global Politics: A French Connection, London: Portland, OR: Frank Cass, 2001.

Jimothy W. Luke, "Postmodern Geopolitics: the Case of the 9.11 Terrorist Attacks", in John Agnew ed., A Companion to Political Geography, Blackwell Publishers Ltd., 2003.

John Agnew, Geopolitics: Re-visioning World Politics, London and New York:

Routledge, 1999.

John Agnew, Making Political Geography, Oxford University Press, 2002.

Jonathan Holslag, "China and India: Prospect for Peace", New York: Colunbia University Press, 2009.

Jörg Friedrichs, "East Asian Regional Security", *University of California Press*, Vol. 52, No. 4, August 2012.

Karim, Mohd Aminul, "Strategic Visions of China and the United States in South Asia and Beyond", Journal of Defense Analysis 2012 (24).

Kevin Gray, "Taiwan and the geopolitics of late development", *The Pacific Review*, Vol.24, No. 5, December 2011.

Kevin Sheives, "China Turns West: Beijing's Contemporary Strategy Towards Central Asia", *Pacific Affairs*, *University of British Columbia*, Vol. 79, No. 2, Summer 2006.

Kun-Chin Lin, "Shaping China's Energy Security: The inside Perspective by Michael Meidan", The University of Chicago Press, College of Asia and the Pacific, The Australian National University, Australian National University, No. 62, July 2009.

Laure Paquette, "Pacific Cooperation: Building Economic and Security Regimes in the Asia-Pacific Region by Andrew Mack; John Ravenhill", Sage Publications, Ltd. and Canadian International Council, Vol. 51, No. 2, Spring 1996.

Lee Lai To, "East Asian Assessments of China's Security Policy", *Wiley and Royal Institute of International Affairs*, Vol. 73, No. 2, April 1997.

Liselotte Odgaard, "A New Cold War? The Consequences of China Rising", *International Studies Review*, Vol. 10, No. 1, March 2008.

Malcolm Cook, etc, "Power and Choice: Asia Aecurity Future", Lowy Instutite, June 2010.

Marc Lanteigne, "China's Security Interests in the Twenty-First Century by Russell Ong", *Wiley and Royal Institute of International Affairs*, Vol. 83, No. 5, September 2007.

Montgomery, Evan Braden, "Competitive Strategies against Continental Powers: The Geopolitics of Sino-Indian-American Relations", Quranal of Strategic Studies Feb 2013.

Norman A. Graebner, "China and Asian Security: An American Dilemma", Sage Publications, Ltd. and Canadian International Council, Vol. 16, No. 3, Summer 1961.

Nurit Kliot and David Newman, Geopolitics at the end of the Twentieth Century: The Changing World Political Map, London: Frank Cass Publisher, 2000.

Pantucci Raffaello, Petersen Alexandros, "China's Inadvertent Empire", The National Interest, Nov/Dec 2012.

Patrick Michael O' Sullivan, The Geography of War in the Post Cold War World, Lewiston.Queenston.Lampeter: The Edwin Mellen Press, 2001.

Paul Routledge, "Anti-Geopolitics", in John Agnew ed., A Companion to Political Geography, Blackwell Publishers Ltd., 2003.

Pavel Baev, "Eurasia in Balance: The US and the Regional Power Shift by Ariel Cohen", Sage Publications, Ltd., Vol. 43, No. 2, March 2006.

Robert Jervis, "Security Regimes", International Organization, Spring 1982.

Robert Sutter, "Rising Star: China's New Security Diplomacy by Bates Gill", *Association for Asian Studies*, Vol. 67, No. 1, February 2008.

Roy Allison, "Regionalism, Regional Structures and Security Management in Central Asia", *Wiley and Royal Institute of International Affairs*, Vol. 80, No. 3,

May 2004.

Sam Bateman and Ralf Emmers, "Security and International Politics in the South China Sea: Towards a Co-operative Management Regimes", London and New York: Routledge, 2008.

Samuel S. Kim, "China and the World: Chinese Foreign Policy Faces The New Millennium", Westview Press, 1998.

Saul Bernard Cohen, Geopolitics of the World System, Lanham: Rowman & Littlefield, 2003.

Suisheng Zhao, "Foreign Policy Implications of Chinese Nationalism Revised: The Strident Turn", *Journal of Contemporary China*, 2013 (04).

Sumit Ganguly, Andrew Scobell, Joseph Chinyong Liow, "The Routledge Handbook of Asian Security Studiesk", 2010.

William Tow and Richard Rigby, "China's Pragmatic Security Policy: the Middle-Power Factor", The University of Chicago Press on behalf of the College of Asia and the Pacific, The Australian National University, No. 65, January 2011.

后　记

　　本成果在 2022 年成功入选《国家哲学社会科学成果文库》，得到同行专家的认可和支持，在此深表感谢，也感谢评审专家们为本成果的完善所提出的宝贵意见！本研究成果能够顺利申报和入选文库，还要特别感谢中国社会科学出版社的大力支持，感谢中国社会科学出版社的侯聪睿编辑，在 2022 年上半年长春疫情严重之时，是侯聪睿编辑帮忙打印出成果申报材料和成果书稿，并帮忙提交；在成果入选之后，侯聪睿编辑又带病处理成果修改和出版的相关事宜，令我们非常感动！可以说，没有中国社会科学出版社的帮助，就没有今天成果的问世！

　　全球化时代的地缘政治研究，是我们团队"十年磨一剑"的产物，是长期研究的积淀。从 2002 年开始，我就在地缘政治理论方面招收硕士和博士研究生，并逐渐形成了研究团队。2010 年前后，我们团队就设计要写作"全球化时代的地缘政治研究"这样一本书，团队成员首先尝试将一些观点写成小论文发表，然后在前期成果的基础上再进行系统性的整合与创新。最终，本成果由我进行了总体的研究设计，两位优秀青年学者参与了实际的写作：一位是吉林大学马克思主义学院副教授张克成，一位是东北师范大学政法学院副教授张微微。他们都是我的博士生，毕业后仍然在地缘政治研究领域持续耕耘，有不少相关成果发表。他们的写作使全球化时代的地缘政治研究更加呈现出时代气息，展现出新思维和新观念。本书的具体分工是：张克成承担了第三章、第六章的写作，张微微承担了第四章和第五章的写作，三人分工合作完成了第七章的写作。我做了本书的总体设计和统稿，并负责第一章、第二章和前言、后记的写作。可以说，在本成果的完成过程中，不仅凝结着团队的集体智慧，而且也体现着一种学术传承，它使我们的研究能够一以贯之，并形成完整的研究体系。

此外，本研究成果还凝结着其他学者的辛勤汗水，除了三位主要作者以外，在写作过程中，肖晞教授、于海洋教授、王勇教授、徐立恒副教授、马轶伦老师等都在不同方面给予本成果大力的支持和帮助，李晓霞老师和宋佳峻同学在后期帮忙做了目录的英文翻译工作，在此一并表示感谢！

总之，关于全球化时代的地缘政治研究，是我们团队遵循时代变化的脚步而进行的学术探索，它的背后没有任何项目或任务的驱使，是我们团队在以往研究基础上的自觉性规划，源于我们共同的学术兴趣。从长远的持续性研究来看，本成果只是我们在地缘政治研究领域的一个阶段性成果，学无止境，任重道远，我们团队还将继续秉持着自己的学术信仰，为地缘政治理论的研究与发展做出贡献。

刘雪莲

2023 年 3 月